André Weinand

Objektorientierte Architektur für grafische Benutzungsoberflächen

Realisierung der portablen Fenstersystemschnittstelle von ET++

Mit 101 Abbildungen

Springer-Verlag
Berlin Heidelberg New York
London Paris Tokyo
Hong Kong Barcelona
Budapest

Dr. André Weinand
Rothstraße 48
CH-8057 Zürich

Dieses Buch ist ein Abdruck einer Dissertation der philosophischen Fakultät II der Universität Zürich.

Text, Abbildungen und Programme wurden mit größter Sorgfalt erarbeitet. Verlag und Autor können jedoch für eventuell verbliebene fehlerhafte Angaben und deren Folgen weder eine juristische Verantwortung noch irgendeine Haftung übernehmen.

Eingetragene Warenzeichen:
PostScript, Display PostScript: Adobe Systems, Inc. · Macintosh, QuickDraw, LaserWriter, MacApp: Apple Computer, Inc. · UNIX, OPEN LOOK: AT&T Information Systems · Andrew: Carnegie Mellon University · MicroVax, VaxStation: Digital Equipment Corporation · Interpress: Imagen · X Window System: Massachusetts Institute of Technology · MS-Windows, MS/DOS: Microsoft Corporation · OSF/Motif: Open Software Foundation · OI Toolkit: Solbourne Computer, Inc. · NeWS, NDE, X11, NeWS, SunView, SunWindows, SunOS: Sun Microsystems; Inc. · Smalltalk, Alto, Dorado, DLisp, Star, Cedar, Tajo: Xerox Corporation · XVT: Advanced Programming Institute, Ltd.

ISBN-13:978-3-540-56010-4   e-ISBN-13:978-3-642-77839-1
DOI: 10.1007/978-3-642-77839-1

Vorwort

Seit der Einführung und weiten Verbreitung leistungsfähiger Personalcomputer und Arbeitsplatz-rechner erfreuen sich grafische Benutzungsoberflächen sowohl bei Endbenutzern als auch bei Softwareentwicklern einer stark wachsenden Beliebtheit. Der Endbenutzer schätzt die einfache und intuitive Bedienung; der Entwickler findet ein reiches Betätigungsfeld für die kreative Umsetzung neuer Ideen, muß allerdings gleichzeitig einen relativen hohen Entwicklungsaufwand in Kauf nehmen.

Fenstersysteme und darauf aufbauende Bibliotheken (*Toolkits*) bilden die softwaretechnische Grundlage grafischer Benutzungsoberflächen. Obwohl viele der in diesem Bereich entstandenen Systeme bereits eine deutliche Entwicklungsvereinfachung bewirken können, zeigt sich immer mehr, daß Anforderungen nach Erweiterbarkeit, Wiederverwendbarkeit und Wartbarkeit nur durch die Anwendung objektorientierter Klassenbibliotheken und Application-Frameworks erfüllt werden können.

Das vorliegende Buch gibt einen Überblick über die Architektur der vom Autor mitentwickelten Klassenbibliothek ET++ und beschreibt in seinem zentralen Kapitel ausführlich die Entwurfs-überlegungen, die zur Realisierung einer portablen und effizienten Schnittstelle zum Fenster-system führten. Außerdem wird nachgewiesen, daß viele der bisher in Fenstersystemen reali-sierten Mechanismen ohne Mehraufwand in objektorientierte Toolkits verlagert werden können und damit sehr viel flexibler erweiterbar werden. Dies bestätigt die im Buch aufgestellte These, daß bei der bisherigen Entwicklung von Fenstersystemen und Toolkits die darauf aufbauenden objektorientierten Softwareschichten zu wenig berücksichtigt wurden und deshalb die in vielen existierenden Fenstersystemen vorgefundene Funktionalität zu groß, das Fenstersystem zu kom-plex und häufig zu ineffizient ist.

Aufbau und Lesehinweise

Das vorliegende Buch ist in sechs Kapitel gegliedert: Nach einer Einführung werden im zweiten Kapitel sowohl die Grundlagen als auch der aktuelle Stand der Technik in von konkreten Systemen abstrahierender Weise dargestellt.

Im 3. Kapitel wird anhand einiger weniger, aber repräsentativer Fensterumgebungen gezeigt, wie die abstrakt dargestellten Konzepte in konkreten Systemen umgesetzt werden. Hierdurch wird eine Diskussions- und Vergleichsgrundlage für die späteren Ausführungen zu ET++ geschaffen.

Das 4. Kapitel beschreibt die Struktur und die für das Thema relevanten Konzepte des Application-Frameworks ET++.

Entwurf und Implementierung der fenstersystemrelevanten Aspekte von ET++ werden im 5. Kapitel dargestellt und diskutiert. Jeweils ausgehend von einer einführenden Darstellung eines Teilaspekts wird die in ET++ verwendete Implementierung gezeigt und mit den in Kapitel 3 eingeführten Ansätzen verglichen und bewertet.

Das Kapitel 6 faßt in kritischer Weise die wichtigsten Ergebnisse zusammen und nennt Konsequenzen für die Entwicklung von Fenstersystemen und Klassenbibliotheken.

Wie in jeder Arbeit im Bereich Informatik stellt sich auch hier wieder das Problem, ob aus dem Englischen stammende Fachbegriffe grundsätzlich ins Deutsche übersetzt werden sollen. Es wird hier ein gemäßigter Ansatz gewählt, d.h. es werden nur solche Begriffe ins Deutsche übersetzt, die eine natürliche und unmittelbar eingängige Entsprechung besitzen. Bei ihrer ersten Verwendung wird jeweils der englische Originalbegriff in Klammern angeführt. Englische Begriffe ohne eine etablierte deutsche Entsprechung werden nicht übersetzt, sondern stattdessen als solche übernommen und nach der deutschen Regel groß geschrieben (z.B. Application-Framework).

Klärung bedarf auch die Verwendung des Begriffs „Benutzer". Im Rahmen dieses Buches wird unter „Benutzer" immer die Endbenutzerin bzw. der Endbenutzer einer interaktiven grafischen Applikation verstanden. Die Benutzerin bzw. der Benutzer eines Toolkits oder Application-Frameworks wird hingegen *Entwickler* genannt.

Vom Text isolierte Programmfragmente sowie im Text benutzte Namen von konkreten Variablen, Prozeduren und Klassen werden ausschließlich im englischen Original benutzt und durch einen serifenlosen Zeichensatz hervorgehoben (Optima). Für Kommentare innerhalb von Programmteilen oder für „Pseudocode" wird der kursive Schnitt von *Optima* verwendet. Begriffe, die im Index aufgenommen wurden, werden *kursiv* hervorgehoben.

Verfügbarkeit von ET++

Die jeweils aktuelle Version von ET++ kann als *Public-Domain-Software* durch „Anonymous-File-Transfer" (*ftp*) von der Adresse *iam.unibe.ch* (130.92.64.10) bezogen werden.

Das vollständige ET++-System umfaßt neben Klassenbibliothek und Application-Framework ca. 20 mit ET++ entwickelte Werkzeuge und Beispielapplikationen und eine umfangreiche Dokumentation. ET++ läuft zur Zeit unter UNIX auf Sun-3- und Sun-4-Architekturen (Sparc), IBM RS6000, DECstation, DEC Microvax, Sony-NEWS und Apollo. Die nichtgrafischen Teile der Klassenbibliothek stehen auch unter MS/DOS zur Verfügung.

Danksagung

Die vorliegende Arbeit entstand unter der Leitung von Prof. Dr. L. Richter und Prof. Dr. K. Bauknecht während meiner Tätigkeit am Institut für Informatik der Universität Zürich. Ich möchte beiden Referenten für ihre Unterstützung und konstruktive Kritik danken. Prof. Dr. R. Marty danke ich dafür, daß er mir die Möglichkeit gegeben hat, ET++ am *Informatics Laboratory* der Schweizerischen Bankgesellschaft (*UBILAB*) weiterentwickeln und praktisch einsetzen zu können.

Besonderer Dank gebührt Erich Gamma, ohne dessen Mitwirkung und ständige Diskussionsbereitschaft ET++ nicht möglich gewesen wäre. Ferner danke ich meinen Kollegen Walter Bischofberger, Bruno Schäffer, Duri Schmidt und Peter Schnorf für ihre Hinweise und kritischen Bemerkungen.

Mein ganz besonderer Dank geht an meine Partnerin Anna Schlosser, die nicht nur die kritische Durchsicht und Korrektur der Arbeit übernahm, sondern deren Verständnis und Unterstützung mich motivieren konnte, auch die letzte Hürde zu nehmen.

Zürich, im Juli 1992 André Weinand

Inhaltsverzeichnis

5 Entwurfs- und Implementierungsaspekte 105

1 Einführung

Fortschritte in der Digitaltechnik haben es möglich gemacht, daß *Personalcomputer* und *Arbeitsplatzrechner* (*workstations*) in die bisherige Domäne der zentralisierten Timesharing-Systeme in wissenschaftlichen, technischen Bereichen und insbesondere in die Bürowelt eingedrungen sind.

Wesentliches Merkmal aller Arbeitsplatzrechner und größter Unterschied zu den meist über Terminals betriebenen Zentralrechnern sind zum einen die grafischen Fähigkeiten und zum anderen die erweiterte Peripherie zur Interaktion mit dem Benutzer. Mit beiden lassen sich Benutzungsschnittstellen realisieren, die nicht mehr, bedingt durch die geringen Fähigkeiten der Ein- und Ausgabegeräte, zwangsläufig kryptisch sind, sondern sich vielmehr an einer grafischen Repräsentation orientieren können und dadurch leichter erlern- und nutzbar werden und so zu deutlichen Produktivitätssteigerungen führen können.

1.1 Interaktive grafische Benutzungsoberflächen

Heutige interaktive Systeme lassen sich anhand der drei folgenden Grundprinzipien charakterisieren:

– *Modusvermeidung*
  Nicht mehr das System bzw. die Applikation kontrolliert, in welcher Reihenfolge Handlungen ausgeführt werden müssen, sondern der Endbenutzer. Die softwaretechnische Grundlage hierfür ist eine sog. „eingabegesteuerte" Programmstruktur, ein gewisser Grad von Mehrprozeßfähigkeit sowie die Aufteilung des physikalischen Bildschirms in verschiedene Bereiche, die als logische Bildschirme den parallelen Interaktionen des Benutzers zugeordnet werden. Die „logischen Bildschirme" werden Fenster (*windows*) genannt, da sie gewissermaßen Fenster im physikalischen Bildschirm darstellen, durch die die assoziierten Abläufe verfolgt und gesteuert werden können.
  Der Teil der Software, der die Verwaltung des physikalischen Bildschirms und der physikalischen Eingabegeräte vornimmt, wird allgemein als *Fenstersystem* (*window system*) bezeich-

net. Die Gesamtheit von Fenstersystem und hierin ablaufenden interaktiven Applikationen bildet eine *Fensterumgebung* (*window environment*).

– *Direkte Manipulation*
Durch das Prinzip der „direkten Manipulation" soll dem Endbenutzer der Eindruck vermittelt werden, er arbeite nicht mit Programmen oder Computern, sondern mit den semantischen Objekten der ihm bekannten Problemwelt. Diese sog. „model world"-Metapher steht im Gegensatz zur klassischen „conversation"-Metapher, bei der der Endbenutzer nur indirekt mit einem scheinbaren „Befehlsempfänger" im Computer kommuniziert und von diesem subjektiv „abhängig" ist [Hut86, Shn83, Poo84].
Wichtige Grundlagen der direkten Manipulation sind leistungsfähige grafische Möglichkeiten, spezialisierte Eingabegeräte und das sog. „semantische Feedback", das den Endbenutzer zu jedem Zeitpunkt durch visuelle Rückkopplung mit wichtigen Zustandsinformationen versorgt.

– *WYSIWYG* („What You See Is What You Get")
Im Gegensatz zu klassischen Batch- oder Kommandozeilen-orientierten Applikationen ist der Endbenutzer nach jeder Manipulation der applikatorischen Objekte über deren aktuellen Zustand „im Bilde". Die Qualität der Visualisierung geht sogar soweit, daß der Bildschirm ein exaktes Abbild eines späteren Ausdrucks auf einem Drucker repräsentiert.

Die konsequente Anwendung dieser drei Prinzipien führt im Idealfall zu Applikationen, deren Benutzung nicht mehr mühsam anhand von Handbüchern erlernt werden muß, sondern sich aus direkter Kenntnis der Objekte und Abläufe des Problembereichs intuitiv ableitet.

So einfach solche Applikationen für den Endbenutzer sind, so schwierig ist ihre Entwicklung. Zahlreiche Autoren haben dargestellt, daß die für die Benutzungsschnittstelle zuständigen Teile einer Applikation in manchen Fällen bis zu 88%, fast immer aber mehr als 50% betragen [Sut78].

Es ist deshalb nicht erstaunlich, daß in den letzten 20 Jahren eine Vielzahl von Techniken, Bibliotheken und Werkzeugen entstanden ist mit dem Ziel, den Entwicklungsaufwand hochgradig interaktiver Applikationen senken zu helfen.

Bereits seit den frühen 70er Jahren, als am Xerox PARC die Entwicklung des Smalltalk-Systems begonnen wurde, sind interaktive Benutzungsoberflächen und objektorientierte Konzepte eng miteinander verbunden. Inzwischen hat sich erwiesen, daß die objektorientierte Softwareentwicklung in idealer Weise die direkte Umsetzung von „model world"-Objekten in implementatorische Objekte fördert. Durch diese direkte Entsprechung kann die Verwirklichung der qualitativen Merkmale der *direkten Manipulation* und des *WYSIWIG-Prinzips* erheblich vereinfacht werden.

Neben dem objektorientierten Ansatz haben für bestimmte eingeschränkte Anwendungsbereiche auch spezialisierte Werkzeuge (z.B. *Generatoren*) und Sprachen (z.B. 4. Generations-Sprachen) ihre Tauglichkeit bewiesen. Doch zeigt sich zur Zeit immer mehr, daß bei den immer rascher steigenden Anforderungen an direkt-manipulative Benutzungsoberflächen nur objektorientierte Techniken eine genügende Mächtigkeit, Flexibilität, Erweiterbarkeit und Wiederverwendbarkeit aufweisen.

1.2 Das Projekt ET++

Am Institut für Informatik der Universität Zürich wurde 1984 ein Projekt definiert, in dem ein einfacher Baukasten für die Entwicklung interaktiver grafischer Applikationen – insbesondere Editoren und CASE-Werkzeuge – für eine UNIX-Umgebung entwickelt werden sollte. Wesentliches Ziel dieses ET (für *Editor-Toolkit* [Mar86, Gam86]) genannten Systems war es, auf dem zum damaligen Zeitpunkt rudimentären Fenstersystem der *Sun Workstation* eine Bibliothek aufzubauen, die durch wenige, aber mächtige Abstraktionen eine stark vereinfachte Entwicklung von interaktiven Applikationen ermöglichen sollte. Hierdurch sollten Entwickler (insbesondere Studenten) in die Lage versetzt werden, in einem sehr begrenzten Zeitrahmen relativ komplexe Applikationen zu entwickeln ohne hierfür eine große Detailkenntnis des zugrundeliegenden Fenster- und Betriebssystems besitzen zu müssen.

Obwohl ET ein Erfolg war und zahlreiche hiermit entwickelte Softwarewerkzeuge und Editoren noch heute verwendet werden [Gam87], zeigten sich doch recht bald zwei wesentliche Schwachstellen: Der reduzierte, dafür aber einfach anwendbare Funktionsumfang machte es für komplexere Applikationen häufig erforderlich, die Funktionalität von ET ad hoc zu erweitern, indem immer mehr der Funktionalität des zugrundeliegenden Fenstersystems auch in ET zur Verfügung gestellt werden mußte und hierdurch das anfangs erstrebte Ziel nach möglichst geringer Komplexität wieder zunichte gemacht wurde.

Anfang 1987 wurde deshalb vom Autor in einem Folgeprojekt versucht, eine in C++ entwickelte objektorientierte Schicht über die ET-Abstraktionen zu legen, um dadurch eine vereinfachte Erweiter- und Anpaßbarkeit zu erreichen.

Es wurde aber schnell deutlich, daß die als abstrakte Datentypen entworfenen und damit sehr „geschlossenen" ET-Module auch unter einer objektorientierten Schicht nicht „offener", d.h. flexibler benutzbar würden. Schrittweise wurden deshalb alle ET-Komponenten durch C++-Neuimplementierungen ersetzt. Das resultierende System erhielt Ende 1987 den Namen „ET++" (ET plus C++).

Außerdem wurde auch wieder die bereits mit ET gewonnene Erkenntnis bestätigt, daß eine Sammlung von einfachen Benutzungsoberflächen-Komponenten, wie z.B. *Menüs* oder *Scrollbars* die Applikationsentwicklung nicht substanziell vereinfacht. Alle Probleme, die sich aus dem Zusammenbau dieser Bausteine zu einer vollständigen Applikation ergeben, müssen weiterhin vom Applikationsentwickler gelöst werden. Schwerpunktmäßig wurde deshalb ET++ um Mechanismen erweitert, die es erlauben, auch höhere, nichtgrafische Abstraktionen, sogar ganze Applikationen als Bibliothekskomponenten zur Verfügung stellen zu können. Anregend wirkten hier besonders das von Apple zur gleichen Zeit und mit ähnlichen Zielen entwickelte *Application-Framework MacApp* [Ros86] und die Smalltalk-Klassenbibliothek [Gol83].

Neben diesen höheren Abstraktionen wurden aber auch objektorientierte Abstraktionen für alle Systemdienste, wie z.B. Betriebs- und Fenstersystem entwickelt. Hierdurch konnte erreicht werden, daß ET++, obwohl ursprünglich für eine Sun unter dem Betriebssystem SunOS und dem Fenstersystem SunWindows entwickelt, mit minimalem Aufwand portiert werden kann, und ET++-Applikationen heute bereits auf ca. 20 Arbeitsplatzrechnern unterschiedlicher Hersteller und vier Fenstersystemen ausführbar sind. Speziell im Bereich der Fenstersystemschnittstelle wurde hierbei deutlich, daß die Funktionalität und Schnittstelle der meisten existierenden Fenstersysteme für objektorientierte Toolkits und Frameworks unangepaßt, ungeeignet, auf jeden Fall aber zu komplex sind.

Ende 1987 stießen zu ET++ die ursprünglichen Mitarbeiter des ET-Projekts E. Gamma und Prof. R. Marty. Später wurde ET++ teilweise durch den Schweizerischen Nationalfonds gefördert. Die Projektziele wurden folgendermaßen definiert:

– Entwurf und Implementierung einer objektorientierten Bibliothek von erweiterbaren und wiederverwendbaren Bausteinen für möglichst viele Bereiche der Entwicklung von Applikationen mit interaktiven Benutzungsoberflächen. Die wichtigsten Ergebnisse liegen als Konferenzbeiträge [Wei88, Gam88, Gam89, Wei89] vor.

– Gewinnung von theoretischen und praktischen Erkenntnissen im Bereich der objektorientierten Softwaretechnik und Entwicklung von geeigneten Unterstützungswerkzeugen. Ergebnisse dieses Teilziels finden sich in [Gam91].

– Untersuchung der Beziehung von objektorientierten Toolkits bzw. Application-Frameworks zum zugrundeliegenden Fenstersystem sowie Entwicklung einer portablen Fenstersystemschnittstelle. Dieses Ziel bildet das zentrale Thema des vorliegenden Buches.

1.3 Zielsetzung

Es soll gezeigt werden, daß durch Verlagerung eines Teils der üblicherweise dem Fenstersystem zugerechneten Funktionalität in einen objektorientierten Toolkit folgende Vorteile erzielt werden können:

– Bei objektorientierter, d.h. „offener" Gestaltung des Toolkits kann im Vergleich zu herkömmlichen Ansätzen in sehr viel flexiblerer Weise auf die Funktionalität und Erweiterbarkeit des Fenstersystems Einfluß genommen werden.

– Die Homogenität und Struktur wird verbessert, da die Programmschnittstelle des Fenstersystems in Applikationen nicht mehr direkt, sondern nur noch über Toolkit-Abstraktionen benutzt wird. Dies führt außerdem zu einer vereinfachten Programmentwicklung, da Toolkit-Abstraktionen typischerweise mächtiger sind als die direkt vom Fenstersystem angebotenen Mechanismen.

– Die funktionalen Anforderungen an das Fenstersystem werden minimiert und damit die Breite seiner Programmschnittstelle reduziert. Neben einer Verringerung der Komplexität des Fenstersystems erhöht sich hierdurch die Portabilität des aufbauenden Toolkits und somit indirekt auch die Portabilität von Applikationen.

– Durch Reduzierung der Funktionalität des Fenstersystems kann der in herkömmlichen Ansätzen immer mehr zu beobachtenden Duplizierung von Fenstersystemfunktionalität und -datenstrukturen im Toolkit und den damit verbundenen Konsistenzproblemen wirksam begegnet werden.

Können herkömmliche Fenstersysteme in Anlehnung an die Diskussion über die Funktionalität von Prozessorbefehlssätzen als „CISC"-Systeme bezeichnet werden, so stellt diese Buch gewissermaßen ein Plädoyer für „RISC"-Fenstersysteme dar, bei denen fehlende höhere Mechanismen in gewinnbringender Weise im Toolkit realisiert werden.

Als weiteres ähnlich gelagertes Ziel wird gezeigt, wie ein einfaches und sehr portables Grafikmodell zu einer wirksamen Applikationsvereinfachung führen kann, wenn gleichzeitig eine geeignete Toolkit-Unterstützung existiert. Der vorgeschlagene Ansatz erlaubt zum ersten Mal die Behandlung aller grafischen Aspekte einer Applikation durch eine einheitliche und intuitive Abstraktion.

Insgesamt soll außerdem deutlich gemacht werden, wie sich gerade im Bereich interaktiver grafischer Benutzungsschnittstellen durch Anwendung objektorientierter Methoden sowohl strukturelle Verbesserungen als auch substanzielle Implementierungsvereinfachungen erzielen lassen.

2 Grundlagen und Konzepte der Fenstertechnik

Ziel dieses Kapitels ist es, sowohl die grundlegenden Konzepte als auch den aktuellen Stand der Technik von Fensterumgebungen und modernen Benutzungsoberflächen darzustellen. Hierdurch wird zum einen die im Buch verwendete Terminologie eingeführt, zum anderen gewissermaßen der „Problemraum" aufgespannt, in dem sich die Arbeit bewegt.

Die Darstellung in diesem Kapitel wird bewußt abstrakt gehalten, damit die grundlegenden Konzepte klar hervortreten und nicht bereits durch die spezifischen Details konkreter Systeme verdeckt werden. Eine Übertragung der allgemeinen Konzepte auf konkrete Systeme erfolgt im Kapitel 3, in dem einige wichtige und typische Vertreter aktueller Fensterumgebungen beschrieben werden.

2.1 Komponenten von Fensterumgebungen

Im folgenden wird in Anlehnung an [Wil86] und [Gos89] ein konzeptionelles Modell für Fensterumgebungen eingeführt, das zum einen eine terminologische Grundlage für die weiteren Ausführung schaffen soll, gleichzeitig aber auch die für diese Arbeit relevanten Komponenten und besonders deren Schnittstellen aufzeigt.

Abb. 2.1 zeigt dieses Modell als Sammlung von lose gekoppelten Komponenten, von denen jede durch eine bestimmte Problemdomäne definiert ist. Die exakte Position einer bestimmten Komponente kann erst bei Zugrundelegung einer konkreten Fenstersystemarchitektur angegeben werden. Die geringe Strukturierung ergibt sich im wesentlichen aus der für dieses Kapitel gewählten abstrakten Sichtweise einer Fensterumgebung. Für konkrete Systeme läßt sich häufig eine bessere Strukturierung finden, da bestimmte Komponenten z.B. im Betriebssystem oder in separaten Prozessen angesiedelt sind.

Zunächst eine kurze Übersicht der einzelnen Komponenten:

– *Applikation, Anwendung* (*application*):
Als Applikation oder Anwendung bezeichnet man im Kontext von Fensterumgebungen ein interaktives Programm mit grafischer Benutzungsschnittstelle. Da im weiteren Verlauf weniger die Applikation selbst, sondern mehr ihre Rolle als „Dienstbezieher" im Vordergrund steht, wird sie häufig als *Klient* bezeichnet.

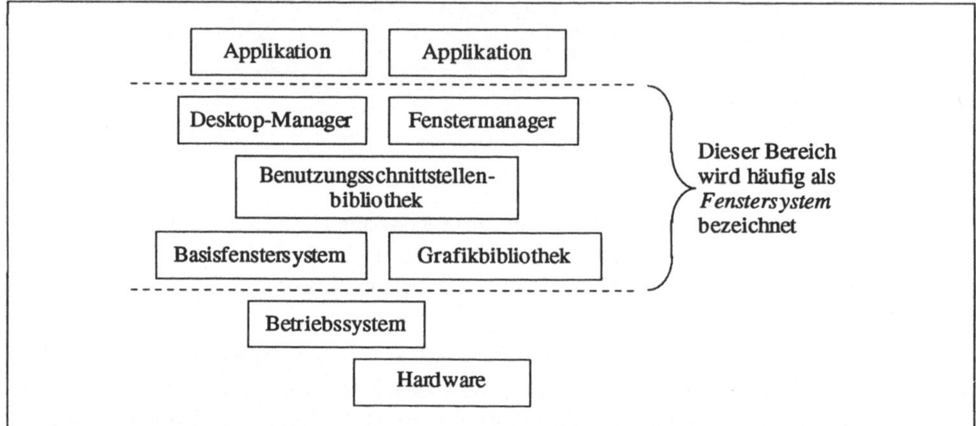

Abb. 2.1:   Komponenten von Fensterumgebungen

– *Benutzungsoberflächen-Bibliothek, Toolkit* (*user interface toolkit*):
Hierunter wird die Software verstanden, die die höheren Konzepte einer Benutzungsschnittstelle, beispielsweise Menüs oder Dialogfenster, implementiert. Durch den Toolkit wird sowohl das grafische Erscheinungsbild als auch die Art der interaktiven Benutzung einer Applikation – insgesamt das sog. „*Look-and-Feel*" – festgelegt. Verwenden unterschiedliche Applikationen den gleichen Toolkit, so kann in gewissem Umfang eine applikationsübergreifende Vereinheitlichung („*Konsistenz*") der Benutzungsschnittstelle erreicht werden.

– *Grafikbibliothek* (*graphics library*):
Diese Komponente implementiert die grafische Ausgabefunktionalität der Fensterumgebung und definiert gleichzeitig das zugrundeliegende *Darstellungsmodell* (*imaging model*).

– *Basisfenstersystem* (*base window system*):
Das Basisfenstersystem verwaltet und koordiniert (synchronisiert) den Zugriff auf die Ressourcen Bildschirm und Eingabemedien. Außerdem verwaltet es weitere fenstersystemrelevante Datenstrukturen, wie z.B. Zeichensätze (*fonts*). Insgesamt kommt damit dem Basisfenstersystem eine vergleichbare Aufgabe wie einem Betriebssystem zu.

– *Fenstermanager* (*window manager*):
Der Fenstermanager repräsentiert die applikationsunabhängige Benutzungsschnittstelle des Fenstersystems, also z.B. das Aussehen von Rahmen und Titelbalken der Fenster und die Art und Weise, Fenster zu öffnen, zu schließen oder zu verschieben.

– *Desktop-Manager*:
Der Desktop-Manager ist die übergeordnete Kontrollinstanz aller Applikationen einer Fensterumgebung. Er stellt die Mechanismen zur Verfügung, die nur zentral durchgeführt werden können, aber unter Berücksichtigung des hier vorgeschlagenen konzeptionellen Modells weder dem Bereich des Basisfenstersystems noch dem des Fenstermanagers zugeordnet werden können. Hierzu gehört z.B. die Unterstützung des Informationsaustausches zwischen interaktiven Applikationen, wie es z.B. durch den *Copy-/Paste-Mechanismus* realisiert ist.

– *Betriebssystem*:
Je nach strukturellem Aufbau einer Fensterumgebung (speziell des Basisfenstersystems) spielt das Betriebssystem eine unterschiedlich große Rolle. Grundsätzlich legt es höhere Abstraktionen über die realen Ein- und Ausgabegeräte, um höhere Softwareschichten von deren spezifischen Details zu entkoppeln.

– *Hardware*:
Hierzu gehören im Kontext von Fensterumgebungen Ausgabemedien wie Monochrom- und Farbbildschirme, Drucker, und als Eingabemedien Tastatur, Maus, Tablett.

Die folgenden Abschnitte vertiefen die Darstellung der relevanten Schichten im „Bottom-Up"-Verfahren.

2.2 Hardware

Abb. 2.2 zeigt den schematischen Aufbau einer typischen Ansteuereinheit für Farbbildschirme.

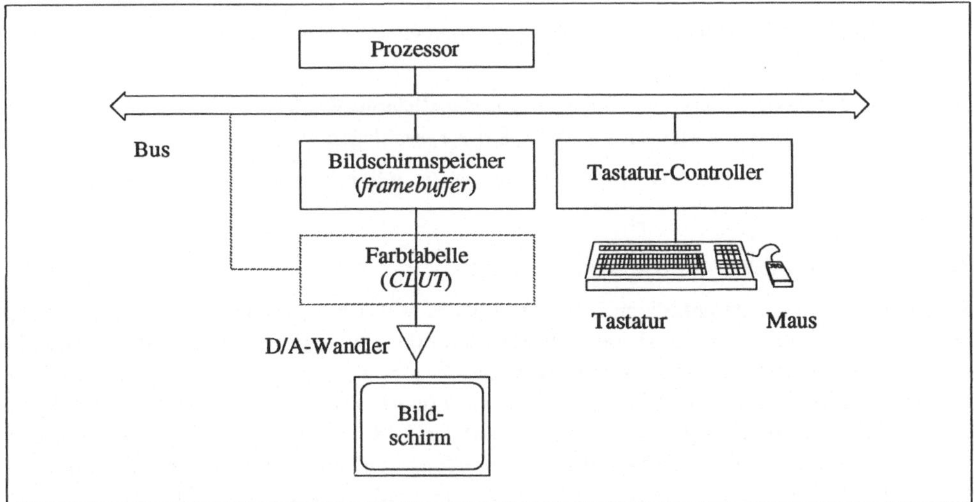

Abb. 2.2:   Hardwarekomponenten

Diese läßt sich grob in die zwei Gruppen Ein- und Ausgabegeräte kategorisieren. Zur ersten Kategorie gehört die Tastatur und zumindest ein *analoger Koordinatengeber*, wie ihn beispielsweise die *Maus* darstellt. Da sich andere analoge Koordinatengeber, wie z.B. Tablett (*tablet*),

Lichtgriffel (*lightpen*) oder Rollkugel (*trackball*) konzeptionell ähnlich wie eine Maus verhalten, werden sich die weiteren Ausführungen ausschließlich auf die Maus beschränken.

Zu den Ausgabegeräten gehört immer der sog. *Bildschirmspeicher* (*framebuffer*), der für jeden Bildpunkt einen der Farbe bzw. Helligkeit entsprechenden Wert enthält. Dieser Wert wird im sog. *direkten Farbmodell* über einen Digital-/Analogwandler dem Bildschirm zugeführt. Im *Farbindexmodell* dient er als Index für eine Zelle der sogenannten *Farbtabelle* (*colour lookup table*, abgekürzt: *CLUT*). Der Inhalt dieser Zellen kann meist von der Applikation gesetzt werden und wird wieder über den Digital-/Analogwandler dem Bildschirm zugeführt. Die Verwendung einer typischerweise kleinen Farbtabelle (häufig 256 Einträge) begrenzt zwar die Zahl der gleichzeitig darstellbaren Farben auf dem Bildschirm, reduziert aber auch die Speichererfordernisse für den Bildschirmspeicher und ist deshalb die übliche Technik für Bildschirme des mittleren Leistungsspektrums.

2.3 Das Basisfenstersystem

Die wichtigste Eigenschaft des Basisfenstersystems ist es, den physikalisch vorhandenen Bildschirmspeicher so zu verwalten, daß für jede Applikation die Illusion erzeugt wird, alleinige Kontrolle über einen oder mehrere Teilbereiche („Fenster") zu besitzen. Damit diese Illusion perfekt wird, schützt das Fenstersystem zum einen die Fenster vor gegenseitigem Zugriff (*clipping*) und stellt zum anderen für jedes Fenster ein eigenes Koordinatensystem zur Verfügung.

Nach [Gos89] besitzt das Basisfenstersystem die folgenden fundamentalen Aufgaben:

– Es stellt den höheren Schichten Abstraktionen der physikalischen Ressourcen zur Verfügung

– Es realisiert die Abbildung der abstrakten Ressourcen auf die physikalisch vorhandenen Ressourcen.

Damit kann das Basisfenstersystem auch als ein spezialisiertes Betriebssystem betrachtet werden, wie es zum ersten Mal von McGeady in [McG85] vorgeschlagen wird:

> "window management is not a graphics issue, window managers are operating systems".[1]

2.3.1 Koordinatensysteme und Fenster

Sollen grafische Objekte auf einem Bildschirm dargestellt werden, so muß der möglicherweise sehr große Objektraum, in dem sie definiert sind, auf eine sehr stark begrenzte Fläche abgebildet werden. Das Koordinatensystem des Objektraumes besitzt meist eine für die Objekte natürliche Einheit und wird deshalb als *Weltkoordinatensystem* (*world coordinates*) bezeichnet. Das Koordinatensystem des Ausgabegerätes bezeichnet man als *Bildschirm-* oder allgemeiner als *Gerätekoordinatensystem* (*device coordinates*). Die Abbildung von Weltkoordinaten auf Gerätekoordinaten wird als *Sichttransformation* (*viewing transformation*) bezeichnet (vgl. Abb. 2.3).

---

[1] Da in [McG85] das Fenstersystem als *Window Management Service* bzw. *Window Manager* und der Fenstermanager als *Window Manager Interface* bezeichnet wird, muß unter dem im Zitat verwendeten Begriff „window manager" korrekt „Fenstersystem" verstanden werden.

Da häufig nur ein Ausschnitt des Objektraums dargestellt werden kann, wird im Weltkoordinatensystem ein zumeist rechteckiger Ausschnitt definiert, der als *Fenster* (*window*) bezeichnet wird. Das Abbild dieses Fensters auf dem Ausgabegerät bezeichnet man als *Darstellungsbereich* (*viewport*). Alle grafischen Elemente, die außerhalb des durch das Fenster definierten Ausschnitts liegen, werden ignoriert oder „abgeschnitten" (*clipped*) und sind somit nicht sichtbar. Obwohl der Ausschnitt des Bildschirms im obigen Modell als „Viewport" bezeichnet wurde, wird im folgenden konsequent die intuitivere Bezeichnung „Fenster" verwendet.

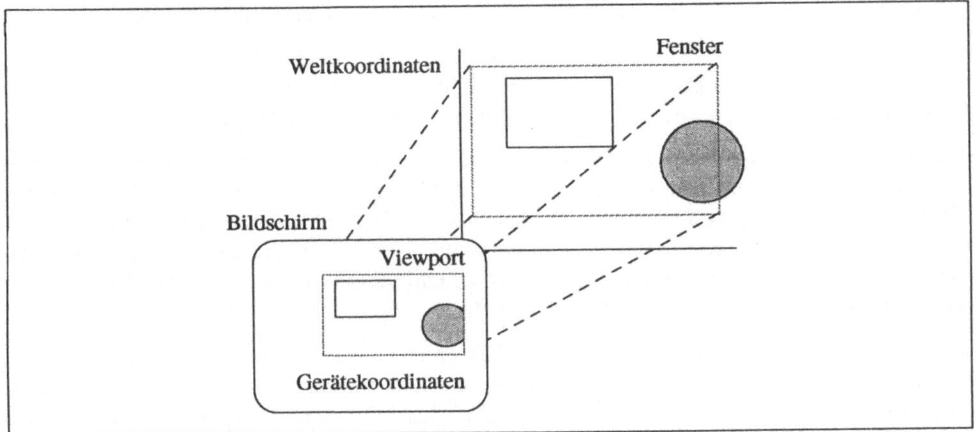

Abb. 2.3:   Sichttransformation und Clipping

Befinden sich die Bildpunkte eines Fensters nicht im sichtbaren Bildschirmspeicher, sondern im normalen Hauptspeicher, so wird ein solches „unsichtbares" Fenster als *Bit-Map* (*bitmap*) bezeichnet. Fenster und Bit-Maps bilden zusammen sog. *Drawables*.

2.3.2 Fensteranordnung

Bedecken Fenster den Bildschirm in nichtüberlappender Weise, so bezeichnet man dies als *gekachelte Anordnung* (*tiled windows*). Neuen Fenstern wird in einer „first fit"- oder „best fit"-Strategie ein freier Bereich des Bildschirms zugewiesen. Kann eine Anforderung nicht mehr erfüllt werden, so muß aufgrund einer bestimmten Heuristik Platz für neue Fenster gewonnen werden, indem z.B. alte, lange nicht benutzte Fenster verkleinert werden. Solche Automatismen führen jedoch zwangsläufig zu unerwarteten Layout-Veränderungen des Bildschirms, so daß die visuelle Orientierung des Benutzers gestört werden kann.

Diese Nachteile werden bei der Strategie der *überlappenden Fenster* (*overlapped windows*) vermieden. Hierbei wird die Überlagerung von Fenstern zugelassen und dadurch eine scheinbare Vergrößerung des Bildschirms erreicht. Die *Überlagerungsanordnung* (*stacking order*) der Fenster entspricht dabei gewissermaßen einer dritten Dimension. Diese Technik ist für den Endbenutzer intuitiv verständlich, da sie eine konsequente Übertragung der Schreibtischmetapher darstellt: Genauso wie sich auf einem Schreibtisch Dokumente und Akten stapeln können, überlagern sich die Fenster auf dem Bildschirm.[2]

Die interne Verwaltung von überlappenden Fenstern gestaltet sich gegenüber der gekachelten Anordnung als komplexer, da der Clipping-Bereich eines Fensters nicht mehr durch ein einzelnes Rechteck, sondern eine Menge von Rechtecken gebildet wird.

Das Konzept der überlappenden Fenster entspricht dem Betriebssystemkonzept des virtuellen Speichers: Das Fenstersystem stellt mehr „virtuelle Bildpunkte" zur Verfügung als physikalisch vorhanden sind. Auf die Verwaltung der gewissermaßen „ausgelagerten" Bildpunkte wird in Abschnitt 2.3.4 eingegangen.

Neben diesen beiden grundsätzlichen Strategien gibt es noch weitere Anordnungskonzepte, mit denen die begrenzte Fläche des Bildschirms „virtuell" vergrößert werden kann.

Beim Konzept der *virtuellen Arbeitsfläche* (*virtual workspace*) wird der gesamte Bildschirm als sichtbarer Ausschnitt aus einer potentiell unendlich großen grafischen Arbeitsfläche betrachtet. Dieser Ausschnitt kann verändert werden, indem z.B. mit der Maus über den Rand der Bildschirmfläche hinausgefahren wird und dabei automatisch die bisher verdeckten Teile der Arbeitsfläche ins Bild bewegt werden. Durch grafische Orientierungshilfen wird dem Endbenutzer die aktuelle Position innerhalb der virtuellen Arbeitsfläche mitgeteilt.

Bei der *Raummetapher* (*rooms metaphor*) [Hen86] werden logisch zusammengehörige Fenster zu einzelnen „Räumen" zusammengefaßt. Der Endbenutzer befindet sich zu jeder Zeit in genau einem Raum und führt dort eine bestimmte Tätigkeit aus. Will er die Tätigkeit wechseln, so muß er einen anderen Raum betreten. Als immer sichtbare Orientierungshilfe dient ein verkleinerter „Grundriß" aller Räume.

2.3.3 Fensterverwaltung

Neben den unterschiedlichen Arten der Fensteranordnung auf dem Bildschirm existieren zwei Varianten zur internen Verwaltung von Fenstern.

Bei der *hierarchischen Fensterverwaltung* sind Fenster baumartiger in einander verschachtelt. Die Wurzel des Baums wird durch das sog. *Wurzelfenster* gebildet, das die Fläche des gesamten Bildschirms einnimmt (*fullscreen window, root window*). Die *Applikationsfenster* (*top level windows*) werden durch die direkten Nachfolger des Wurzelfensters gebildet, also durch die Fenster der Stufe 1 in der Hierarchie. Alle direkten und indirekten Nachfolger der Applikationsfenster repräsentieren *Unterfenster* (*subwindows*). Obwohl diese beliebige Größe, Position und Überlappungsreihenfolge besitzen können, sind von ihnen immer nur die Bereiche sichtbar, die innerhalb ihres Vorgängerfensters liegen.

Hieraus folgt, daß die Fenster zweier Teilhierarchien nicht miteinander „verzahnt" werden können. Teilhierarchien werden also, was ihre Überlappungsmöglichkeiten betrifft, gewissermaßen als ein Fenster betrachtet.

Zwischen Fenstern der gleichen Ebene existiert eine partielle Ordnung, die durch die Überlagerungsstruktur auf dem Bildschirm bestimmt wird. Ein Fenster *w1* liegt hierbei vor einem Fenster

---

[2]   Für eine Diskussion der Vor- und Nachteile beider Strategien sei auf [Bly86] verwiesen.

w2, wenn es dieses teilweise oder ganz verdeckt. Es liegt hinter *w2*, wenn es von *w2* teilweise oder ganz verdeckt wird. Für eine Bestimmung der Ordnung nicht überlappender Fenster der gleichen Stufe wird deren Erzeugungsreihenfolge verwendet. Abb. 2.4 stellt das Erscheinungsbild einer Fensterhierarchie dem zugrundeliegenden Graphen gegenüber. Gestrichelt sind die Fensterbereiche dargestellt, die auf dem Bildschirm nicht sichtbar sind, da sie außerhalb der Fläche ihres Vorgängers liegen.

Bei der *nichthierarchischen Fensterverwaltung* existieren nur Fenster der „nullten" und ersten Stufe (Wurzel- und Applikationsfenster), d.h. keine applikatorischen Unterfenster. Müssen innerhalb eines Applikationsfensters weitere fensterähnliche Unterbereiche (*panes*) geschaffen werden, so erfolgt dies durch explizites Setzen eines Clipping-Bereiches. Die Verwaltung von solchen Unterfenstern liegt also vollständig in der Verantwortung der Applikation bzw. eines Toolkits.

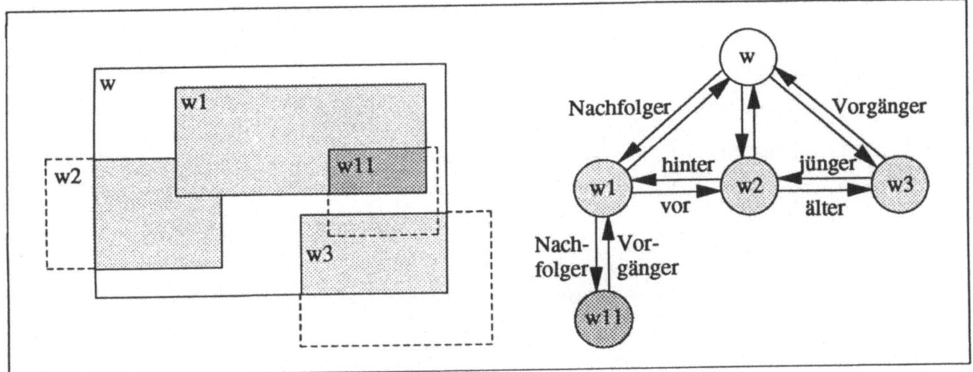

Abb. 2.4:   Fenster-Überlagerungsstruktur

Da bei diesem Ansatz für grundsätzlich vergleichbare Konzepte (Applikationsfenster und Unterfenster) unterschiedliche Abstraktionen verwendet werden müssen, können beispielsweise Programmteile, die ein Unterfenster zur Darstellung verwenden, nicht ohne Änderung auf ein „normales" Fenster übertragen werden.

Beim Konzept der *Fenstergruppe* (*window group*) können logisch zusammengehörige Fenster zu einer Gruppe zusammengefaßt und gemeinsam manipuliert werden. Innerhalb einer solchen Gruppe kann die Reihenfolge der zugehörigen Fenster frei gewählt werden, aber es ist z.B. nicht möglich, ein Fenster einer anderen Gruppe zwischen zwei Fenster der ersten Gruppe zu bringen. Die Fenster einer Gruppe bilden also gewissermaßen eine nach außen geschlossene Schicht (*layer*). Hierdurch ist es z.B. möglich, alle Fenster einer Gruppe gemeinsam nach vorne zu bringen, und dabei ihre relative Position zueinander beizubehalten. Auch können alle Fenster einer Gruppe gemeinsam geschlossen und anschließend wieder geöffnet werden, ohne daß sich die Überlagerungsreihenfolge innerhalb der Gruppe verändert.

Eine Variante des Konzepts der Fenstergruppe ist die Realisierung sog. *schwimmender Fenster* (*floating windows*). Schwimmende Fenster bewegen sich ausschließlich in der obersten Fensterebene, werden also nie von anderen Fenstern verdeckt. Diese Eigenschaft ist beispielsweise dann wünschenswert, wenn solche Fenster globale Informationen darstellen, die jederzeit sichtbar sein soll. Eine *Ikone* (also ein Stellvertreter für ein geschlossenes Fenster oder eine Applikation) muß z.B. immer sichtbar sein, damit der Endbenutzer schnell ein Fenster bzw. eine Applikation öffnen kann. Ohne diese Eigenschaft können kleine Ikonen unter anderen Fenstern „verloren gehen".

2.3.4 Fensterrekonstruktion

Bei überlappenden Fenstern entsteht das Problem, in welcher Weise der Fensterinhalt behandelt werden soll, wenn die Anordnung oder Überlagerungsreihenfolge der Fenster geändert wird und dabei zuvor nichtsichtbare Bereiche aufgedeckt bzw. andere verdeckt werden (Abb. 2.5). Die aufgedeckten Bereiche werden *Aufdeckungen* (*exposure*) oder auch *Zerstörungen* (*damage*) genannt; der Vorgang der Wiederherstellung *Rekonstruktion* (*damage repair*).

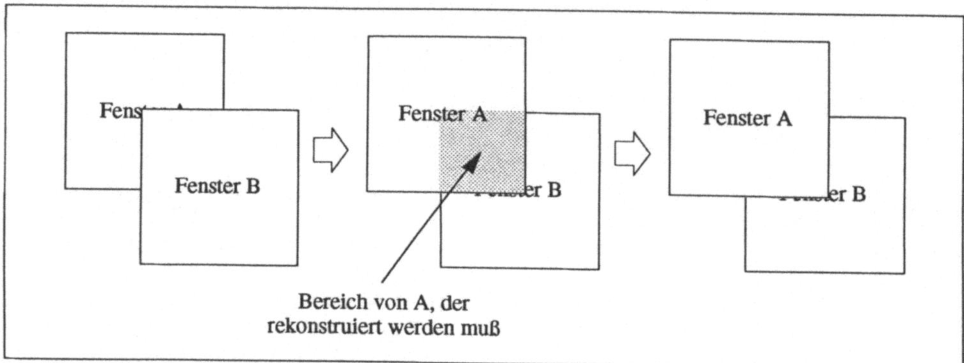

Abb. 2.5:   Fensterrekonstruktion

Ein vergleichbares Problem tritt auf, wenn der Fensterinhalt um einen bestimmten Bereich verschoben werden muß, beispielsweise zur Realisierung eines *Scrolling*-Verhaltens. Abb. 2.6 macht deutlich, wie am oberen Rand ein schmaler Streifen den sichtbaren Bereich des Fensters verläßt, dafür aber unten ein bisher nicht sichtbarer Bereich aufgedeckt wird. Da der insgesamt verschobene Bereich zudem noch teilweise vom Fenster B abgedeckt wird, fallen in dessen Nachbarschaft weitere wiederherzustellende Bereiche an.

In Analogie zum virtuellen Speicher eines Betriebssystems erzeugt die Aufdeckung oder Verschiebung eines Fensterbereichs gewissermaßen einen „Seitenfehler" (*page fault*), der durch einen Austausch von ein- und ausgelagerten Speicherbereichen behandelt werden muß.

Die hierzu existierenden Verfahren können nach Art der Arbeitsteilung von Fenstersystem und Applikation in zwei Klassen aufgeteilt werden: Entweder erfolgt die Rekonstruktion durch das Basisfenstersystem oder durch die Applikation.

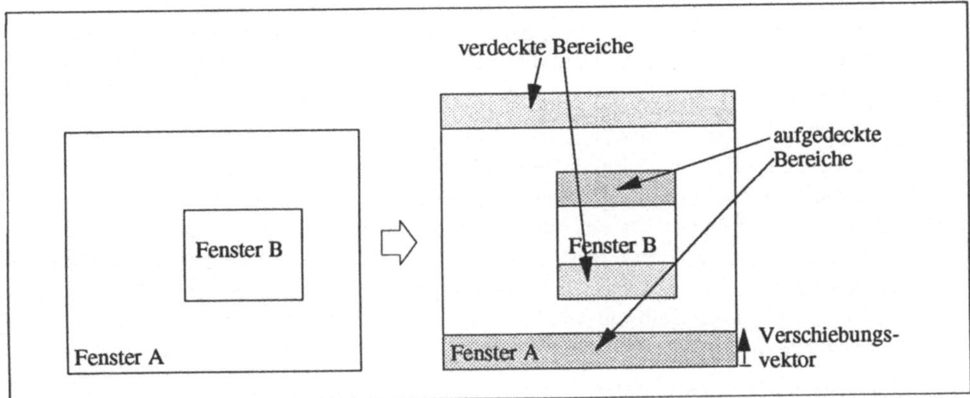

Abb. 2.6: Rekonstruktionsbereiche nach einer Verschiebung

Rekonstruktion durch das Fenstersystem:

- *Retained windows:*
  Das konzeptionell einfachste Verfahren verwendet ein Bit-Map von der Größe des zugeordneten Fensters und führt alle grafischen Ausgaben sowohl dort als auch im Fenster durch.
  Beim Aufdecken nicht sichtbarer Bereiche kann das Fenstersystem autonom eine Rekonstruktion vornehmen, indem die entsprechenden Bereiche des Bit-Maps in das Fenster kopiert
  werden. Obwohl hierbei für grafische Ausgaben doppelter Aufwand zu betreiben ist, ist auf
  diese Weise sichergestellt, daß sich Fenster und Bit-Map immer in einem konsistenten Zustand befinden.

- *Double buffering:*
  Eine Beschleunigung der Ausgaben läßt sich erzielen, wenn eine Folge von Ausgabeoperationen zunächst nur im Bit-Map ausgeführt wird, und der dort veränderte Bereich nach Abschluß der Sequenz mit einer einzigen Operation in das Fenster kopiert wird. Problematisch
  ist an diesem Ansatz jedoch, daß Applikationen sich explizit um das Zusammenfassen bzw.
  Bündeln und anschließende Aufdatieren des Fensters kümmern müssen. Als positiver Nebeneffekt ergibt sich allerdings ein flackerfreier Bildschirmaufbau, da eine Folge von Grafikoperationen zunächst auf einem nicht sichtbaren Speicherbereich ausgeführt wird, der dann
  mit einer einzigen Operation auf den Bildschirm gebracht wird.

- *Layers* [Pik83]:
  Bei diesem besonders speichereffizienten Verfahren wird ein Fenster in sichtbare und
  unsichtbare Bereiche zerlegt. Alle Grafikoperationen müssen deshalb auf nichtzusammen-
  hängenden Speicherbereichen ausgeführt werden.

Die bisher beschriebenen Verfahren besitzen den Nachteil eines hohen Speicherbedarfs[3] und
müssen als unstrukturiert bezeichnet werden, da keinerlei Annahmen über die Struktur des Fensterinhalts gemacht werden und nur „physische Bildpunkte" gespeichert werden. Bei den folgen-

---

3 Der für ein einziges 1000*1000 Bildpunkte großes und 8 Bit tiefes Hintergrundfenster benötigte
   Speicherbereich belegt ca. 1 MByte.

den strukturierten Verfahren wird dagegen der „logische Inhalt" eines Fensters gespeichert. Je nach Komplexität des Fensterinhaltes kann dies zu einer Reduktion des Speicherbedarfs führen.

- *Display List*:
  In der sog. Display-List protokolliert das Basisfenstersystem alle grafischen Ausgabeoperationen, um diese im Falle einer Rekonstruktion erneut ausführen zu können. Problematisch ist die Verwendung einer Display-List allerdings bei interaktiven Applikationen, wenn sich der Fensterinhalt häufig ändert. Da das Vorhandensein einer Display-List für die Applikation nicht sichtbar sein soll, muß das Fenstersystem selbst erkennen, welche grafischen Elemente, d.h. Einträge in der Display-List visuell durch neue Elemente vollständig verdeckt werden, und somit aus der Liste gelöscht werden können. Dies bedeutet aber eine Erhöhung der Komplexität der Ausgabeoperationen.

- *Erweiterbarkeit des Fenstersystems*:
  Als Spezialfall der Display-List kann die Erweiterbarkeit des Fenstersystems betrachtet werden. Hierbei übergibt der Klient dem Fenstersystem nicht nur Datenstrukturen, sondern auch ausführbaren Code. Dieser wird bei einer Rekonstruktion vom Fenstersystem abgearbeitet.

Die universellste Art der Rekonstruktion ergibt sich, wenn es das Fenstersystem vollständig dem Klienten überläßt, Fensterinhalte zu rekonstruieren. In diesem Fall teilt das Fenstersystem der Applikation mit, welche Bereiche zu restaurieren sind. Der Klient kann je nach Anwendungsfall selbst entscheiden, auf welche der oben beschriebenen Arten er eine Rekonstruktion durchführen will.

Tatsächlich stellt die Rekonstruktion durch den Klienten die universellste Lösung dar, da sie auch den Fall der Vergrößerung eines Fensters abdeckt. Hierbei werden Fensterbereiche aufgedeckt, die nicht in einer Hintergrunddatenstruktur bereits vorhanden sein können.[4]

2.3.5 Verwaltung der Farbtabelle

Im Gegensatz zum Bildschirmspeicher kann die softwaretechnische Verwaltung der sehr begrenzten Ressource der Farbtabelle nicht in ähnlich transparenter Weise erfolgen, da möglicherweise Teile des Bildschirms in „falschen" Farben dargestellt werden müssen.

Beim Konzept der *virtuellen Farbtabelle* wird jedem Fenster eine eigene Softwarefarbtabelle zugeordnet, die mit den benötigten Farbwerten gefüllt werden kann. Solange die Gesamtzahl der für alle virtuellen Farbtabellen benötigten Einträge geringer ist als die Zahl der Einträge der physischen Tabelle, können alle Anforderungen erfüllt werden, ohne daß zeitweise bestimmte Bereiche des Bildschirms in falschen Farben erscheinen. Wird diese Grenze überschritten, so wird die virtuelle Farbtabelle eines „aktiven" Fensters – also eines Fenster, in dem sich der Mauszeiger befindet – in die physische Farbtabelle kopiert. Der Inhalt einiger nicht aktiver Fenster wird dabei temporär in falschen Farben dargestellt.

---

[4]   Dies gilt natürlich nur unter der – durchaus realistischen – Annahme, daß die Hintergrunddatenstruktur nicht „beliebig" groß gewählt werden kann.

2.3.6 Eingabe

Das Basisfenstersystem faßt die von Tastatur und Maus erzeugten *Ereignisse* (*events*) zu einem seriellen *Ereignisstrom* (*event stream*) zusammen. Hierdurch wird sichergestellt, daß quasigleichzeitig eintreffende Ereignisse in deterministischer Reihenfolge verarbeitet werden können. Gleichzeitig werden die Ereignisse in eine kanonische Form umgewandelt. Ein kanonisches Ereignis umfaßt im allgemeinen die folgenden Attribute:

- *Ereignistyp*
  z.B. Tastatur, Mausbewegung, Maustaste usw.,

- *Ereigniswert*
  enthält in Abhängigkeit vom Ereignistyp eine detailliertere Information, z.B. die gedrückte Taste bei einem Tastaturereignis,

- *Zeitmarke (time stamp)*
  hierdurch können z.B. Doppelbetätigungen der Maustasten (*double clicks*) erkannt werden,

- *Mausposition*
  anhand der Mausposition kann bestimmt werden, welchem Fenster ein Ereignis zugeordnet werden muß,

- *Modifier-Zustand (modifier state)*
  Modifier sind Tasten, die nicht selbst Ereignisse liefern, sondern die Bedeutung anderer Ereignisse beeinflussen, wie z.B. die Shift- und Control-Tasten.

Neben den direkten Benutzereingaben werden auch Benachrichtigungen anderer Komponenten einer Fensterumgebung als sog. *synthetische Ereignisse* in den Ereignisstrom eingefügt. Das Basisfenstersystem erzeugt z.B. Rekonstruktionsereignisse, wenn Fensterbereiche neu zu zeichnen sind.

Anschließend wird vom Basisfenstersystem anhand der aktuellen Mausposition eine Verteilung der Ereignisse auf die Fenster vorgenommen. Das Fenster, das Ereignisse erhält, wird dabei als *Eingabefokus* (*input focus*) oder *Empfänger* bezeichnet.

Für die Bestimmung des Empfängers eines Tastaturereignisses existieren zwei Varianten. Im *Focus-follows-Cursor*-Modell wird der Eingabefokus allein durch die Position des Cursors bestimmt. Beim sog. *Click-to-type*-Modell wird mit der Maus ein Fenster „angeklickt" und damit explizit zum Eingabefokus erklärt. Alle folgenden Tastaturereignisse werden dann unabhängig von der Position des Cursors an das so ausgezeichnete Fenster verteilt.

Bei synthetische Ereignissen wird der Empfänger meist direkt durch ein bestimmtes Ereignisattribut identifiziert. Beispielsweise enthalten Rekonstruktionsereignisse die Identifikation des Fensters, für das sie erzeugt wurden.

Für bestimmte Ereignistypen, wie z.B. das Drücken und Loslassen des Mausknopfes ist eine spezielle Eingabeverteilung erforderlich. Mit diesen beiden Ereignissen ist in der Applikation häufig ein temporärer Modus verbunden, d.h. die Applikation wartet nach dem Drücken der Taste auf deren Loslassen. Da zwischen den beiden Ereignissen die Maus in ein anderes Fenster bewegt werden kann, würde das zweite Ereignis möglicherweise an eine andere Applikation verteilt und so der ursprünglichen Applikation entzogen werden. Dies wird verhindert, indem beim Auftreten des ersten Ereignis alle Folgeereignisse unabhängig von der tatsächlichen Mausposition an das ursprüngliche Fenster verteilt werden. Eine solche temporäre Änderung des Eingabefokus wird als *Input-Grabbing* bezeichnet.

2.4 Grafikbibliothek und Darstellungsmodell

Auf der untersten Ebene einer Fensterumgebung befindet sich die Grafikbibliothek. Sie implementiert – u.U. mit Hilfe spezieller Grafik-Hardware – grafische Ausgabeoperationen und definiert somit das zugrundeliegende *Darstellungsmodell* (*imaging model*). Die Grafikbibliothek wird zum einen vom Basisfenstersystem zur Realisierung von Fensteroperationen benutzt, zum anderen steht sie Toolkits und Applikationen zur Verfügung. Das einer Grafikbibliothek zugrundeliegende Darstellungsmodell kann durch die voneinander abhängigen Eigenschaften Effizienz, Geräteunabhängigkeit und Abstraktionsgrad charakterisiert werden. Die folgenden Ausführungen konzentrieren sich deshalb auf diese Aspekte.

Da heutige Fenstersysteme ausschließlich Rasterbildschirme verwenden, wird im folgenden auf ältere, Vektorbildschirm-basierte Grafikstandards wie z.B. GKS [End84] nicht eingegangen.

2.4.1 Die BitBlT-Operation

Die für Rasterbildschirme wichtigste Funktion ist der 1975 von Ingalls eingeführte *BitBlT*, ein Akronym für *Bit-Block-Transfer* [Ing81], mit dem der Bildschirmspeicher als zweidimensionale Menge von einzeln adressierbaren Bildpunkten effizient manipuliert werden kann (Abb. 2.7).[5]

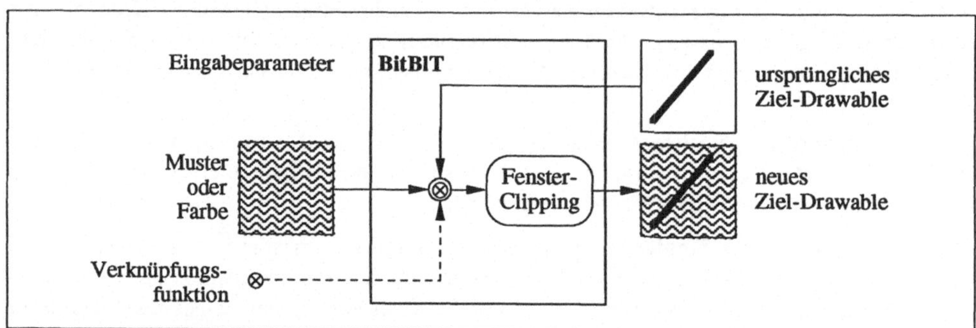

Abb. 2.7:   Die BitBlT-Operation

Als Eingabeparameter besitzt die BitBlT-Funktion ein optionales Quell-Bit-Map (*src*) und eine Boolesche *Verknüpfungsfunktion* (⊗). Durch die Verknüpfungsfunktion wird bestimmt, wie die neuen Bildpunkte mit den bereits existierenden verknüpft werden, bevor sie in ein Bit-Map bzw. auf den Bildschirm (*dst*) ausgegeben werden. Außerdem liefert das Basisfenstersystem einen Clipping-Bereich, durch den der BitBlT auf einen bestimmten Bereich beschränkt werden kann. Es ergibt sich also die folgende Beziehung:

$$dst = dst \otimes src$$

Von den möglichen 16 Booleschen Funktionen sind typischerweise nur die folgenden acht sinnvoll verwendbar:

Name	Funktion[6]	Beschreibung
CLEAR	dst = 0	löscht alle Bildpunkte
SET	*dst* = 1	setzt alle Bildpunkte
COPY	*dst* = *src*	überschreibt alle Bildpunkte in *dst* durch die Punkte von *src*
INVERT	*dst* = ~*dst*	invertiert alle Bildpunkte, d.h. tauscht Weiß und Schwarz gegeneinander aus. Eine zweifache Anwendung stellt den ursprünglichen Zustand wieder her.
ERASE	*dst* = *dst* & ~*src*	löscht selektiv alle Bildpunkte in *dst*, die in *src* gesetzt sind.
XOR	*dst* = *dst* ^ *src*	invertiert in *dst* nur die Bildpunkte, die in *src* gesetzt sind.
OR, OVERLAY	*dst* = *dst* | *src*	überlagert *dst* mit den gesetzten Bildpunkten von *src*.

Tabelle 2.1: Die wichtigsten Booleschen Verknüpfungsfunktionen

Besitzt ein Bildpunkt nicht nur die Werte 0 und 1, sondern bezeichnet er eine direkte RGB-Farbe bzw. einen Index in eine Farbtabelle, so liefert von den oben betrachteten Rasteroperationen ohne besondere Maßnahmen nur COPY ein sinnvolles Ergebnis. Die von allen anderen Booleschen Verknüpfungen erzeugten Werte repräsentieren im direkten Farbmodell eine Farbe, die in keinem intuitiv verständlichen Zusammenhang zur ursprünglichen Farbe steht.

Wird im Farbindexmodell die Farbtabelle so initialisiert, daß der erste Eintrag Weiß und der letzte Schwarz repräsentiert, so lassen sich alle oben genannten Verknüpfungsfunktionen dann begrenzt einsetzen, wenn die behandelten Bit-Maps überwiegend Schwarz und Weiß enthalten. Für alle anderen Farben erzeugt die Verknüpfungsfunktion eine neue Farbe, die durch den (zufälligen) Inhalt der Farbtabelle bestimmt ist.

In Farbsystemen werden deshalb die Booleschen Funktionen durch *arithmetische Verknüpfungsfunktionen* ersetzt bzw. erweitert. Wird z.B. auf eine direkte Farbe ein konstanter Wert addiert bzw. von dieser subtrahiert, so läßt sich eine Aufhellung oder Abdunkelung erzielen. Beim Farbindexmodell muß zunächst wieder die Farbtabelle geeignet initialisiert werden.

Als *Filter* wird eine Verknüpfungsfunktion bezeichnet, die einen bestimmten Bildpunktwert durch einen anderen ersetzt. Hierdurch kann z.B. die Hintergrundfarbe eines Fensters ersetzt werden, ohne daß hierbei andere Farben verändert werden [Wir88].

Insgesamt repräsentiert die effiziente, aber geräteabhängige BitBlT-Operation das „Arbeitspferd" der Rastergrafik. Die hohe Flexibilität erschwert aber zugleich die portable Anwendung in Applikationen.

---

6 Die formale Beschreibung der logischen Funktion verwendet die Notation der Programmiersprache C [Ker88].

2.4.2 Die Stencil-Operation

Zur Manipulation nicht rechteckiger Formen existiert die *Stencil-Operation*. Über zusätzliche
Eingabeparameter wird ein grafisches Grundobjekt, z.B. Kreis, Linie oder Polygon spezifiziert,
das durch *Scan-Conversion* in ein Bit-Map umgewandelt und dann zur Begrenzung der nachfolgenden BitBlT-Operation herangezogen wird (Abb. 2.9).

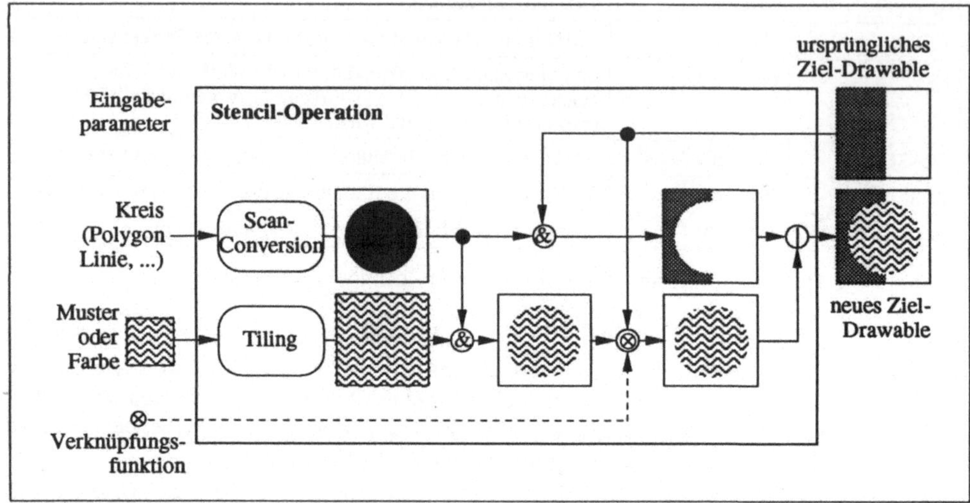

Abb. 2.8:   Die Stencil-Operation

Mit der Schablone wird sowohl ein Bereich im Ziel- als auch im Quell-Bit-Map „ausgeschnit-
ten". Anschließend werden beide Teile durch die Oder-Funktion (|) so verknüpft, daß sie sich
gegenseitig nicht beeinflussen. Die Verknüpfungsfunktion bestimmt auch hier wieder, wie Ziel-
und Quell-Bit-Map zu kombinieren sind. In Abb. 2.8 werden sie z.B. „nicht" verknüpft, d.h. es
wird die Funktion NOP verwendet. In dieser Form ist die Stencil-Operation auch ohne
Einschränkung unter Farbe verwendbar, da durch die beteiligten Funktionen nur existierende
Pixel-Werte nicht überlappend kombiniert werden, also keine neuen Werte entstehen können.

Der Quell-Operand kann bei der Stencil-Operation als „Muster" betrachtet werden, mit dem das
grafische Objekt „gefüllt" wird. Ist das Muster kleiner als der ausgewählte Bereich, so wird es
kachelartig (*tile*) neben- und untereinander aufgereiht, bis die für den Zieloperanden benötigte
Größe erreicht ist. Dieses Verfahren wird als *Tiling* bezeichnet.

Es ergibt sich die folgende Beziehung für die Stencil-Operation:

```
tmp = ScanConversion(objekt)
dst = (dst & ~tmp) | ((Tile(src) & tmp) ⊗ dst)
```

Die Stencil-Operation erlaubt als Verallgemeinerung des BitBlTs eine einfache und portable
Anwendung. Allerdings ist sie ohne besondere Optimierung weniger effizient als die BitBlT-
Operation.

2.4.3 Das Stencil/Paint-Modell

Wird in der oben genannten Beziehung der Eingabeparameter der Verknüpfungsfunktion wegge-
lassen, so bildet die Stencil-Operation die Grundlage für das verallgemeinerte *Stencil/Paint-Modell* [War82], das z.B. in der Seitenbeschreibungssprache PostScript [Ado85] zur Anwendung
kommt.

Orientiert sich das BitBlT- und Stencil-Modell sehr stark an den konkreten Bildpunkten und ihrer
logischen Verknüpfung, so versucht das Stencil/Paint-Modell hiervon stärker zu abstrahieren,
indem es die Begriffe „Schablone" (*stencil*) und „Farbe" (*paint*) in den Vordergrund stellt. Durch
diese der Drucktechnik entlehnten Begriffe werden grafische Ausgabeoperationen auf den intui-
tiven Umgang mit Farbe zurückgeführt und damit konzeptionell vereinfacht.

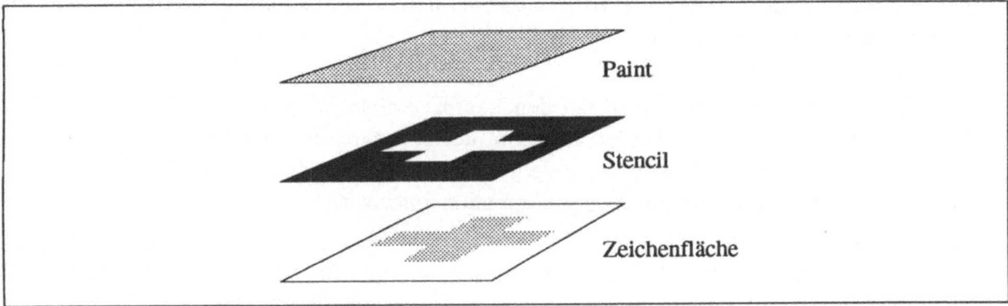

Abb. 2.9:   Das Stencil/Paint-Modell

Eine Schablone ist durch eine im mathematischen Sinne unendlich dünne umhüllende Linie
(*path*) definiert, durch die Farbe – in Art der Siebdrucktechnik – auf die Zeichenfläche (Bit-Map
oder Fenster) aufgetragen wird (Abb. 2.9). Die Umhüllende wird durch Punkte in einem Weltkoordinatensystem definiert, die durch Geraden oder Splines (Bézier-Kurven) verbunden sind.[7]
Damit können Schablonen beliebige Formen annehmen, sind also nicht wie im einfachen Stencil-
Modell auf wenige vordefinierte Formen beschränkt. Als „Paint" kann entweder eine nicht transparente „echte" Farbe, ein Muster oder eine andere Grafik fungieren.

Da im einfachen Stencil/Paint-Modell eine Farbe opak ist, ersetzt sie die bereits auf die Zeichenfläche aufgebrachten Farben. Dies ist Ausdruck der fehlenden Verknüpfungsfunktion. In einem
erweiterten Stencil/Paint-Modell kann für eine Farbe zusätzlich ein *Transparenzfaktor* (*alpha
value* [Sch86]) angegeben werden. Je niedriger dieser Wert ist, um so mehr „scheinen" die Farben des Hintergrunds hervor. Der Transparenzfaktor kann somit als Abstraktion der in Abschnitt
2.4.1 erwähnten arithmetischen Verknüpfungsfunktionen aufgefaßt werden.

---

[7]   Betrachtet man die Linie als Spezialfall einer Bézier-Kurve, so kommt das Stencil-/Paint-Modell nur
mit einer einzigen grafischen Grundoperation aus.

2.4.4 Zeichendarstellung

Der Darstellung von Zeichen und Text kommt auch in Applikationen mit grafischer Benutzungs-schnittstelle eine große Bedeutung zu. Kritische Faktoren sind hierbei besonders Lesbarkeit und Geschwindigkeit der Textausgabe [Rub88].

Zur Erzeugung von *Zeichensätzen* (*fonts*) existieren die folgenden drei Verfahren:

- *Rasterfonts*:

  In den meisten Fenstersystemen werden Zeichen durch vordefinierte Bit-Maps realisiert, die durch Anwendung der BitBlT-Operation auf den Bildschirm kopiert werden. Die Ausgabe einer ganzen Zeile Text besteht im wiederholten Kopieren einzelner Bit-Maps. Da eine Ska-lierung von Zeichen, d.h. ein algorithmisches Vergrößern bzw. Verkleinern der entsprechen-den Bit-Maps nicht immer ein lesbares Ergebnis liefert, werden meist Zeichensätze in ver-schiedenen Größen bereitgehalten.

- *Vektorfonts*:

  Das Problem der Skalierung wird bei den *Vektorzeichensätzen* (*stroke fonts*) umgangen, indem jedes Zeichen durch Linien in einem auflösungsunabhängigen Koordinatensystem definiert wird. Zur Darstellung der Zeichen wird die Vektorinformation interpretiert und dabei der gewünschten Koordinatentransformation unterworfen.

- *Outline-Fonts*:

  Eine Erweiterung der Vektorfonts bilden die sog. Outline-Fonts, bei denen Zeichen analog zum oben dargestellten Stencil/Paint-Modell durch eine Hüllkurve definiert sind und durch Scan-Conversion in ein Bit-Map verwandelt werden. Da der hierfür erforderliche Aufwand relativ hoch ist, werden einmal erzeugte Bit-Maps in einem Cache abgelegt.
  Bei kleinen Schriftgrößen (< 12 typographischen Punkten; 1 Pt ≈ 1/72 inch) führt die Um-wandlung der Hüllkurvenbeschreibung in die wenigen zur Verfügung stehenden Bildpunkte durch Rundungsfehler zu fehlenden, zu zuviel gesetzten oder falsch gesetzten Bildpunkten.[8]
  Da hierdurch die Lesbarkeit reduziert wird, werden für geringe Schriftgrößen entweder von Hand optimierte Bit-Map-Fonts verwendet oder die Hüllkurvenbeschreibung eines Zeichens wird um bestimmte Hinweise (*hints*) erweitert, die der Umwandlungssoftware mitteilen, wie in den durch Rundungsfehlern auftretenden Zweifelsfällen einzelne Bildpunkte zu behandeln sind [Ado90].

---

[8] Für eine 10-Punkt-Schrift stehen auf einem 72-dpi-Bildschirm nur ca. 8x12 Pixel zur Verfügung.

2.5 Fenstermanager

Der Fenstermanager kann konzeptionell als eine spezielle Applikation betrachtet werden, deren
einzige Aufgabe es ist, die Fenster anderer Applikationen zu verwalten und hierfür eine interaktive Benutzungsschnittstelle zur Verfügung zu stellen. Üblicherweise besitzt der Fenstermanager
außer dem Wurzelfenster keine eigenen Fenster. Die Interaktion erfolgt über Menüs des Wurzelfensters oder durch Interaktionskomponenten der Klientenfenster. Typische vom Fenstermanager
bereitgestellte Funktionen umfassen:

– *Fenstermanipulationen* (Erzeugen, Entfernen, Positionieren, Größenveränderungen, Ändern
  der Überlagerungsreihenfolge)
  Bei diesen Funktionen muß vom Fenstermanager die in der Fensterumgebung verwendete
  Anordnungsstrategie (vgl. Abschnitt 2.3.3) berücksichtigt werden. Bei überlappenden Fenstern können die oben genannten Fenstermanipulationen vom Benutzer ohne Einschränkung
  ausgeführt werden. Bei der gekachelten Anordnung können bestimmte Manipulationen nur
  im Rahmen der Kachelungsstrategie erlaubt werden.

– Realisierung der Fenstermanager-Benutzungsschnittstelle
  Hierzu versieht der Fenstermanager die Fenster einer Applikation mit einem Rahmen, der für
  die oben genannten Fenstermanipulationen entsprechende Interaktionselemente bereitstellt.
  Damit wird durch den Fenstermanager ein wesentlicher Teil der Benutzungsschnittstelle einer
  Fensterumgebung definiert, so daß er meist auf das Look-and-Feel eines bestimmten Toolkits
  abgestimmt ist.

– Öffnen und Schließen von Fenstern
  Die Umwandlung eines Fensters in eine Ikone gehört in den Aufgabenbereich des Fenstermanagers, da Ikonen zum einen wieder den oben beschriebenen Anordnungsstrategien unterworfen sind und zum anderen ein einheitliches Aussehen und einheitliche Größe besitzen
  sollen. Im Unterschied zu „normalen" Fenstern kann vom Fenstermanager auch die Position
  einer Ikone beeinflußt werden, um beispielsweise alle Ikonen in einen bestimmten Bereich
  des Bildschirms zu plazieren. Unterstützt das Fenstersystem außerdem Fenstergruppen oder
  Floating windows (siehe 2.3.3), so können z.B. alle Ikonen zu einer immer sichtbaren Gruppe
  (*icon dock*, [Web89]) zusammengefaßt werden.

– Verwaltung des Eingabe- bzw. Tastaturfokus
  Auch diese Aufgabe fällt in den Bereich des Fenstermanagers, da nur durch eine zentrale
  Komponente sichergestellt werden kann, daß genau eine Applikation den Tastaturfokus
  besitzt.

– Verwaltung von globalen Ressourcen
  Hierzu gehört z.B. die Farbtabelle, die nicht durch Applikationen direkt, sondern nur indirekt
  über den Fenstermanager modifiziert wird. Sollen durch unterschiedliche Applikationen mehr
  Einträge in der Farbtabelle modifiziert werden als zur Verfügung stehen, so kann der Fenstermanager z.B. nur jeweils der aktiven Applikation die verlangten Farben zubilligen.

2.6 Desktop-Manager

Der *Workspace-* oder *Desktop-Manager* faßt unterschiedliche Applikationen einer Fensterumgebung zu einer einheitlichen „Arbeitsumgebung" zusammen. Einzelne Applikationen stellen nicht mehr „isolierte Einheiten" dar, sondern können mit Hilfe des Desktop-Managers intelligent untereinander kommunizieren. Im Idealfall sollte eine Applikation nicht mehr als ein „Programm" in Erscheinung treten, sondern nur eine funktionale Erweiterung der persönlichen Arbeitsumgebung bewirken. Die Verwaltung aller funktionalen Erweiterungen obliegt dem Desktop-Manager.

Die meisten existierenden Desktop-Manager sind von dieser Zielvorstellung allerdings weit entfernt. Ihre wichtigste Aufgabe ist die Steuerung des Datenaustauschs zwischen Applikationen. Sie befinden sich deshalb in einer ähnlichen Rolle wie der Fenstermanager und werden deshalb auch meist in diesen integriert.

Eine Grundfunktion des Workspace Managers ist die Unterstützung des *Copy/Paste-Mechanismus*, der es erlaubt, Daten aus einer Applikation in eine andere zu übernehmen. Der Workspace-Manager stellt hierzu in geeigneter Form einen *Zwischenspeicher* (*Zwischenablage, clipboard*) bereit, in den Daten aus einer Applikation kopiert werden können, um dann in eine andere Applikation eingefügt zu werden. Damit Applikationen auch Daten importieren können, die in einem ihnen unbekannten Format vorliegen, werden die Daten häufig in unterschiedlichen Formaten in der Zwischenablage deponiert. Die empfangende Applikation kann dann das geeignetste Format auswählen. Da sich die Zwischenablage außerhalb der Applikationen befindet, ist dieses sehr einfache Verfahren auch dann anwendbar, wenn zu jeder Zeit nur eine Applikation ausgeführt werden kann.

In Mehr-Prozeß-Systemen sind intelligentere Formen des Informationsaustauschs möglich. Bei der sog. *Selektionsverwaltung* existiert kein Zwischenspeicher, sondern es wird dem Desktop-Manager nur mitgeteilt, wer der aktuelle „Besitzer" (*selection holder*) einer *Datenauswahl* (*selection*) ist. Sollen ausgewählte Daten in eine andere Applikation eingefügt werden, so vermittelt der Desktop-Manager zwischen den beteiligten Applikationen, damit diese ein geeignetes Datenformat aushandeln können. Grundstrategie des dabei ablaufenden Protokolls ist es, daß der Besitzer der Selektion dem potentiellen Interessenten alle von ihm unterstützten Formate mitteilt. Der Interessent wählt dann das Format mit dem für ihn größten Informationsgehalt aus und teilt dies dem Besitzer mit. Dieser wandelt dann gegebenenfalls die Selektion in das gewünschte Format um und überträgt sie dem Interessenten.

In neueren Systemen finden sich zunehmend anspruchsvollere Arten der Applikationskommunikation. Eine Erweiterung des oben beschriebenen Datenaustauschs stellen sog. *dynamische Selektionen* (*hot links, live links, dynamic links*) dar. Hierbei werden Daten nicht einfach nur in eine andere Applikation importiert, sondern der Desktop-Manager besitzt die Information, woher die Daten stammen und wohin sie importiert wurden. Eine Modifikation der Daten in einer Applikation kann dann automatisch eine Aufdatierung der Daten in anderen Applikationen bewirken. Der Desktop-Manager spielt auch hier wieder die Rolle des zentralen Kommunikationsvermittlers, der über ein standardisiertes Protokoll Applikationen voneinander entkoppelt.

2.7 Architektur von Fenstersystemen

Im folgenden Abschnitt wird dargestellt, wie die Struktur eines Fenstersystems durch die vom zugrundeliegenden Betriebssystem definierte Prozeß- und Adreßraumstruktur beeinflußt wird. Nach [Gos89] können für das Betriebssystem die folgenden drei Kategorien identifiziert werden:

- *Ein-Adreßraum/Ein-Prozeß-Systeme*
  Hierzu gehören die einfachen Betriebssysteme der Personalcomputer, die häufig nicht viel mehr als Subroutinen-Bibliotheken sind.

- *Ein-Adreßraum/Mehr-Prozeß-Systeme*
  Diese findet man häufig in dedizierten Sprachumgebungen, wie z.B. Lisp- oder Smalltalk-Systemen und in neueren PC-Betriebssystemen. Das Prozeßmodell kennt häufig keine echte Nebenläufigkeit (*preemptive multitasking*), sondern nur ein sog. *kooperatives Multitasking* (*cooperative multitasking*). Prozeßwechsel erfolgen hier, indem die Applikation – meist aufgrund einer Aktion des Endbenutzers – explizit die Kontrolle an das Betriebssystem abgibt.

- *Mehr-Adreßraum/Mehr-Prozeß-Systeme*
  Hierzu gehören die Betriebssysteme für Mehrbenutzerbetrieb, also z.B. UNIX oder OS/2.

Bei den beiden Ein-Adreßraum-Varianten kann die Kommunikation zwischen Applikation und Fenstersystem in effizienter Weise über Prozeduraufrufe erfolgen. Außerdem besitzen Applikationen direkten Zugriff auf Fenstersystem-Datenstrukturen. Obwohl sich beide Eigenschaften auf die Effizienz positiv auswirken, besitzen sie den Nachteil, daß eine fehlerhafte Applikation das Gesamtsystem korrumpieren kann. Außerdem sind Applikationen durch die unscharfe Trennung zwischen Applikation und Fenstersystem stark an das Fenstersystem gekoppelt und somit wenig portabel.

Die Mehr-Prozeß-Varianten besitzen den Nachteil, daß der Zugriff auf gemeinsam benutzte Ressourcen synchronisiert werden muß. Bei kooperativem Multiprocessing kann die Synchronisation meist entfallen, da Prozeßwechsel explizit durch die Applikation initiiert werden und somit nur zu „sicheren" Zeitpunkten stattfinden können.

Beim Mehr-Adreßraum/Mehr-Prozeß-System muß die Kommunikation zwischen Applikation, Fenstersystem und Kern über eine durch die Betriebssystemschnittstelle definierte Barriere erfolgen. Der hierbei durch Systemaufrufe und Prozeßwechsel implizierte Mehraufwand kann für nicht interaktive Applikationen normalerweise in Kauf genommen werden. Für die Anbindung einer interaktiven Applikation an ein Fenstersystem bedeutet er aber unter Umständen einen nicht tolerierbaren Effizienzverlust. Aus diesem Grunde können für die Implementierung eines Fenstersystems häufig nicht ähnlich abstrakte und mächtige Mechanismen verwendet werden, wie dies z.B. für Prozesse oder Dateien der Fall ist.

In einem Mehr-Adreßraum/Mehr-Prozeß-System kann sich das Fenstersystem

- außerhalb des Adreßraums des Klientenprozesses im Kern des Betriebssystems befinden (*kernbasiertes Fenstersystem*),

- im Adreßraum jedes Klientenprozesses befinden (*klientenbasiertes Fenstersystem*),

- außerhalb des Adreßraums des Klientenprozesses in einem Server-Prozeß befinden (*serverbasiertes Fenstersystem*).

2.7.1 Kernbasierte Systeme

Die Ansiedlung des Fenstersystems im Betriebssystemkern ist eine logische Konsequenz aus den bereits erkannten Ressource-verwaltenden Eigenschaften eines Fenstersystems. Hauptvorteil ist die vereinfachte Synchronisation bei Zugriffen auf gemeinsam benutzte Ressourcen. Außerdem ist der Zugriff auf den physischen Bildschirm im Kern sehr viel einfacher zu realisieren als in einem Benutzerprozeß, da dieser typischerweise keinen direkten Zugriff auf den Geräteadreßbereich besitzt (Abb. 2.10).

Größter Nachteil dieser Variante ist die erschwerte Debugging-Möglichkeit. Debugging-Werkzeuge lassen sich häufig nicht bzw. nur eingeschränkt für die Fehlersuche im Kern einsetzen. Dies wiegt um so schwerer, als die Komplexität eines Fenstersystems häufig sehr viel höher ist als die herkömmlicher Kernaufgaben. Außerdem impliziert diese Funktionalität auch einen relativ großen Code, der bei seiner Ansiedlung im Kern einen großen Speicherbereich statisch belegt. Gleichzeitig überfordern auch die dynamischen Speicherplatzanforderungen eines Fenstersystems sehr schnell die üblicherweise relativ einfache Speicherverwaltung des Kerns.

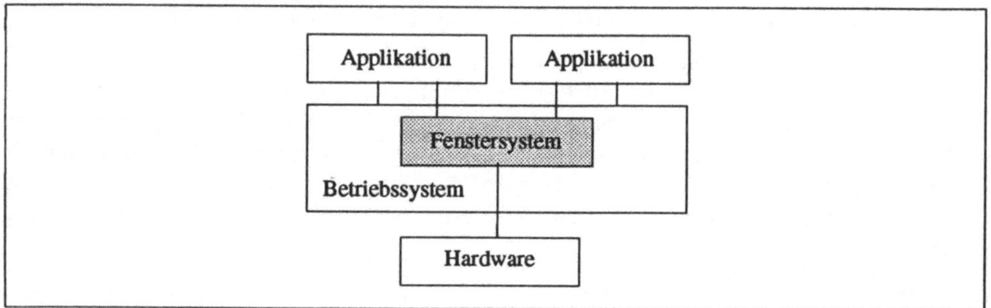

Abb. 2.10: Struktur des kernbasierten Fenstersystems

2.7.2 Klientenbasierte Systeme

Bei diesem Ansatz wird das Fenstersystem in der Form von Bibliotheken in den Klientenprozeß verlagert (Abb. 2.11). Hierdurch wird der bei Aufruf einer Betriebssystemfunktion entstehende Mehraufwand vollständig vermieden.

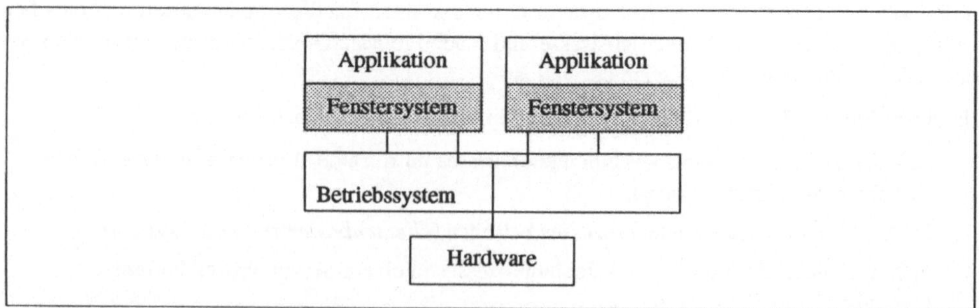

Abb. 2.11: Struktur des klientenbasierten Fenstersystems

Möglich ist ein solcher Ansatz aber nur, wenn das Betriebssystem Mechanismen zur Verfügung stellt, die dem Klientenprozeß den direkten Zugriff auf die Ein- und Ausgabegeräte erlauben. Moderne Betriebssysteme ermöglichen z.B. durch das Konzept des gemeinsam benutzten Speichers (*shared memory*), daß der Bildschirmspeicher in die Adreßräume von Klienten eingeblendet werden kann.

Da mehrere Prozesse auf den gemeinsam benutzten Bildschirmspeicher zugreifen, muß der gegenseitige Ausschluß explizit sichergestellt werden. Dies hat aber zur Folge, daß ein Teil der durch den direkten Zugriff gewonnenen Effizienz durch einen erhöhten Synchronisationsaufwand wieder zunichte gemacht wird.

Auch wenn sich dieser Aufwand nicht grundsätzlich reduzieren läßt, so kann er doch durch eine Erhöhung der Granularität der Synchronisation drastisch gemindert werden, indem der gegenseitige Ausschluß nicht mehr für jede grafische Operation einzeln, sondern für möglichst viele aufeinanderfolgende Operationen durchgeführt wird. Auf diese Weise wird der Synchronisationsaufwand über eine Vielzahl von Operationen amortisiert und dominiert so nicht mehr die Gesamtausführungszeit einer Operation. Erst hierdurch läßt sich mit einem klientenbasierten Ansatz ein höherer Durchsatz erzielen als mit einem kernbasierten System.

Ein weiteres Problem entsteht durch die Verteilung der Fensterverwaltung auf mehrere Prozesse. Jede Ausgabeoperation muß zunächst durch Kommunikation mit anderen Prozessen den sichtbaren Bereich eines Fenster bestimmen und ihn dann als Clipping-Bereich auf die Ausgabeoperation anwenden.

Der größte Nachteil dieser Variante ist die Replizierung des Fenstersystem-Kodes in jeder Applikation. Da typische Fenstersystem-Bibliotheken eine Größe von ca. 500 kByte besitzen, kann in virtuellen Speichersystemen durch Ein- und Auslagern des Codes beim Prozeßwechsel das interaktive Verhalten von Applikationen drastisch verschlechtert werden. In neueren Ansätzen wird diesem Problem durch die Verwendung von *Shared Libraries* begegnet.

2.7.3 Serverbasierte Systeme

Bei einem serverbasierten Ansatz befindet sich das gesamte Fenstersystem in einem Dienstleistungsprozeß (*server*), mit dem die Applikationsprozesse (Klienten) durch den Austausch von Nachrichten kommunizieren (Abb. 2.12).

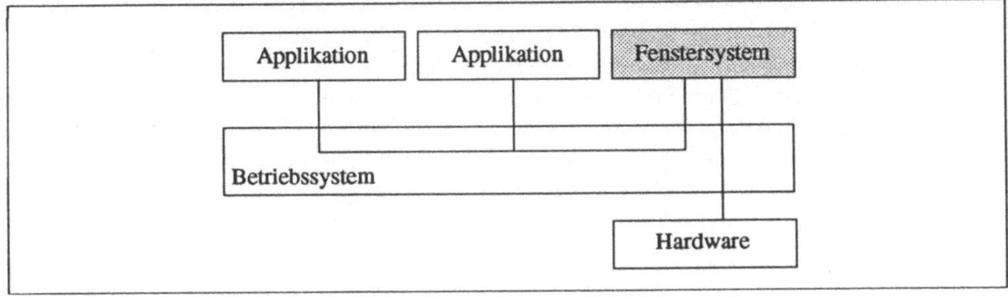

Abb. 2.12: Struktur des serverbasierten Fenstersystems

Grundlage dieses Ansatzes ist die Existenz eines leistungsfähigen Interprozeß-Kommunikationsmechanismus (*IPC*), wie er in den meisten neueren Betriebssystemen zu finden ist.

Obwohl der bei dieser Variante durch Kommunikation entstehende Mehraufwand im Vergleich mit den zuvor beschriebenen Ansätzen sehr viel größer erscheint, besitzt sie doch eine Reihe von entscheidenden Vorteilen, die dazu geführt haben, daß heute (1991) eine eindeutige Tendenz in Richtung serverbasierter Fenstersysteme zu erkennen ist.

Ein erster entscheidender Vorteil ergibt sich, wenn die zugrundeliegenden Kommunikationsmechanismen nicht nur lokal, sondern auch netzweit verwendet werden können. In diesem Fall können fensterbasierte interaktive Applikationen auf entfernten und möglicherweise speziell geeigneten Rechnern ablaufen und dabei mit dem Fenstersystem-Server am Arbeitsplatz des Benutzers kommunizieren.

Auch vereinfacht sich bei einem serverbasierten Ansatz die Implementierung, da sich der gesamte Grafik- und Fenstersystem-Kode in einem Prozeß befindet und somit die Informationen über das Fensterlayout und die Clipping-Bereiche zentral und damit ohne weiteren Kommunikationsaufwand verwaltet werden können. Die Synchronisationsprobleme der zuvor vorgestellten Varianten werden automatisch durch die vom Betriebssystem vorgenommene Serialisierung der Nachrichten gelöst.

Gleichzeitig wird hierdurch auch die Fehlersuche bei Entwicklung eines Fenstersystems gegenüber der klientenbasierten Variante weiter vereinfacht, da fenstersystemrelevante Datenstrukturen nicht mehr über mehrere Prozesse verteilt sind, sondern an zentraler Stelle untersucht werden können.

Zur Effizienzsteigerung der Kommunikation zwischen Klienten und Fenstersystem-Server werden folgenden Techniken eingesetzt:

- *Bündelung von Nachrichten* (*batching*):
  Die wichtigste Technik zur Effizienzsteigerung besteht in der Zusammenfassung einzelner Nachrichten zu größeren „Bündeln". Diese Optimierung geht von der Annahme aus, daß der größte Kommunikationsaufwand für das Aufsetzen einer Nachricht entsteht, aber von deren Länge nur sehr wenig abhängig ist.
  Eine Zusammenfassung von Einzelanfragen ist aber nur dann möglich, wenn jeder Auftrag asynchron ausgeführt werden kann, also vom Klienten kein Ergebnis erwartet wird. Diese Annahme bedeutet aber keinerlei Einschränkung, da es sich bei den zeitkritischen Aufträgen an den Server meist um Grafikoperationen ohne Rückgabewert handelt.
  Diese Optimierung versagt bei sog. *Feedback-Operationen*, wie z.B. *Rubberbanding*. In diesem Fall werden Klient und Server hart miteinander synchronisiert, da auf jede Aktion des Benutzers (z.B. Bewegen der Maus) eine Reaktion des Klienten erfolgen muß (z.B. Löschen und Neuzeichnen einer Linie). Wird der in diesem Fall zu leistende Kommunikations- und Prozeßwechselaufwand – die sog. *Round-Trip-Zeit* – sehr groß, so kann dies zu einem unerwünschten „Hinterherhinken" des Klienten führen.

- *Verringerung des Kommunikationsaufwandes:*
  Befinden sich Server und Klient auf dem gleichen Rechner, so kann die Interprozeßkommunikation durch einen gemeinsam zugreifbaren Speicher (*shared memory*) optimiert werden. In diesem Fall wird der Kommunikationsaufwand wiederum ersetzt durch einen

Synchronisationsaufwand, wie er bereits für den bibliotheksbasierten Ansatz beschrieben wurde.

– *Vergrößerung der übertragenen Information:*
Bei dieser Optimierung wird der Informationsgehalt jeder Nachricht maximiert, d.h. es wird für jede übertragene Nachricht ein möglichst großer Effekt auf dem Bildschirm bewirkt. Zur Darstellung einer Linie werden also nicht die Koordinaten einzelner Bildpunkte übertragen, sondern nur ihre abstrakte Beschreibung in Form eines Codes und der Anfangs- und Endpunktkoordinaten.

– *Duplizierung von Datenstrukturen:*
Durch die Duplizierung von Datenstrukturen auf beiden Seiten der Klient-/Server-Verbindung kann ein direkter und damit schneller Zugriff auf häufig benötigte Datenstrukturen ermöglicht werden. Wird auf einer Seite eine Datenstruktur modifiziert, so müssen allerdings diese Änderungen übertragen werden, um jederzeit die Konsistenz sicherzustellen.

– *Erweiterbarkeit:*
Eine weitere Verringerung des Kommunikationsaufwands kann erzielt werden, wenn der Server-Prozeß um applikationsspezifischen Code erweitert werden kann. Man spricht dann von einem *erweiterbaren Server*. Eine solche Erweiterung kann entweder *statisch* oder *dynamisch* erfolgen.
Bei einer *statischen Erweiterung* wird die Funktionalität des Servers erweitert, indem Code und Datenstrukturen in den Server statisch eingebunden werden. Da aber Applikationen nicht davon ausgehen können, daß jeder verwendete Server die entsprechenden Erweiterungen besitzt, muß zum einen für den Klienten die Möglichkeit bestehen, die vorhandenen Erweiterungen in Erfahrung zu bringen, und zum anderen immer eine „Notlösung" auf der Seite des Klienten vorhanden sein.
Diese Schwierigkeit tritt bei einem *dynamisch erweiterbaren* Server nicht auf. Hierbei ist es möglich, zur Laufzeit einer Applikation (typischerweise in der Initialisierungsphase) Programme in den Server zu laden und zu gegebener Zeit auszuführen. Eine Notlösung kann entfallen, wenn der zu ladende Code maschinenunabhängig ist, also in jeder Implementierung des Servers in identischer Weise ausgeführt werden kann. Dies schränkt die für die Erweiterung verwendete Sprache auf die Klasse der interpretativen Sprachen ein.

2.8 Toolkits und Programmierschnittstellen

Die bisherigen Ausführungen behandelten Fensterumgebungen auf der konzeptionell niedrigen Stufe des Fenstersystems. Interaktive grafische Applikationen mit moderner Benutzungsschnittstelle benötigen aber höhere Abstraktionen, wie z.B. Menüs, Buttons, Scrollbars oder Dialogfenster, sollten sich also nicht direkt mit Konzepten wie „Fenster", „Farbtabelle" oder „Grabbing" auseinandersetzen müssen. Es existiert also offensichtlich eine Kluft (*semantic gap*) zwischen Fenstersystem und Applikation, die durch geeignete Softwareschichten überbrückt werden muß (Abb. 2.13).

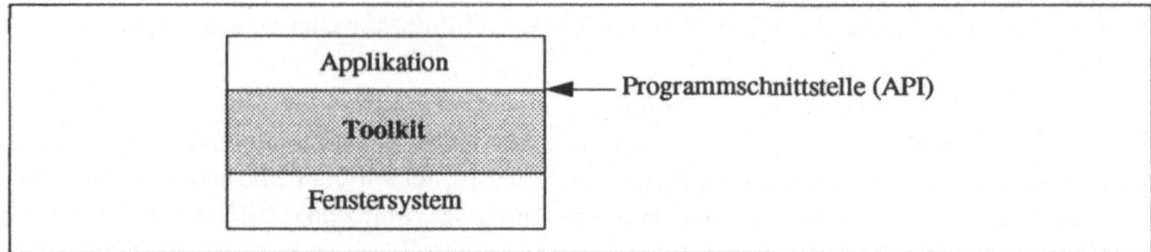

Abb. 2.13: Kluft zwischen Applikation und Fenstersystem

Da diese Schicht unabhängig von den aufsetzenden Applikationen ist und allgemeine Komponenten von Benutzungsoberflächen anbietet, wird sie üblicherweise als *Benutzungsschnittstellen-Bibliothek* oder kurz *Toolkit* bezeichnet. Gegenüber einem direkten Aufsetzen einer Applikation auf einer Fenstersystemschnittstelle bietet die Verwendung eines Toolkits folgende Vorteile:

– Standardinteraktionselemente sind vorgefertigt und müssen nicht für jede Applikation neu entwickelt werden,

– durch vordefinierte Toolbox-Komponenten kann eine exakt definierte und zwischen unterschiedlichen Applikationen einheitliche Benutzungsschnittstelle leichter realisiert und besser eingehalten werden,

– Applikationen und Fenstersystem werden entkoppelt und sind somit portabler.

Über die Programmierschnittstelle zum Toolkit (*application programmer interface*, kurz: *API*) werden dessen Mechanismen dem Applikationsentwickler zugänglich gemacht und außerdem die Komplexität und Flexibilität des Toolkits mitbestimmt.

Die Flexibilität eines Toolkits steht in direktem Zusammenhang mit dem Konzept der *Erweiterbarkeit*. Typischerweise können die von einem Toolkit angebotenen Komponenten nicht in jeder Applikation unverändert übernommen werden, sondern müssen in unterschiedlichem Maße konkreten Bedürfnissen angepaßt werden. Sowohl für die Entwicklung als auch für die Wartung einer Applikation ist deshalb entscheidend, ob Erweiterungen vorgenommen werden können und, falls ja, ob dies in strukturierter Weise möglich ist.

Die Frage nach der Erweiterbarkeit führt außerdem direkt zur Frage nach einer Wiederverwendbarkeit von Softwarekomponenten, einem immer wichtiger werdenden Softwarequalitätskriterium [Fre83]. Ist eine Komponente nicht erweiterbar, also auch nicht an konkrete Bedürfnisse anpaßbar, so ist sie nicht wiederverwendbar. Eine erforderliche Neuentwicklung der Komponente führt neben dem damit verbundenen Mehraufwand zu einer Codeduplizierung und damit zu einer verschlechterten Wartbarkeit.

Hauptziel dieses Abschnitts ist es, die unterschiedlichen Toolkit-Ansätze darzustellen und der Fragestellung von Erweiterbarkeit und Wiederverwendbarkeit nachzugehen. Als Grundlage für diese Darstellung wird zunächst gezeigt, welchen Einfluß die Eingabeverarbeitung – das sog. *Eingabemodell* – auf die Applikationsstruktur ausübt.

2.8.1 Eingabemodelle

Nach Thomas [Tho83] lassen sich die folgenden drei Eingabemodelle unterscheiden, und zwar in solche mit:

- interner Kontrolle
- gemischter Kontrolle
- externer Kontrolle.

Die *interne Kontrolle* entstammt klassischen terminalbasierten Anwendungen, bei denen sich verarbeitende und eingabelesende Programmteile abwechseln. Immer dann, wenn eine Eingabe erwartet wird, liest das Programm in blockierender Weise von einem einzigen Eingabegerät (z.B. Tastatur **oder** Maus). Damit wird der Programmablauf im wesentlichen durch die Applikation vorgegeben; der Endbenutzer kann den Ablauf nur dann ändern, wenn das Programm dies an bestimmten Stellen vorsieht.

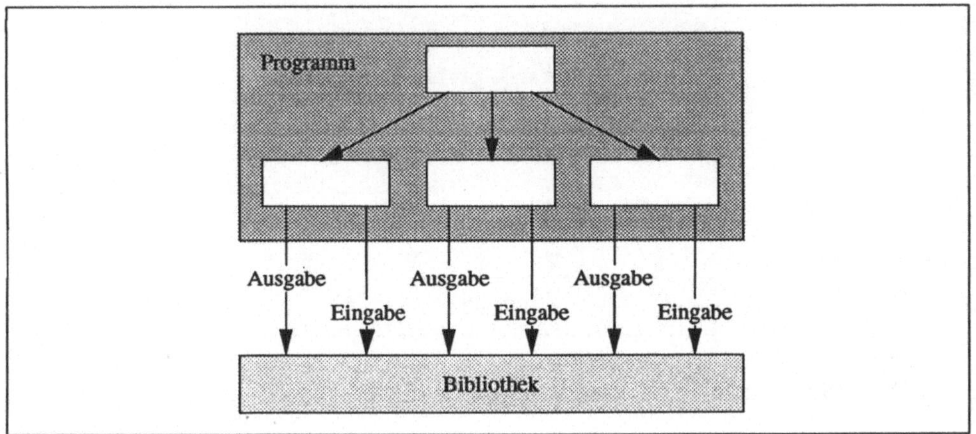

Abb. 2.14: Kontrollfluß bei modaler interner Kontrolle

Das Model mit gemischter Kontrolle (*mixed control model*) stellt eine geringfügige Erweiterung dar, da gleichzeitig von mehreren Geräten (z.B. Tastatur **und** Maus) blockierend gelesen werden kann.

Beide Modelle repräsentieren einen Zustandsautomaten, der von einem gegebenen internen Zustand durch eine bestimmte Eingabe in einen neuen Zustand mit neuen Eingabemöglichkeiten überführt wird.

Für den Endbenutzer bedeutet dies, daß er zu jeder Zeit nur die Eingaben machen kann, die im aktuellen Zustand möglich sind. Beim *Internal-Control-Model* darf er sogar nur das Eingabegerät benutzen, von dem gelesen wird. Solchermaßen strukturierte Programme werden deshalb *modal* genannt, und gelten als wenig benutzungsfreundlich [Nie87].

L. Tesler definiert einen *mode* in [Smi82] folgendermaßen:

> "A mode of an interactive computer system is a state of the user interface that lasts for
> a period of time, is not associated with any particular object, and has no role other
> than to place an interpretation on operator input."

Durch geeignete Strukturierung können im Mixed-Control-Model globale Modi vermieden werden, also „zustandslose" (*modeless*) Applikationen entstehen.

Dazu besteht die Applikation aus einer sog. *zentralen Eingabeschleife* (*main event loop*), in der
Eingaben gelesen und interpretiert werden. Nach ihrer Behandlung in Unterprogrammen der
Applikation wird die Kontrolle sofort wieder an die Eingabeschleife zurückgegeben, um auf neue
Eingaben zu warten (vgl. Abb. 2.15).

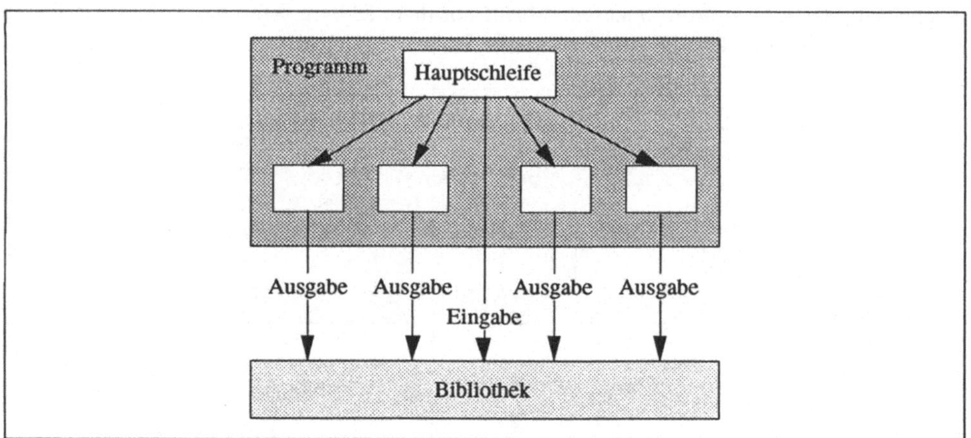

Abb. 2.15: Kontrollfluß bei Verwendung einer Eingabeschleife

Lokale Modi können nicht immer vermieden werden. Soll z.B. der Benutzer durch ein Dialogfenster auf einen Fehler aufmerksam gemacht werden, so sollten aus Konsistenzgründen die
anderen Fenster der Applikation solange blockiert werden, bis die Fehlermeldung bestätigt worden ist. Hierzu werden im obigen Modell *Nebenschleifen* verwendet, in denen nur auf ganz
bestimmte Eingaben reagiert wird. Eine Nebenschleife terminiert und kehrt zur Hauptschleife
zurück, sobald die erwartete Eingabe erfolgt ist.

Da in Applikationen mit einer Hauptschleife der globale Kontrollfluß nicht mehr durch den Code
definiert, sondern durch Benutzereingaben bestimmt wird, nennt man sie *ereignisgesteuert* (*event
driven*).

Beim dritten Modell, der sog. externen Kontrolle (*external control model*), befindet sich die Eingabeschleife außerhalb der Applikation im Fenstersystem oder im Toolkit. Das Fenstersystem
kommuniziert dann mit der Applikation über sog. *Upcalls* [Cla85], d.h. Prozeduren, die von der
Applikation zuvor beim Fenstersystem für bestimmte Eingaben angemeldet wurden (Abb. 2.16)
und zu gegebener Zeit von diesem aufgerufen werden.

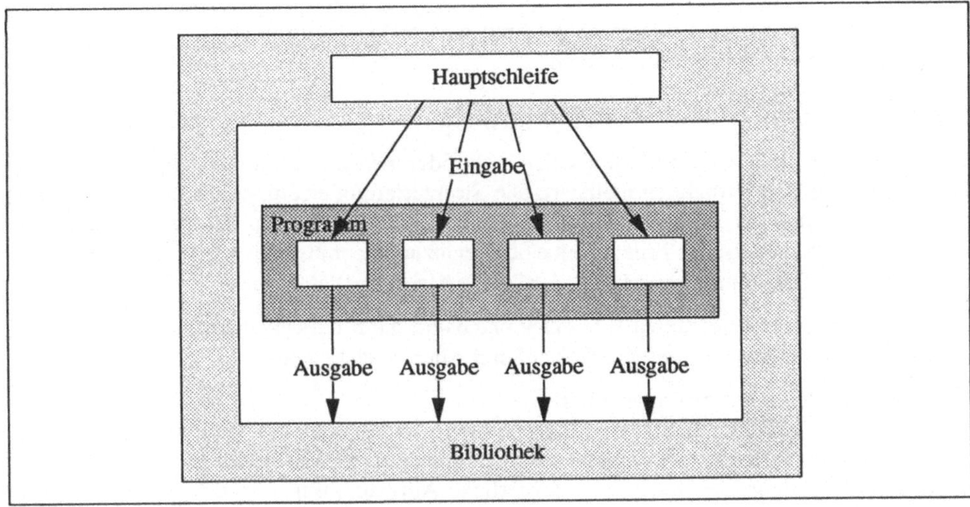

Abb. 2.16: Kontrollfluß bei externer Kontrolle

Die Bezeichnung „Upcall" wird besser verständlich, wenn man das Fenstersystem weiterhin hierarchisch tiefer als die Applikation ansiedelt (vgl. Abb. 2.17). Zugleich wird deutlich, warum diese Art der Programmierung auch als *„invertierte Programmierung"* bezeichnet wird.

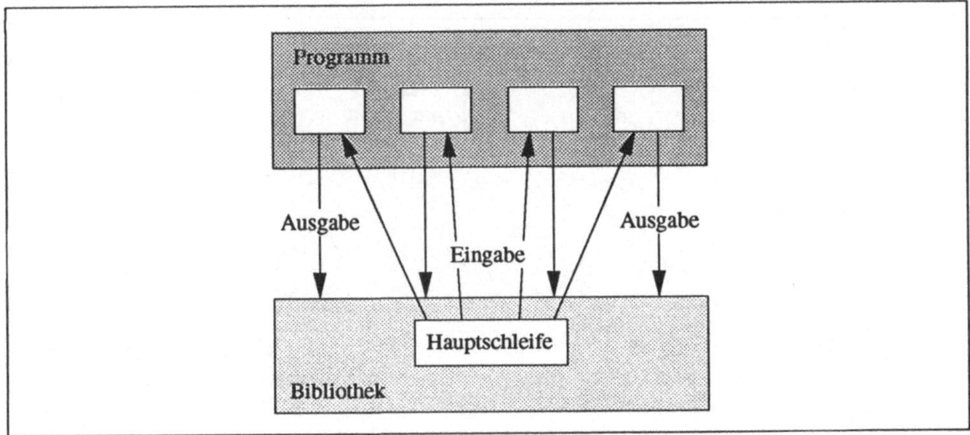

Abb. 2.17: Kontrollfluß bei *invertierter Programmierung*

Im *External-Control-Model* besitzen die Unterprogramme (Prozeduren) der Applikation einen Prozeßcharakter. Die Hauptschleife im Fenstersystem entspricht einem Scheduler, der Prozeßwechsel, durch Benutzereingaben gesteuert, vornimmt. Da jede vom Fenstersystem aufgerufene Prozedur vollständig terminiert, bevor eine andere aufgerufen werden kann, ist der gegenseitige Ausschluß automatisch ohne weitere Maßnahmen sichergestellt. Auf der anderen Seite führt ein blockierender Prozeß zu einer vollständigen Blockierung des Gesamtsystems. In einfachen

(Personalcomputer-) Betriebssystemen wird mit diesem Mechanismus eine scheinbare Nebenläufigkeit mehrerer Applikationen erreicht.

2.8.2 Subroutinen- und Modulbibliotheken

Traditionelle Toolkits werden meist als eine mehr oder weniger strukturierte Ansammlung von Prozeduren und Datenstrukturen realisiert. Die Strukturierung erfolgt durch Zusammenfassung von logisch zusammengehörenden Komponenten zu Modulen oder sog. *Managern*. Jeder Manager verwaltet ein spezifisches Teilkonzept einer Benutzungsschnittstelle, so z.B. der Menü-Manager Aufbau und Darstellung von Menüs, der Dialog-Manager Dialog-Fenster usf.

Die Flexibilität einer Subroutinen-Bibliothek und damit die Möglichkeit zur Wiederverwendung ihrer Komponenten kann im wesentlichen auf drei Arten erreicht werden:

– Flexibilität durch feinere Granularität:
  Je geringer die Funktionalität einer Subroutine ist und je mehr Subroutinen angeboten werden, desto flexibler kann sie eingesetzt werden und desto eher ist sie wiederverwendbar.
  Gleichzeitig steigt aber auch der erforderliche Aufwand, einen bestimmten Aspekt einer Benutzungsschnittstelle mit einer Vielzahl von Subroutinen zu realisieren. Es bleibt dem Entwickler überlassen, die Subroutinen in der richtigen Reihenfolge und im richtigen Kontext aufzurufen. Dies bedeutet, daß große Bereiche des Applikations-Codes nur aus „verbindendem Leim" (*glue*) bestehen, also nicht unbedingt applikationsspezifisch sind. Tatsächlich ist der „Leim" für Standardanwendungen vollkommen identisch, muß aber immer wieder neu entwickelt werden (Abb. 2.18).

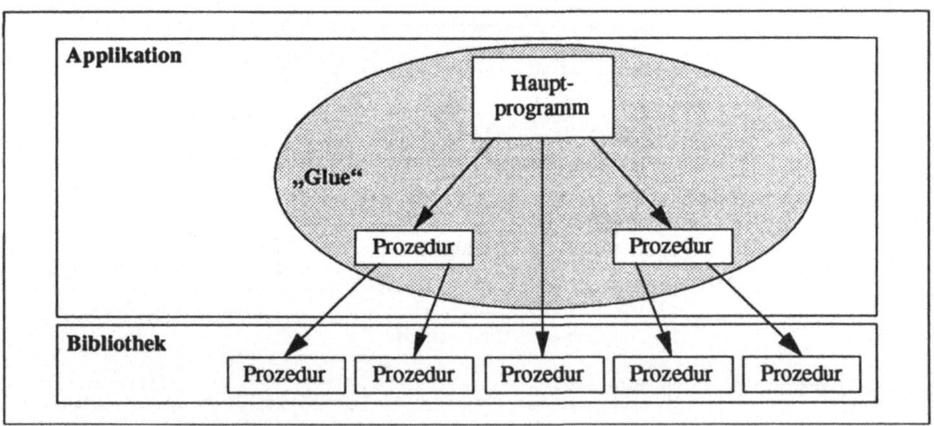

Abb. 2.18: Subroutinen-Bibliotheken

– Flexibilität durch Konfigurierbarkeit:
  Unter Konfigurierbarkeit wird die Möglichkeit verstanden, die Funktionsweise von Komponenten in engen, bereits bei der Entwicklung der Bibliothek vorgegebenen Grenzen von außen (z.B. durch Parameter) zu steuern. Dadurch erhöht sich aber sowohl die interne Komplexität einer Bibliothek als auch die Komplexität ihrer Programmschnittstelle.

– Flexibilität durch Modifikation des Quellcodes:
Ist der Entwickler im Besitz des Quellcodes einer Bibliothek und versteht er deren internen Aufbau, so kann er offensichtlich Anpassungen auf sehr „flexible", aber vollkommen unstrukturierte Weise vornehmen. Um Auswirkungen der so modifizierten Komponente auf andere bereits existierende Anwendungen auszuschließen, muß eine neue Version der modifizierten Komponenten erzeugt werden, was wieder zu einer Codeduplizierung führt.

2.8.3 Programmgerüste

Programmgerüste versuchen das Problem des verbindenden Leims zu beheben, indem für eine bestimmte Klasse von Applikationen der einzelne Komponenten verbindende „Leim" als *Musterprogramm* oder *Skelettprogramm* (*skeleton*) definiert wird. Die Applikationsentwicklung beginnt damit, daß eine Kopie des Programmgerüsts hergestellt wird, in die dann an bezeichneten Stellen gezielt applikationsspezifische Erweiterungen textuell eingefügt werden (Abb. 2.19).

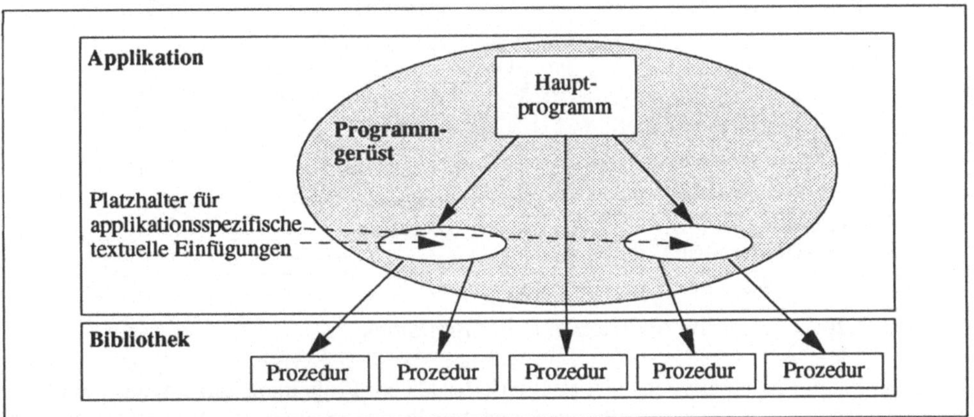

Abb. 2.19: Programmgerüst-Ansatz

Obwohl sich hierdurch der initiale Entwicklungsaufwand reduzieren läßt, muß auch dieses Verfahren als unstrukturiert angesehen werden, da keine exakt definierte Schranke zwischen Programmgerüst und applikationsspezifischen Anpassungen existiert. Werden am ursprünglichen Programmgerüst Veränderungen – z.B. funktionelle Erweiterungen – durchgeführt, so lassen sich diese nur mit zusätzlichem Aufwand in die bereits existierenden Applikationen integrieren.

Außerdem ist nur schwer erkennbar, welche Teile einer Applikation dem standardisierten Programmgerüst entstammen, und welche Teile applikationsspezifische Erweiterungen darstellen. Dies erhöht die Komplexität des Programms und wirkt sich nachteilig auf dessen Unterhalt und Wartung aus.

2.8.4 Invertierte Programmierung

Bereits im Abschnitt 2.8.1 wurde auf den Unterschied zwischen interner und externer Kontrolle hingewiesen. Die externe Kontrolle führt direkt zur invertierten Programmierung. Wendet man dieses Prinzip auch auf Toolkits an, so kann der bereits erwähnte verbindende „Leim" – also der

Kontrollfluß – selbst wieder Teil einer Bibliothek sein. An den Stellen, an denen vom Entwickler Erweiterungen und Anpassungen vorgenommen werden müssen, werden in der Bibliothek *„Platzhalter"* – sog. *„Haken"* (*hooks*) – definiert, die von außen auf strukturierte Weise mit applikationsspezifischen Routinen gefüllt werden können.

Da nun nicht mehr die Applikation Bibliotheksroutinen aufruft, sondern die Bibliothek Applikationsroutinen, wird dieses Prinzip nach [Swe85] auch das „Hollywood-Prinzip" genannt, das da lautet: *„Don't call us, we'll call You"* [Rei84]. Abb. 2.20 zeigt die Applikation mit invertierter Programmstruktur. Hier behält die Bibliothek die vollständige Kontrolle über die Aufrufreihenfolge und damit den Gesamtkontrollfluß.

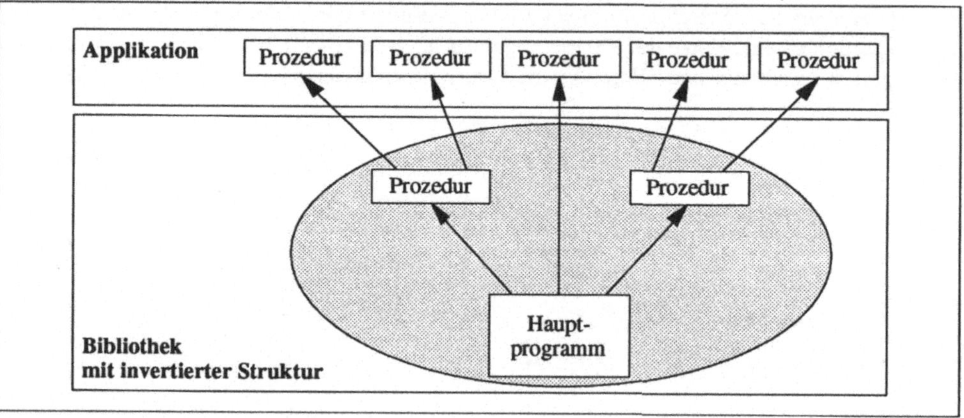

Abb. 2.20: Generische Applikation in der Bibliothek

Dieses Verfahren ist bereits sehr viel strukturierter als ein Programmgerüst, da eine eindeutig definierte Schnittstelle zwischen Bibliothek und Applikation existiert. Die Bibliothek bleibt bei allen Erweiterungen unberührt. Auf der anderen Seite können auch nachträgliche Erweiterungen der Bibliothek vorgenommen werden, ohne daß Applikationen hiervon betroffen sind, vorausgesetzt, daß die Schnittstelle und Semantik der „Haken" gewahrt bleibt.

Im Gegensatz zu den anderen Verfahren kann hier starker Gebrauch von „Standardimplementierungen" gemacht werden; d.h. liefert der Klient für einen bestimmten Hook keine eigene Implementierung, so benutzt die Bibliothek eine Standardimplementierung, die, wenn auch nicht immer sinnvoll, zumindest einen ordnungsgemäßen Ablauf des Programms gewährleistet. Hierdurch beschleunigt sich die initiale Entwicklung, da eine Applikation inkrementell implementiert und getestet werden kann.

Hauptnachteil dieses Ansatzes ist es, daß ein solches System nur an den Stellen modifiziert oder erweitert werden kann, an denen bereits bei seiner Entwicklung entsprechende Haken vorgesehen wurden. Fehlen diese, so müssen u.U. ganze Bereiche der Bibliothek neu implementiert werden.

Strukturell besteht ein diesem Prinzip zugrundeliegendes Programm aus zwei Phasen: Zunächst werden die applikationsspezifischen Prozeduren definiert und der Bibliothek durch sog. *Arming Calls* [Cla85] mitgeteilt. Danach wird die Kontrolle vom Programm an die Ereignisschleife in der Bibliothek abgegeben, die dann, gesteuert durch Benutzereingaben, die zuvor definierten Klientenprozeduren aufruft. Diese Struktur kann zu schlecht lesbaren Programmen führen, da aus dem Programmtext nur schwer erkennbar ist, welcher Haken der Bibliothek durch welche Klientenprozedur gefüllt wird.

2.8.5 User-Interface-Management-Systeme (UIMS)

Ein vollständig anderer Weg wird in den sog. *User-Interface-Management-Systemen* (*UIMS*) beschritten. Hierbei wird eine Applikation von ihren interaktiven und grafischen Komponenten durch eine abstrakte Schnittstelle getrennt (vgl. Abb. 2.21). Die Implementierung der beiden Teile erfolgt weitgehend entkoppelt, häufig in unterschiedlichen Programmiersprachen. Damit ist dieser Ansatz vergleichbar mit einem Datenbank-Managementsystem (*DBMS*), bei dem die Applikation von den konkreten Details einer Datenbank entkoppelt wird.

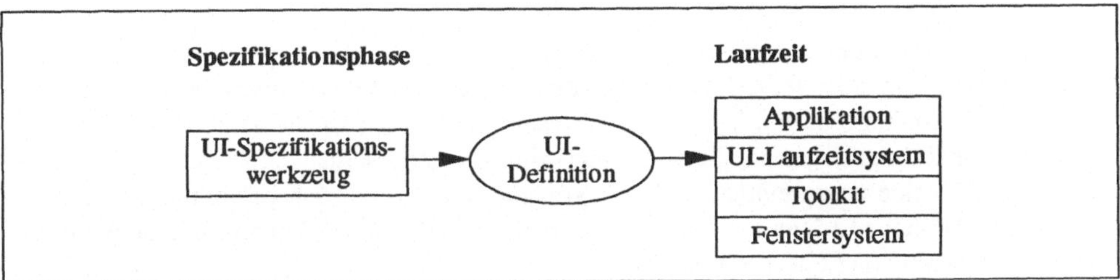

Abb. 2.21: Komponenten eines User-Interface-Management-Systems

In der Spezifikationsphase wird die Benutzungsschnittstelle textuell in einer deskriptiven Beschreibungssprache (*Generatoransatz*) oder durch grafisch-interaktive Werkzeuge (*Editoransatz*) definiert. Außerdem wird festgelegt, welche Applikationsfunktionen bei welchen Interaktionen ausgeführt werden sollen.

Zur Laufzeit wird vom Laufzeitsystem die Spezifikation interpretativ abgearbeitet. Ein- und Ausgabe werden ausschließlich durch das Laufzeitsystem gesteuert. Die Spezifikation bestimmt, zu welchen Zeiten Komponenten der Applikation aufzurufen sind.

Ein wesentliches Ziel dieser Trennung ist die Möglichkeit, unterschiedliche Benutzungsschnittstellen zu verwenden oder im Rahmen eines Prototyping zu evaluieren, ohne daß die Applikation verändert werden muß.

Obwohl dieser Ansatz auf den ersten Blick bestechend wirkt, besitzt er doch eine Reihe von Problemen:

– Einschränkung bezüglich der möglichen Klassen von Benutzungsoberflächen:
  Im Gegensatz zum Toolkit erfolgt im UIMS die Spezifikation der Benutzungsschnittstelle auf einer abstrakten (semantischen) Ebene. D.h. wurde in einem Toolkit-Ansatz ein Menü zur Befehlsauswahl verwendet, so wird im UIMS abstrakt von einer „1-aus-n-Auswahl" gesprochen. Eine solche „1-aus-n-Auswahl" kann dann vom UIMS auf unterschiedlichen Systemen – vom ASCII-basierten Terminal bis hin zum Arbeitsplatzrechner – in ein adäquates Interaktionskonzept umgesetzt werden.
  Solche abstrakten Beschreibungen sind nur für die Klasse von Benutzungsoberflächen geeignet, in denen nur eine geringe Beziehung zwischen Applikationsobjekten und ihrem

visuellen und interaktiven Verhalten existiert. Für Applikationen mit direkter Manipulation existiert jedoch eine starke Kopplung zwischen den abstrakten Objekten der Applikation auf der einen Seite und deren visueller Repräsentation und interaktivem Verhalten auf der anderen. Diese Beziehung wird als *semantisches Feedback* bezeichnet. Je größer das semantische Feedback ist, desto mehr sind Applikation und Benutzungsschnittstelle aneinander gekoppelt und desto weniger geeignet ist der Einsatz eines klassischen UIMS. Aus diesem Grund beschränkt sich der Einsatz von UIMS meist auf einfaches Dialogmanagement [Ros88, Mye87, Mye88].

Außerdem bewirkt die strikte Trennung von Applikation und Benutzungsschnittstelle durch Einführung einer abstrakten Beschreibungssprache automatisch für die Verbindung beider Komponenten eine relativ geringe Kommunikationsbandbreite. Hierdurch sind UIMS wenig für Schnittstellen mit Echtzeitanforderungen geeignet, wie dies z.B. beim Rubberbanding erforderlich ist.

– spezielle Spezifikationssprachen:
  Die Verwendung einer speziellen Spezifikationssprache im UIMS-Ansatz bedeutet zunächst für den Entwickler einen erhöhten Lernaufwand. Außerdem ist die Funktionalität solcher Sprachen häufig geringer als die von Standardprogrammiersprachen. Besitzt die Spezifikationssprache eine interpretative Natur, so können sich gegenüber herkömmlichen Ansätzen nicht unerhebliche Effizienzeinbußen ergeben, die speziell für hochgradig interaktive Applikationen nicht immer tolerierbar sind.

– schlechte Erweiterbarkeit:
  UIMS können nur solche Benutzungsoberflächen-Paradigmen unterstützen, die bereits beim Entwurf der zugehörigen Spezifikationssprache bekannt waren. Neue Paradigmen machen deshalb häufig die Erweiterung der Sprache und des zugehörigen Interpreters nötig, erfordern also einen nicht unerheblichen Aufwand, der zudem nicht vom Entwickler einer Applikation erbracht werden kann.

2.8.6 Objektorientierte Toolkit-Ansätze

Die Probleme der bisher beschriebenen Ansätze führen zur Forderung des von Bertrand Meyer in [Mey88] eingeführten *Open-Closed*-Prinzip:

– Eine Systemkomponente muß *abgeschlossen* sein, damit sie mit exakt definierter Schnittstelle in einer Bibliothek zur Verfügung gestellt werden kann.

– Eine Systemkomponente muß *offen* sein, damit sie in strukturierter Weise an neue Anforderungen angepaßt werden kann, ohne daß hiervon existierende Klienten betroffen sind.

Die letzten 20 Jahre haben gezeigt, daß das *objektorientierte Konstruktionsprinzip* in strukturierter Weise die Erweiterbarkeit und Wiederverwendbarkeit von Softwarekomponenten erlaubt und somit der Forderung des *Open-Closed*-Prinzips nachkommt [Cox86, Mey88].

Nach [Pas86] kann eine Programmiersprache objektorientiert genannt werden, wenn sie folgende Konzepte unterstützt:

– *Datenabstraktion* (*data abstraction*)
– *Vererbung* (*inheritance*)
– *Polymorphismus* (*polymorphism*)
– *Dynamische Bindung* (*dynamic binding*)

Im folgenden werden die wichtigsten Begriffe der objektorientierten Softwareentwicklung anhand von Toolkit-Strukturen illustriert. Für eine vertiefte Darstellung sei z.B. auf [Gam91] verwiesen.

Durch Datenabstraktion wird nach [Som89] eine konkrete Datenstruktur hinter den auf ihr definierten Operationen verborgen. Eine solche Sichtweise führt zum Konzept des *abstrakten Datentyps* (*ADT*). Die Operationen oder in objektorientierter Terminologie „*Methoden*" definieren die externe Schnittstelle des ADTs, das sog. *Protokoll*; die konkrete Datenstruktur repräsentiert den internen, nach außen nicht sichtbaren Zustand des ADTs. Die Beschreibung der Eigenschaften eines ADTs wird *Klasse* genannt, ein konkretes Objekt mit diesen Eigenschaften heißt *Exemplar* (*instance*) oder einfach *Objekt*. Der interne Zustand eines Objekts wird in *Objektkomponenten* (*instance variables*) gespeichert.

In einem objektorientierten Toolkit werden dessen Komponenten als Klassen dargestellt. Eine Applikation erzeugt hieraus Objekte, und läßt diese miteinander kommunizieren.

Durch das Konzept der *Vererbung* (*inheritance*) kann aus einer bestehenden Klasse eine neue Klasse mit geänderter oder erweiterter Funktionalität gewonnen, oder in objektorientierter Terminologie, „*abgeleitet*" werden. Die ursprüngliche Klasse wird als *Oberklasse*, die neue als *Unterklasse* bezeichnet. Modifikationen und Erweiterungen haben bezüglich des Protokolls einer Klasse immer einen additiven Charakter, so daß das Protokoll einer Unterklasse immer *aufwärtskompatibel* zum Protokoll der Oberklasse bleibt. Dadurch können Klassen durch von ihnen abgeleitete Unterklassen ausgetauscht werden.

Wesentlich am Konzept der Vererbung ist, daß nur die Differenz der Unterklasse zur Oberklasse definiert bzw. implementiert werden muß, alle anderen Eigenschaften aber automatisch übernommen, d.h. „*geerbt*" werden. Diese Art der Programmierung wird deshalb als *programming by difference* bezeichnet. Den Komponenten einer Klassenbibliothek wird hierdurch eine hierarchische Struktur aufgeprägt, und die Bibliothek deshalb als *Klassenhierarchie* bezeichnet.

Die Vererbung ist ein ideales Mittel, die Flexibilität und Erweiterbarkeit eines Toolkits zu erhöhen und gleichzeitig dessen Struktur zu verbessern. So werden ähnliche Toolkit-Komponenten von einer gemeinsamen Oberklasse abgeleitet, die das allen gemeinsame Verhalten definiert und implementiert. In Unterklassen werden die Unterschiede konkreter Komponenten von ihrer Oberklasse realisiert. Auf diese Weise wird die Implementierung ähnlicher Komponenten strukturiert entkoppelt und somit die Komplexität eines Toolkits reduziert.

Außerdem ist eine solche Struktur sehr offen für applikationsspezifische Erweiterungen und Anpassungen, da Unterklassen auch außerhalb des Toolkits gebildet werden können. Insgesamt ersetzt das Konzept der Vererbung die in Abschnitt 2.8.2 genannten unstrukturierten Verfahren zur Flexibilitätserhöhung und Erweiterbarkeit.

Soll ein Objekt eine bestimmte Methode auf sich selbst anwenden, so wird in einem objektorientierten System dem Objekt konzeptionell eine „Botschaft" oder „Nachricht" (*message*) gesendet, die im Objekt die entsprechende Aktion bewirkt. Im Unterschied zu einem herkömmlichen abstrakten Datentyp entscheidet aber nicht der Aufrufer, sondern das empfangende Objekt, welche konkrete Operation ausgeführt wird. Diese Entkopplung impliziert, daß unterschiedliche Objekte auf die gleiche Botschaft mit unterschiedlichen Aktionen reagieren können. Dieses Konzept wird als *Polymorphismus* bezeichnet.

Für einen objektorientierten Toolkit bewirkt Polymorphismus, daß konzeptionell vergleichbare Aktionen von Toolkit-Komponenten durch das Senden derselben Botschaft ausgelöst werden können. D.h. zur Darstellung eines Menüs oder Dialogfensters auf dem Bildschirm kann z.B. dieselbe Nachricht verwendet werden, obwohl beide Objekte intern andere Aktionen ausführen müssen, um sich auf dem Bildschirm sichtbar zu machen. Auf diese Weise senkt Polymorphismus die Zahl der von einem Toolkit angebotenen Nachrichten und führt zu einer schmaleren und damit verständlicheren Programmierschnittstelle.

Da bei Polymorphismus die ausgeführte Methode vom Empfänger der zugehörigen Botschaft abhängt, kann für einen Methodenaufruf nicht bereits zur Übersetzungszeit festgestellt werden, welche Methode zur Laufzeit ausgeführt werden muß. Aus diesem Grund wird die *statische Bindung* herkömmlicher Programmiersprachen in objektorientierten Sprachen durch eine bis zur Laufzeit „verzögerte" Bindung (*late binding*) oder allgemeiner: *dynamische Bindung* (*dynamic binding*) ersetzt.

Das Konzept der dynamischen Bindung ersetzt die oben erwähnten Haken auf strukturierte Weise: Statt einer Bibliothekskomponente die aufzurufenden Klientenprozeduren durch *Arming-Calls* initial mitzuteilen wird im objektorientierten Toolkit eine Unterklasse der Bibliothekskomponente gebildet, bei der die entsprechenden Methoden überschrieben werden. Die dynamische Bindung stellt sicher, daß zur Laufzeit die überschriebenen und nicht die ursprünglichen Methoden ausgeführt werden.

Objektorientierte Toolkit-Komponenten erlauben also eine Wiederverwendbarkeit auf der Stufe von Klassen, also relativ kleinen Einheiten. Mit der durch objektorientierte Konzepte gewonnenen Flexibilität können aber auch höhere Abstraktionen einer Wiederverwendung zugeführt werden.

2.8.7 Frameworks

Diese höheren Abstraktionen lassen sich finden, wenn man ähnliche Applikationen miteinander vergleicht. Es fällt dann auf, daß in ihnen nicht nur dieselben Basisinteraktionskomponenten (Menüs, Buttons usw.) verwendet werden, sondern daß diese in bestimmten Bereichen auch auf dieselbe Art und Weise „zusammenarbeiten".

Zum Beispiel besitzen interaktive grafische Applikationen typischerweise Objekte, die die applikationsspezifischen Daten repräsentieren, und andere Objekte, die diese Daten visualisieren und interaktiv manipulierbar machen. Zwischen diesen Objekten existieren Beziehungen, die nicht applikationsspezifisch sind und sich somit für eine Wiederverwendung anbieten. In herkömmlichen Ansätzen müssen diese Beziehungen explizit durch den Entwickler erst erkannt und dann wieder als „verbindender Leim" implementiert werden.

Die Komplexität dieser Aufgabe ist besonders hoch, wenn für die zu entwickelnden Applikationen ein exakt definiertes Look-and-Feel existiert. Wird die Implementierung des Erscheinungsbildes (Look) noch durch vordefinierte Interaktionselemente vereinfacht, so muß das viel unschärfere „Feel" meist durch ein „harmonisches" Zusammenspiel mehrerer Komponenten erreicht werden.

Insgesamt reflektieren höhere Abstraktionen also häufig Designüberlegungen für eine Gruppe von Anwendungen, eine sog. *Domäne*. Werden auch diese in einem Toolkit abgelegt, so kann dann gewissermaßen ein „abstraktes Design" wiederverwendet werden. Dies kann die Produktivität der Softwareentwicklung massiv erhöhen. Abb. 2.22 zeigt die resultierende Struktur des Toolkits.

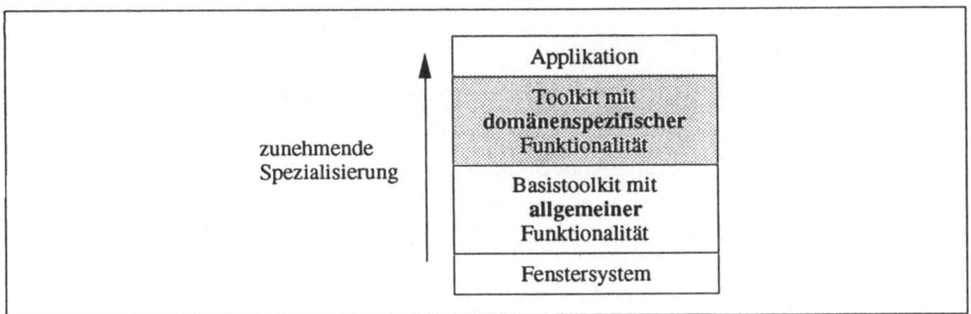

Abb. 2.22: Detaillierte Struktur des Toolkits

Auf unstrukturierte Weise wird ein abstraktes Design bereits in einem traditionellen Programmgerüst wiederverwendet. Das objektorientierte Pendent bildet das sog. *„Framework"*. Johnson und Foote definieren in [Joh88] den Framework-Begriff folgendermaßen:

> "A framework is a set of classes that embodies an abstract design for solutions to a family of related problems, and supports reuse at a larger granularity than classes."

Das Schwergewicht eines Frameworks liegt mehr auf den Beziehungen der Objekte untereinander als auf den Objekten selber. Die Beziehungen werden definiert durch das Protokoll der beteiligten Klassen und implementiert, indem in Objektkomponenten Referenzen auf andere Objekte unterhalten werden.

Im Unterschied zum Programmgerüst erfolgt die Wiederverwendung und Anpassung eines Frameworks nicht durch textuelle Modifikation von Quellcode, sondern strukturell sauber durch die Bildung von Unterklassen. Werden Erweiterungen und Fehlerkorrekturen am zentralen Framework vorgenommen, werden diese automatisch an die Unterklassen und damit an alle Applikationen vererbt.

Bezieht sich der Begriff Framework noch auf ein durch wenige Klassen gebildetes *Subsystem*, so wird beim *Application-Framework* [Sch86a] eine vollständige Applikation abstrakt aus interagierenden Klassen entworfen und bereits implementiert. Eine solche von [Sch86a] auch als „generisch" bezeichnete Applikation besitzt dann bereits ein in vielen Bereichen standardisiertes Verhalten, aber noch keine applikationsspezifische Funktionalität, ist also gewissermaßen „leer". Application-Frameworks erlauben somit die Wiederverwendung von Design in einem noch größerem Umfang als Frameworks. Abb. 2.23 illustriert anschaulich die beim Application-Framework fehlende hierarchische Strukturierung.

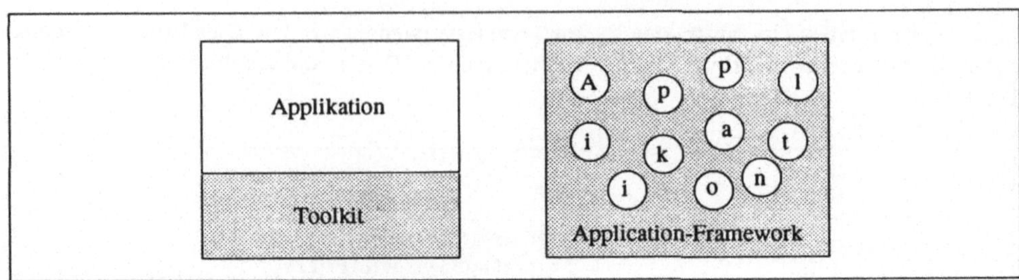

Abb. 2.23: Toolkit- vs. Framework-Struktur

3 Beispiele existierender Fensterumgebungen

Der Entwurf und die Entwicklung eines neuen Ansatzes für Fenstersystemschnittstellen kann nicht ohne eine vorhergehende intensive Analyse existierender Systeme erfolgen. Im folgenden werden deshalb repräsentative Vertreter der im letzten Kapitel identifizierten Fenstersystemklassen zusammen mit den auf ihnen aufbauenden Toolkits vorgestellt. Da eine vollständige Beschreibung und Analyse den Rahmen dieses Buches sprengen würde, erfolgt hier notwendigerweise eine Beschränkung auf charakteristische und für die weiteren Ausführungen relevante Eigenschaften.

3.1 Smalltalk

Jede Arbeit über moderne Benutzungsoberflächen kommt nicht umhin, das Smalltalk-System zu erwähnen, da es den „Urvater" aller Fenstersysteme repräsentiert. Smalltalk wurde seit Anfang der 70er Jahre bei Xerox PARC zunächst für den Alto-Computer [Tha84], dann später für den Dorado entwickelt. Heute gibt es Implementierungen für die meisten gängigen Personalcomputer und Arbeitsplatzrechner.

Smalltalk ist nicht nur eine objektorientierte Sprache, sondern eine vollständige Entwicklungsumgebung, die Betriebssystem, Fenstersystem und Entwicklungswerkzeuge umfaßt [Gol84].

Abb. 3.1 zeigt den Aufbau der Smalltalk-Fensterumgebung. Alle Komponenten bilden einen monolithischen Prozeß in einem einzigen Adreßraum. Damit entfallen alle Synchronisationsprobleme beim Zugriff auf den Bildschirmspeicher. Konzeptionell erfolgt die Kommunikation der Komponenten über Prozeduraufrufe, auch wenn diese in Smalltalk als Nachrichten (*message*) bezeichnet werden und das objektorientierte Konzept der dynamischen Bindung als Grundlage besitzen.

Der üblichen Gefahr einer Ein-Prozeß-/Ein-Adreßraumstruktur, daß ein Programmfehler zu einem „Absturz" des gesamten Systems führen kann, wird dadurch begegnet, daß Smalltalk interpretiert wird und im Fehlerfalle automatisch der integrierte Debugger ausgelöst wird.

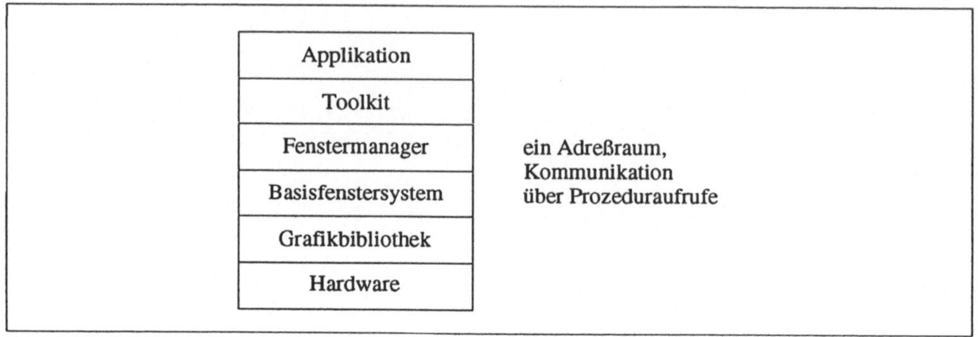

Abb. 3.1:   Struktur der Smalltalk-Fensterumgebung

Das grafische Modell von Smalltalk basiert auf BitBIT-, Linie- und Textoperationen und unterstützt dadurch nur einfache text- und grafikbasierte Applikationen auf Schwarzweißbildschirmen. Erst in neuerer Zeit wurden Farbmodelle integriert [Wir88, Par90].

Das Basisfenstersystem ist als Menge von Klassen realisiert, die direkt auf die Clipping-Möglichkeiten der BitBIT-Operation zugreifen. Der Fenstermanager ist nicht eine spezielle Komponente, sondern vollständig mit dem Basisfenstersystem vermischt.

Bemerkenswert für das Smalltalk-System ist das von Trygve Reenskaug 1981 entwickelte *Model-View-Controller*-Paradigma (kurz: *MVC*) [Ree81], das eine erste Realisierung des in Kapitel 2.8.7 dargestellten Framework-Konzepts darstellt.

Das MVC-Modell modelliert die wichtigsten Komponenten interaktiver grafischer Applikationen als abstrakte Klassen und definiert zwischen diesen einen standardisierten Kontrollfluß (Abb. 3.2, nach [Win90]).

Die *Modell-Komponente* enthält und verwaltet die Daten, auf denen die Applikation operiert. In einem Grafikeditor ist dies z.B. eine Liste der grafischen Objekte. Die *View*-Komponente greift auf diese Daten zu, um sie auf dem Bildschirm darzustellen. Der *Controller* reagiert mit bestimmten Aktionen auf Benutzereingaben (Tastatur, Maus oder Menüs) und führt die Datenstruktur im Modell entsprechend nach.

Wesentlich an diesem Modell ist die Beziehung zwischen Model- und View-Komponente. Das Modell kennt seine View-Komponente nicht, sondern weiß nur, daß es ein oder mehrere Objekte gibt, die an Änderungen des Modells interessiert sind (gestrichelte Pfeile in Abb. 3.2). Immer dann, wenn sich die Datenstruktur des Modells ändert, informiert das Modell die abhängigen Objekte von einer Änderung. Es ist alleinige Aufgabe der View-Komponente, aufgrund der Änderung eine Aufdatierung der Darstellung auf dem Bildschirm vorzunehmen. Durch diese Entkopplung von Modell und View-Komponente ist es leicht möglich, mehrere unterschiedliche Darstellungskomponenten für dasselbe Modell zu benutzen, ohne daß das Modell geändert werden muß.

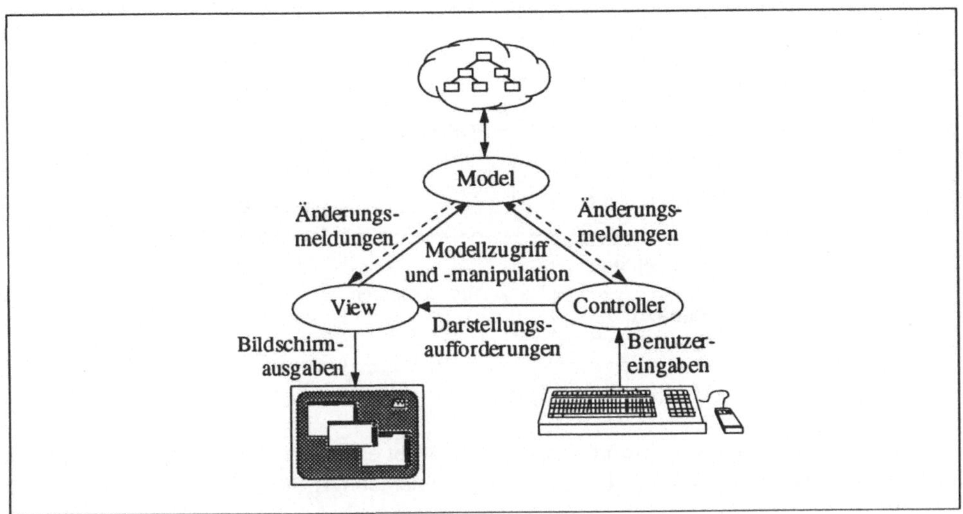

Abb. 3.2: Das MVC-Modell

Das Hauptproblem dieser eleganten Struktur liegt im relativ großen Aufwand, der erforderlich ist, um einem gegebenen Darstellungsproblem die MVC-Struktur aufzuprägen.

Die neuste Entwicklung beinhaltet die Integration des Smalltalk-Darstellungsmodells in das Fenstersystem des zugrundeliegenden Arbeitsplatzrechners (z.B. X-Windows oder Macintosh) und erlaubt damit die Koexistenz von Smalltalk- und anderen Applikationen [Par90a]. Das Grafiksystem wurde um Stencil-Operationen erweitert und wird SPIM genannt (*Smalltalk Portable Imaging Model*). Es benutzt – soweit vorhanden – die Grafikfunktionalität des zugrundeliegenden Fenstersystems oder gleicht eine fehlende Funktionalität durch Emulation aus.

3.2 DLisp

Das DLisp-System (*Display Lisp*) [Spr79] wurde von Warren Teitelman 1977 am Xerox-PARC als hybrides System für den Alto-Computer [Tha84] und einen PDP-10 Computer entwickelt.

Bemerkenswert an diesem System ist die Trennung der Lisp-Entwicklungsumgebung auf der PDP-10 von einem durch ein Ethernet verbundenen Server-Prozeß auf dem Alto-Computer, der ausschließlich die Kommunikation mit dem Bildschirm realisiert (Abb. 3.3). Dieser Server-Prozeß kann nicht als serverbasiertes Fenstersystem bezeichnet werden, da ihm höhere Abstraktionen wie z.B. Fenster unbekannt sind. Stattdessen stellt er nur die bereits aus dem Smalltalk-System bekannten grafischen Grundoperationen (BitBlT, Linien und Text) zur Verfügung. Die Verwaltung dieser Bereiche in der Art eines Fenstersystems erfolgt vollständig im Lisp-System. Die Grundidee für eine solche Aufteilung stammt von R. Sproull.

Obwohl das System trotz seiner unorthodoxen Struktur erstaunlich gut zu verwenden war, hatte es durch eine zu lange *Round-Trip-Zeit* gewisse Beschränkungen in der Art der möglichen Interaktionsstile. So konnten z.B. Grafiken nicht in Echtzeit manipuliert bzw. animiert werden.

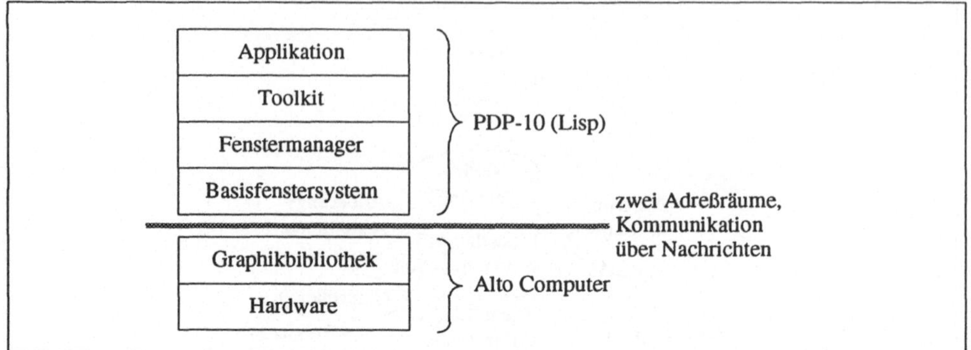

Abb. 3.3:   Architektur des DLisp-Systems

Auf der Seite des Klienten – also im Lisp-System – gibt es höhere Abstraktionen für z.B. Text und hierarchische Fenster, die, obwohl in Lisp implementiert, nicht leicht erweitert werden konnten.

Eine weitere für ein Lisp-System fast natürliche Eigenschaft ist die deskriptive Beschreibung des Layouts grafischer Objekte (z.B. Dialogfenster). Hierdurch vereinfachen sich Layoutmodifikationen, da nicht ein komplexes Programm, sondern nur eine Lisp-Datenstruktur modifiziert werden muß.

3.3 Macintosh

Obwohl der Macintosh seit seiner Einführung 1984 sicherlich die Benutzungsfreundlichkeit von zeitgemäßer Software entscheidend mitbeeinflußt hat, bietet er doch, was die interne Struktur seiner Software betrifft, keine wesentlich neuen Konzepte. Apple Computer hat mit dem Macintosh versucht, die bei XEROX entwickelten Konzepte zur Gestaltung von Mensch/Maschine-Kommunikation auf einem billigen System und damit breiten Kreisen verfügbar zu machen. Dabei wurden anspruchsvollere Konzepte, wie z.B. Multitasking, die bereits auf dem wenig erfolgreichen Macintosh-Vorläufer *Lisa* [Dan84, Wil83] verwirklicht worden waren, wieder fallengelassen. Erst in letzter Zeit entwickelt sich der Macintosh mit der angekündigten Version 7.0 [Poo89] des Betriebssystems langsam und unter großen Anstrengungen wieder in eine Richtung, die bereits 1983 in Form der *Lisa* existierte.

Beim Macintosh handelt es sich um ein Ein-Adreßraum-System ohne strikte Trennung zwischen Betriebs- und Fenstersystem (vgl. Abb. 3.4). Die gesamte Betriebssoftware ist als relativ große, hierarchisch schwach strukturierte Menge von sog. *Managern* gestaltet, die jeweils eine bestimmte Betriebssystem- oder Fenstersystemressource verwalten. Jeder Manager definiert eine zentrale Datenstruktur mit zugehörigen Prozeduren, kann aber nicht als ein abstrakter Datentyp im Sinne von [Som89] aufgefaßt werden, da der Aufbau der Datenstruktur nicht nach außen verborgen wird, und somit alle Zugriffsfunktionen umgangen werden können.

3.3.1 Struktur der Macintosh-Fensterumgebung

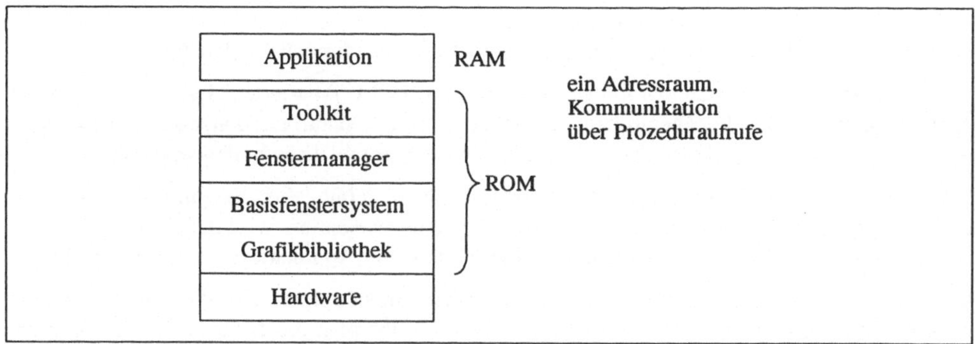

Abb. 3.4: Struktur der Macintosh-Fensterumgebung

Die Menge aller Manager, die direkt oder indirekt für die Benutzungsschnittstelle zuständig sind, werden insgesamt als *Macintosh Toolbox* bezeichnet. Abb. 3.5 gibt (ohne Anspruch auf Vollständigkeit) eine Übersicht über einige wichtige Komponenten der Toolbox.

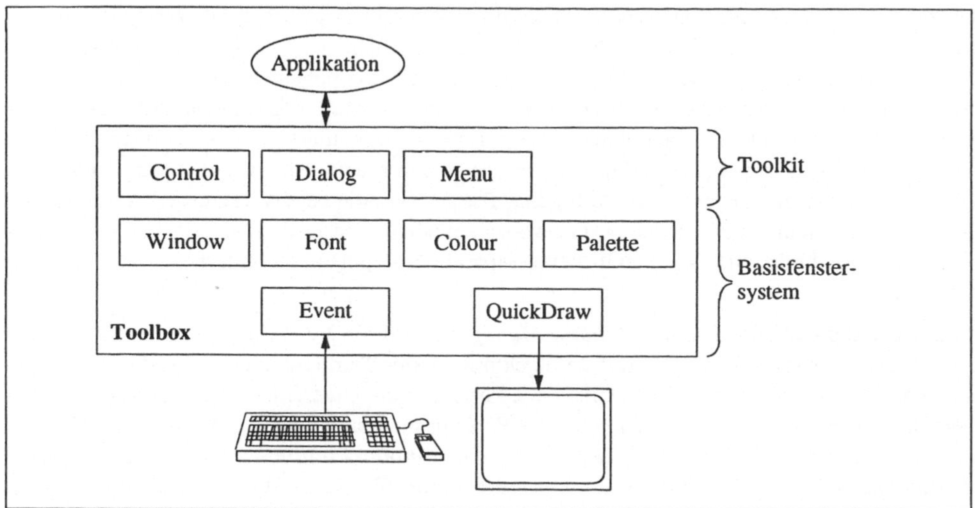

Abb. 3.5: Vereinfachte Struktur der Macintosh-Toolbox

3.3.2 Das Darstellungsmodell QuickDraw

Das in *QuickDraw* [Esp87] verkörperte grafische Modell basiert auf der Stencil-Operation, d.h. es unterstützt auch nichtrechteckige Formen, wie z.B. Oval, Ovalsegment, Polygon und beliebig geformte Bereiche, sog. *Regionen* (*regions*).

Zur Unterstützung von Farbbildschirmen wurde QuickDraw zum sog. *32-Bit-Color-QuickDraw* erweitert, bei dem für alle Ausgabeoperationen im RGB-Modell definierte Farben spezifiziert werden können. Zusätzlich wurden arithmetische Farboperationen eingeführt, mit denen z.B. Farben gemischt oder vorhandene Farben aufgehellt bzw. abgedunkelt werden können.

Der außerdem eingeführte *Color-Manager* übernimmt bei CLUT-basierten Geräten die effiziente Verwaltung der Farbtabelle. Hierzu baut er Hilfsdatenstrukturen auf, mit denen zu einem beliebigen RGB-Wert sehr schnell ein passender Eintrag in der Farbtabelle gefunden werden kann.

Durch den *Palette-Manager* werden die in sog. „Paletten" gebündelten Farbanforderungen einzelner Fenster global verwaltet. Bei CLUT-basierten Ausgabegeräten wird dabei den gewünschten Farben der gerade aktiven Applikation zu Lasten inaktiver Applikationen Vorrang gegeben.

Alle grafischen Ausgabeoperationen arbeiten auf einer Datenstruktur *Port*, die eine Abstraktion eines Ausgabemediums darstellt und z.B. mit einem Teilbereich des Bildschirms, einem nicht sichtbaren Bit-Map oder einem Drucker assoziiert ist. Außerdem enthält ein Port zahlreiche implizite Parameter der Ausgabeoperationen, wie z.B. den Clipping-Bereich, Vorder- und Hintergrundfarben oder für Textausgabefunktionen den aktuellen Zeichensatz.

3.3.3 Fenstersystem und Fenstermanager

Im Unterschied zu anderen Systemen wird beim Macintosh keine saubere Trennung von Basisfenstersystem und Toolkit deutlich. Dies ergibt sich direkt aus dem durch Apple definierten Look-and-Feel, d.h. der applikationsübergreifenden Konsistenz der Benutzungsschnittstelle: Die Manager der Toolbox müssen nicht als universelle Basiskomponenten den Aufbau beliebiger Benutzungsoberflächen erlauben. Es soll gerade verhindert werden, auf ihnen aufbauend Komponenten zu entwickeln, die sich nicht an das definierte Look-and-Feel halten. So stellt z.B. die Window Managerkomponente in Abb. 3.5 nur die in den Macintosh *User-Interface-Guidelines* [App88] vordefinierten Fenster zur Verfügung, also Fenster, die bereits Rahmen, Titelbalken und Interaktionselemente (z.B. Closebox, Growbox) enthalten. Die in Kapitel 2.1 eingeführte Fenstermanager-Schnittstelle ist deshalb keine separate Komponente, sondern Teil des Fenstermanagers.

In der Toolbox-Komponente des *Window-Managers* wird die Verwaltung überlappender, aber nicht hierarchischer Fenster realisiert. In objektorientierter Terminologie ist ein Macintosh-Fenster eine Unterklasse des zuvor beschriebenen Ports. Für die Unterteilung eines Fensters in Teilbereiche erweitert der *Window-Manager* das Port um mehrere beliebig geformte Bereiche, u.a. die sog. *Content-* und *Structure-Regions*. In die *Content-Region* wird von Applikationen gezeichnet; die *Structure-Region* umfaßt die gesamte Fläche des Fensters, also sowohl die *Content-Region* als auch den mit Interaktionselementen gefüllten Rahmen des Fensters. Weitere *Regions* definieren den Bereich bestimmter Interaktionselemente. Die weitere Unterteilung der *Content-Region* in applikatorische Teilfenster wird von der Toolbox nicht direkt unterstützt, muß also durch die Applikation unter Verwendung von Clipping-Bereichen realisiert werden.

3.3.4 Ereignisbehandlung

Eingaben von Tastatur und Maus sowie Systemereignisse werden vom *Event-Manager* in einer Warteschlange gesammelt und durch die Ereignisschleife der Applikation abgearbeitet. Damit entspricht das Macintosh Ereignismodell dem *Mixed-Control-Model* (vgl. 2.8.1). Bemerkenswert ist hierbei, daß Ereignisse, deren Behandlung in den Aufgabenbereich der Toolbox fallen, auch zunächst von der Applikation gelesen werden müssen. Erst wenn durch den Aufruf bestimmter Toolbox-Prozeduren festgestellt wird, daß ein Ereignis von der Toolbox behandelt werden muß, wird es dieser zugeführt (Abb. 3.6).

Diese Eigenschaft der Macintosh Toolbox macht das Dilemma eines klassischen Toolkits deutlich: Zum einen sollte sich eine Applikation nur um die applikatorischen Aufgaben kümmern, also keine Toolbox-Ereignisse selbst behandeln müssen. Gleichzeitig sollte eine Toolbox aber so flexibel sein, daß von der Applikation in jede Ereignisverteilung und -behandlung eingegriffen werden kann. Dies entspricht der generellen Strategie der Macintosh-Toolbox, der Flexibilität gegenüber einer einfachen Benutzung Vorrang zu geben.

Das regelmäßige Abholen von Ereignissen vom Event Manager wird im Macintosh außerdem dazu verwendet, periodische Hintergrundaktivitäten zu unterhalten und eine quasi-parallele Ausführung von Applikationen zu unterstützen. Auf die beim kooperativen und nichtunterbrechbaren Multitasking auftretenden Probleme wurde bereits in Abschnitt 2.8.1 hingewiesen.

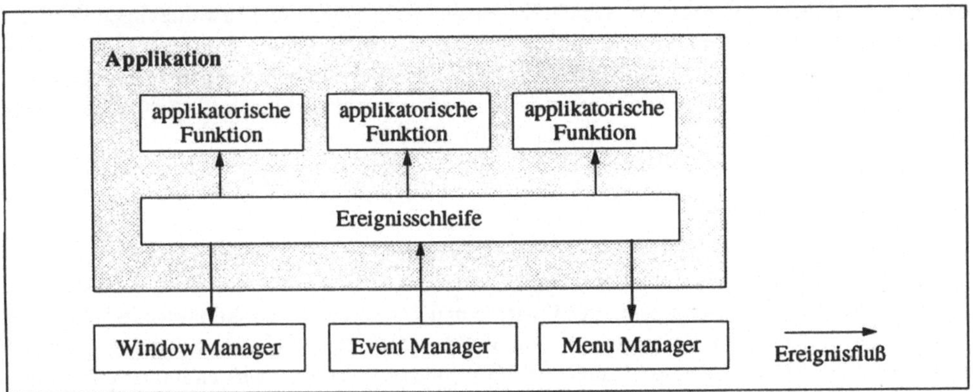

Abb. 3.6:   Ereignisfluß in der Macintosh-Toolbox

Das Problem, daß Applikationswechsel durch die nur begrenzt wiedereintrittsfähige Struktur der Toolbox sehr aufwendig sind, wird dadurch entschärft, daß der Macintosh ein *Click-to-type* Interface besitzt und somit Fenster und damit Applikationen nur sporadisch und explizit aktiviert und deaktiviert werden müssen.

3.3.5 Programmierschnittstellen

So leicht Macintosh-Applikationen benutzt werden können, so schwierig sind sie zu implementieren [Gos89]. Als Grund hierfür kann neben dem bereits im letzten Abschnitt erwähnten Flexibilitätsaspekt der begrenzte Speicherplatz früherer Macintosh-Systeme angesehen werden. In ursprünglich 128 kByte Rom und Ram war kein Platz für die hohen Abstraktionen von einfacher zu benutzenden Toolkits.

Es verwundert deshalb auch nicht, daß bereits sehr früh von Entwicklern zahlreiche der in Kapitel 2.8.3 dargestellten Programmiervereinfachungen entwickelt wurden. Aus dem bereits in der ersten Programmierdokumentation *Inside-Macintosh* [App85] enthaltenen Gerüst einer typischen Applikation entwickelten sich im Laufe der Zeit Programmskelette (z.B. *TranSkel* [Ano87]), Bibliotheken (z.B. *XVT* [Roc89]) und Application-Frameworks (z.B. *MacApp* [Bia88] oder das *Symantec/Lightspeed-C Application-Framework* [Dow89]).

MacApp stellt nur eine sehr dünne Schicht auf der nicht objektorientiert entwickelten Macintosh-Toolbox dar. Für den Applikationsentwickler hat dies zur Folge, daß er nicht nur mit MacApp, sondern auch mit vielen Details der darunterliegenden Macintosh-Toolbox vertraut sein muß. Dies tritt besonders dann spürbar in Erscheinung, wenn bestimmte bereits in der Toolbox realisierte Mechanismen für die Anforderung einer Applikation abgeändert werden müssen, dazu aber keine MacApp-Methoden vorhanden sind, um dies in strukturierter Weise zu erreichen. Der Entwickler muß deshalb genau wissen, welche Konzepte der Toolbox er nicht verwenden darf, da er sonst das gleichermaßen mit dieser realisierte MacApp korrumpieren würde.

Dieses Problem wurde auch bei Apple erkannt und führte zur Weiterentwicklung von MacApp zu MacApp II [Bia88], das unter anderem versucht, die Benutzungsoberflächen-Komponenten der Toolbox mehr und mehr durch objektorientierte Abstraktionen zu ersetzen. Durch das damit verbundene Anwachsen der MacApp-Schicht lassen sich Änderungen und Erweiterungen vermehrt objektorientiert durchführen und reduzieren somit in vielen Fällen die Notwendigkeit für eine genaue Kenntnis der Toolbox. Auf lange Sicht wird eine solche Entwicklung viele Komponenten der ROM-residenten Toolbox überflüssig machen und eventuell zu einer vollständigen und nicht mehr kompatiblen Neuimplementierung der Toolbox führen.

3.4 SunWindows

Das von Steve Evans 1983 für den Sun-Arbeitsplatzrechner entwickelte Fenstersystem SunWindows gilt als das erste weitverbreitete Fenstersystem unter UNIX. Es war somit auch das erste System, bei dem die Probleme mehrerer Prozesse und unterschiedlicher Adreßräume gelöst werden mußten. Aufgrund dieser Randbedingung und der beschränkten Leistung damaliger Arbeitsplatzrechner wurde bei der Entwicklung von SunWindows Leistungsaspekten immer eine höhere Bedeutung zugemessen als strukturellen Überlegungen. SunWindows ist deshalb ein typisches Beispiel eines an pragmatischen Gesichtspunkten orientierten Fenstersystems.

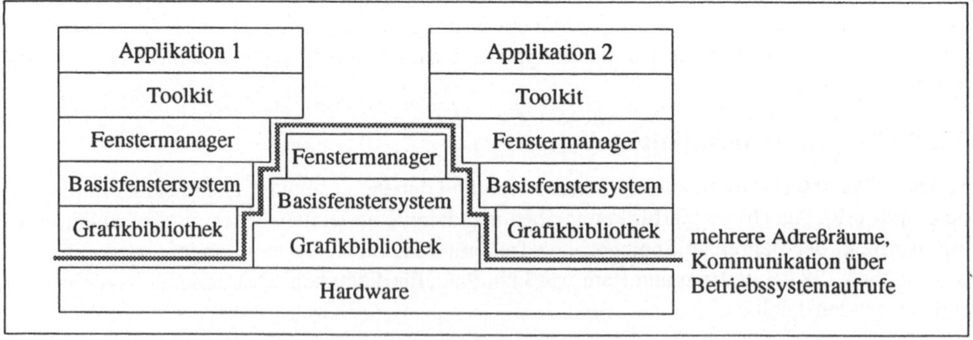

Abb. 3.7:   Struktur der SunWindows-Fensterumgebung

SunWindows ist ein sowohl kern- als auch klientenbasiertes System. Der Kern verwaltet die Strukturinformation der Fensterhierarchie und erlaubt deren Manipulation über Betriebssystemaufrufe. Der Bildschirmspeicher wird vom Kern in den Adreßraum jedes Applikationsprozesses eingeblendet und dort über Bibliotheksfunktionen durch die Applikation verwaltet und manipuliert. D.h. der „Gerätetreiber" für den Bildschirmspeicher befindet sich nicht im Kern, sondern in jeder Applikation [Gos89].

Dieser Gerätetreiber ist Teil der sog. *Pixrect*-Bibliothek, die sowohl auf speicherbasierten Bit-Maps als auch auf dem Bildschirmspeicher elementare Grundoperationen wie z.B. BitBlT- oder Vektoroperationen realisiert.

Das Konzept von überlappenden Fenstern wird aufbauend auf Pixrect und in Zusammenarbeit mit dem Kern in der Bibliothek *Pixwin* realisiert. Der Kern verwaltet die Fensterhierarchie (Größe, Position, Vorgänger- und Nachfolgefenster) über Pseudo-Gerätedeskriptoren. Aufgrund der hierin gehaltenen Informationen berechnet jede grafische Pixwin-Operation zunächst den für das Fenster geltenden Clipping-Bereich und wendet diesen dann anschließend auf eine von Pixrect durchgeführte Ausgabeoperation an (Abb. 3.8).

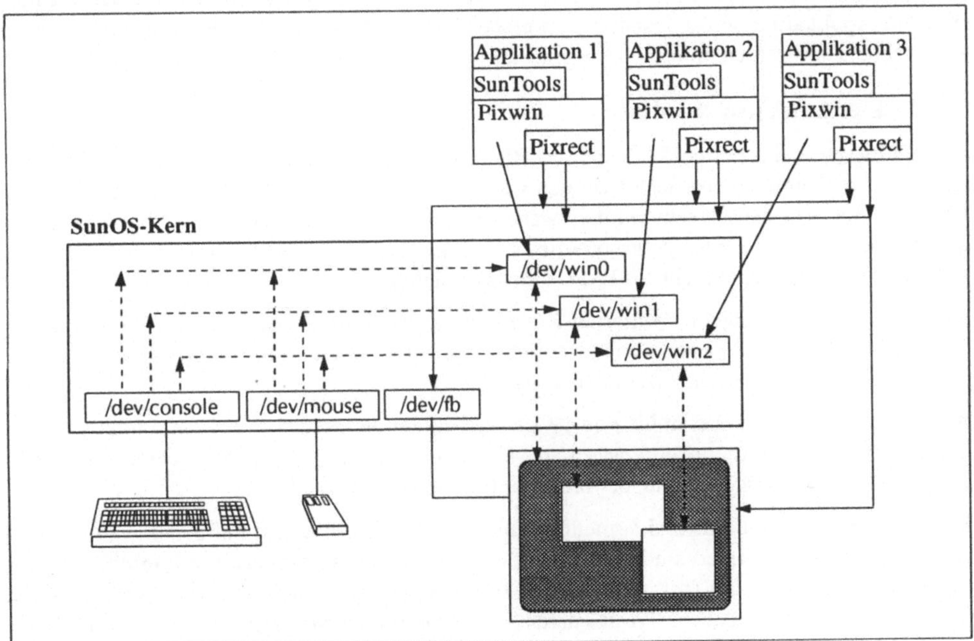

Abb. 3.8:   Detaillierte Struktur von SunWindows

Da Applikationen jederzeit direkt auf den Bildschirmspeicher zugreifen können, muß durch Locking sichergestellt werden, daß zwischen der Berechnung des Clipping-Bereiches und dem Zugriff auf den Bildschirm keine Fenstermanipulationen durch andere Prozesse durchgeführt werden können. Dies hat zur Folge, daß für jeden Zugriff auf den Bildschirm mindestens zwei Betriebssystemaufrufe erforderlich sind. Außerdem müssen nach jedem Locking die Fensterstrukturinformationen aus dem Kern geholt werden. In der Praxis wird der erforderliche Aufwand verringert, indem ganze Folgen von grafischen Operationen innerhalb eines exklusiven Abschnittes durchgeführt werden, und somit der Aufwand der Betriebssystemaufrufe über einen größeren Bereich amortisiert wird. Diese kooperative Synchronisation durch Applikationen ist eine häufige Fehlerquelle.

Die Verteilung von Maus- und Tastatureingaben auf die Fenster wird aufgrund der Mausposition vollständig vom Kern abgewickelt. Applikationen können über eine Ereignismaske bestimmen, welche Ereignisse ihnen über den zugehörigen Pseudo-Fensterdeskriptor geliefert werden sollen. Besitzt eine Applikation mehrere Fenster, so muß von den Fensterdeskriptoren in nicht blockierender Weise gelesen werden. Die Behandlung eines Ereignisses obliegt ausschließlich der Applikation.

Die Funktionalität und die Benutzungsschnittstelle des Fenstermanagers werden in der Bibliothek *SunTools* realisiert. Auch SunTools basiert auf den vom Kern bereitgestellten Funktionen zur Manipulation der Fensterhierarchie. Hat eine Fenstermanipulation zur Folge, daß andere Fenster wiederhergestellt werden müssen, so werden die hiervon betroffenen Prozesse vom Kern durch ein spezielles UNIX-Signal informiert. Da UNIX-Signale nicht parametrisiert werden können, muß die Applikation selbst feststellen, welches Fenster bzw. welcher Bereich des Fensters wiederhergestellt werden muß.

3.4.1 Der SunView-Toolkit

Obwohl die oben skizzierten SunWindows-Bibliotheken ursprünglich für eine direkte Entwicklung von Applikationen entwickelt worden waren, zeigte sich sehr schnell, daß höhere Toolkit-Abstraktionen erforderlich sein würden, wenn die Applikationsentwicklung spürbar vereinfacht werden sollte. Als Konsequenz wurde von Sun 1985 die Bibliothek *SunView* (**Sun** **Visual/Integrated Environment for Workstations**) eingeführt.

SunView ist ein mit objektorientierten Konzepten in der Programmiersprache C entwickelter Toolkit. Die Grundstruktur von SunView orientiert sich am Xerox *Tajo*-Toolkit [Rei84] und folgt dem Prinzip der *invertierten Programmierung*.

SunView definiert eine Hierarchie von 19 Klassen, hinter denen sich zum einen direkt sichtbare Elemente wie z.B. Fenster, Teilfenster und Menüs, und zum anderen nicht direkt sichtbare Elemente wie Zeichensätze oder Cursor verbergen (vgl. Abb. 3.9).

SunView-Objekte sind opake, d.h. nicht offengelegte Datenstrukturen, auf denen wenige generische Operationen definiert sind. Mit den Methoden kann ein Objekt erzeugt (create), gelöscht (destroy) und manipuliert (set, get) werden. Die geringe Zahl von Operationen wird durch die Verwendung von sog. „Attribut/Wert-Paaren" – einer Form des *Message-Passing* – möglich. Ein Attribut ist eine vordefinierte Konstante (ein „Methodenselektor"), dem ein oder mehrere Werte folgen können. Jedes Objekt entscheidet aufgrund des Attributs, wie die folgenden Werte zu interpretieren und welche Aktionen auszuführen sind. Nicht erkannte Attribute werden an die Oberklasse weitergereicht.

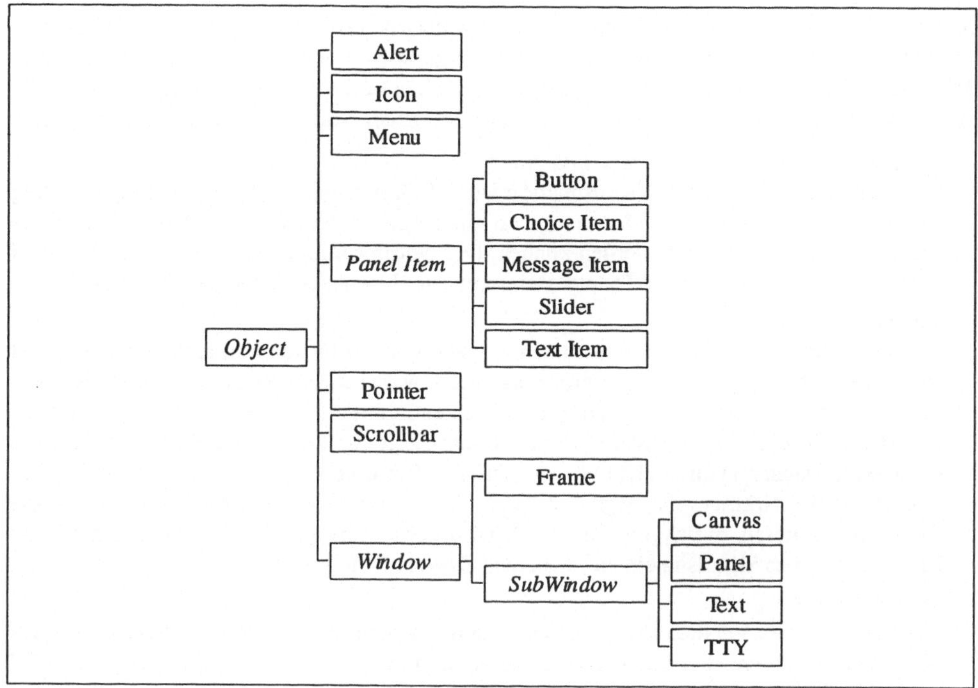

Abb. 3.9: Die SunView-Klassenhierarchie

Ein typisches Beispiel für den durch SunView implizierten Programmierstil:

```
Panel_item panel= create(panel,
                    XV_WIDTH,               50,
                    XV_HEIGHT,              25,
                    PANEL_LABEL_X,          100,
                    PANEL_LABEL_Y,          100,
                    PANEL_LABEL_STRING,     "Open File",
                    PANEL_CHOICE_STRINGS,   "Append to file",
                                            "Overwrite contents",
                                            0,
                    0
           );
```

Obwohl diese generische Objektschnittstelle auf den ersten Blick sehr einfach erscheint, besitzt sie für die Programmierung einige Mängel. Da für variable Argumentlisten vom C-Compiler keine Typenprüfung durchgeführt werden kann, führt ein vergessener oder falscher Wert zu schwer auffindbaren Fehlern.

Der SunView-Toolkit basiert vollständig auf dem Prinzip des invertierten Kontrollflusses (vgl. Abschnitt 2.8.4), d.h. für alle Ereignisse ruft der Toolkit die zuvor von der Applikation durch *Arming-Calls* angemeldeten Prozeduren (*callbacks*) auf.

Intern werden alle *Callback*-Funktionen in SunView über den sog. „*Notifier*" verwaltet [Eva86]. Der Notifier ist eine von SunView relativ unabhängige Softwarekomponente, mit der alle unter UNIX möglichen heterogenen Ereignisquellen unter einer einfach zu benutzenden Schnittstelle zusammengefaßt werden können. Im einzelnen unterstützt der Notifier folgende Ereignistypen:

— *schreib- und lesebereite Dateideskriptoren*:
  Für Applikationen mit Multiplexerfunktion wie z.B. Terminal-Emulatoren muß gleichzeitig und in nicht blockierender Weise von mehreren Eingabeströmen gelesen bzw. auf mehrere Ausgabeströme geschrieben werden können. Der Notifier informiert Klienten durch Aufruf ihrer Callback-Funktion, wenn Dateideskriptoren zum Lesen bzw. Schreiben bereit sind.

— *Signale*:
  Signale stellen im UNIX-Betriebssystem asynchrone Softwareunterbrechungen dar. Der Notifier erlaubt sowohl eine asynchrone als auch eine synchrone Behandlung von Signalen. Im ersten Fall wird der Event-Handler des Klienten unmittelbar bei Eintreffen eines Signals ausgeführt. Da eine solche Unterbrechung zu jeder Zeit möglich ist und ein Klient üblicherweise seine Datenstrukturen nicht vor asynchronen Zugriffen schützt, kann in der synchronen Betriebsart des Notifiers das Signal so lange verzögert werden, bis der Klient wieder die Kontrolle an diesen zurückgibt. Hierdurch wird gewährleistet, daß der Klient sich bei der Behandlung eines Signals in einem „sicheren" Zustand befindet.

— *Intervallzeitgeber*:
  Hierbei wird beim Verstreichen eines von einem Klienten spezifizierten zeitlichen Intervalls vom Notifier die entsprechende Callback-Funktion aufgerufen. Dieser Mechanismus wird z.B. in SunView zur Realisierung einer blinkenden Einfügemarke in editierbarem Text verwendet.

— *Klientenereignisse*:
  Zusätzlich zu den UNIX-Ereignisquellen erlaubt der Notifier auch die ereignisgesteuerte Kommunikation zwischen einzelnen Komponenten einer Applikation. Obwohl solche Komponenten auch direkt über Prozeduraufrufe miteinander kommunizieren könnten, kann durch den Notifier sichergestellt werden, daß eine Kommunikation nur zu „sicheren" Zeiten erfolgt, also der gegenseitige Ausschluß beim Zugriff auf gemeinsam benutzte Datenstrukturen sichergestellt ist. Dies bedeutet aber auch, daß die Benachrichtigung eines Empfängers so lange verzögert wird, bis der Sender die Kontrolle an den Notifier abgibt.

3.4.2 Bewertung

Da SunWindows und SunView evolutionär entstanden sind, fehlt ihnen aus heutiger Sicht eine saubere Gesamtstruktur. Das größte Problem ergibt sich durch den bibliotheksbasierten Ansatz. Jede Applikation benötigt nicht nur die Pixrect-, Pixwin- und SunView-Bibliotheken, sondern auch die Treiber für unterschiedliche Bildschirmgeräte. Die kleinste denkbare Applikation unter SunView hat deshalb immer eine Größe von ca. 400 kByte. Bei dieser Größe wird der durch den direkten Zugriff auf den Bildschirm erzielte Gewinn häufig durch spürbare Paging-Verzögerungen teilweise wieder zunichte gemacht. In neueren Versionen des Betriebssystems konnte dieses Problem durch die Einführung von gemeinsam benutzten Bibliotheken (*shared libraries*) vollständig eliminiert werden [Gin87].

3.5 Andrew

Um 1983 wurde am *Information Technology Center* (ITC) der Carnegie-Mellon Universität das *Andrew System* entwickelt. Mit Andrew sollte für die Entwicklung von interaktiven und integrierten Applikationen im universitären Umfeld eine portable Grundlage geschaffen werden. Da zum damaligen Zeitpunkt der als Zielsystem ins Auge gefaßte IBM PC/RT noch nicht lieferbar war und deshalb auf eine SUN ausgewichen werden mußte, rückte zunächst die Entwicklung eines portablen und besonders vom Betriebssystem entkoppelten Fenstersystems in den Vordergrund.

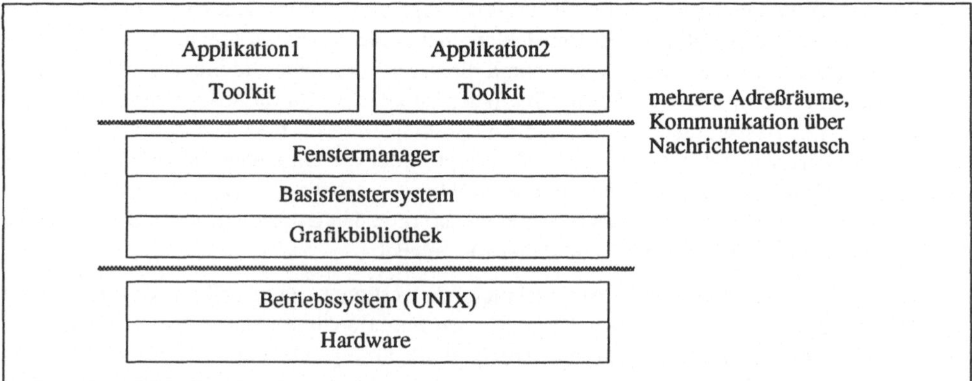

Abb. 3.10: Die *Andrew*-Fensterumgebung

James Gosling und David Rosenthal entwickelten deshalb das Andrew Fenstersystem als „normalen" UNIX-Prozeß, der über eine *Socket*-Schnittstelle und das TCP/IP-Protokoll mit Applikationen – also weiteren UNIX-Prozessen – kommuniziert (Abb. 3.10).

Um bei diesem neuen Ansatz dennoch ein akzeptables Antwortzeitverhalten zu erzielen, wurden als Optimierungsstrategien zum ersten Mal das Bündeln von Nachrichten und die Anhebung des Informationsgehaltes von Nachrichten (vgl. Abschnitt 2.7.3) verwendet. Da für die Andrew-Fensterumgebung eine standardisierte und damit einheitliche Benutzungsschnittstelle definiert worden war, konnten außerdem sowohl der Fenstermanager als auch hierarchische Popup-Menüs bereits im Server implementiert werden. Dies schränkte zwar die applikatorische Änderbarkeit dieser Komponenten ein, verbesserte aber gleichzeitig deren Antwortzeitverhalten.

Alle weiteren Interaktionselemente und höheren Abstraktionen sind Bestandteile des objektorientierten *Andrew-Toolkits* (*Atk*) [Pal88], der als Bibliothek an eine Andrew-Applikation gebunden wird. Im Gegensatz zu den oben bereits erwähnten Menüs, wurde Atk nicht in den Fensterserver integriert, da dadurch die Flexibilität und applikatorische Erweiterbarkeit zu stark eingeschränkt worden und die in Abschnitt 2.8.5 dargestellten Nachteile eines UIMS-Ansatzes aufgetreten wären.

Die für die Implementierung von Atk verwendete Sprache „Class" erweitert über einen Präprozessor die Programmiersprache C um objektorientierte Konzepte und das dynamische Laden von Klassen.

Die Architektur von Atk ist stark durch das MVC-Paradigma (vgl. Abschnitt 3.1) beeinflußt. Jede Toolkit-Komponente besteht aus einem Datenobjekt (*model*) und einem Darstellungs- und Eingabeobjekt (*View+Controller*), die durch einen von der gemeinsamen Oberklasse *Observer* geerbten Change-Propagation-Mechanismus synchronisiert werden.

Neben den üblichen Benutzungsoberflächen-Komponenten unterstützt Atk insbesondere *Multi-Media*-Editoren, in die als sog. „*Insets*" beliebige grafische Objekte mit eigenem Interaktionsverhalten integriert werden können. Beispiele für solche Insets sind Rechenblätter (Spreadsheets), Zeichnungen, mathematische Formeln und sogar animierte Grafiken. Da von einem Inset nur verlangt wird, daß es von einer bestimmten Klasse abgeleitet sein muß, können auch Insets in den Text integriert werden, die bei der Entwicklung des Multi-Media-Editors noch nicht bekannt waren. Unterstützt wird diese Eigenschaft durch die bereits erwähnte Möglichkeit ausführbaren Code dynamisch in eine laufende Applikation laden zu können. Da für solche Insets außerdem ein Ascii-basiertes Beschreibungsformat definiert ist, können Insets bzw. ganze Texte auch über elektronische Post versandt werden. Dieses Konzept bildet die Grundlage für das auf Atk und dem Andrew-Dateisystem (*AFS*) basierende Meldungsvermittlungs-System AMS (*Andrew Message System*). Außerdem ist dieses Beschreibungsformat damit automatisch als Grundlage für die Realisierung einer Zwischenablage (*clipboard*) geeignet.

Eine genauere Betrachtung einiger Atk-basierter Applikationen zeigt, daß ein Großteil der in interaktiven Applikationen immer wieder benötigten Funktionalität nicht in die Klassenbibliothek verlagert worden ist, sondern für jede Applikation neu implementiert werden muß. Obwohl Atk ein Objekt *Scrollbar* anbietet, muß das Scrollen in jeder Applikation erneut implementiert werden, da keine universell verwendbare Abstraktion existiert. Atk repräsentiert deshalb nur einen leistungsfähigen Toolkit, nicht jedoch eine über MVC hinausgehende Framework-Funktionalität.

1988 wurde das gesamte System auf das im folgenden beschriebene X-Fenstersystem portiert, um hierdurch eine stärkere Verbreitung zu erreichen.

3.6 X-Windows

Das Fenstersystem X-Windows [Sch86b] wurde ab 1984 am MIT entwickelt, um den speziellen Bedürfnissen zweier Projekte entgegenzukommen. Zum einen wurde für das *Argus*-Projekt [Lis83] eine Debugging-Umgebung für verteilte Applikationen benötigt, zum anderen sollten in dem von DEC und IBM finanzierten Projekt *Athena* Tausende von grafikfähigen Arbeitsplatzstationen verschiedener Hersteller vernetzt und mit einer portablen Fensterumgebung ausgestattet werden.

Der Name *X* ist Ausdruck der evolutionären Entwicklung des Systems, die mit dem von Paul Asente und Brian Reid an der Stanford Universität entwickelten *W*-Fenstersystem begann. Das W-System war als Alternative zum VGTS-System für das V-Betriebssystem [Che84, Che88] entwickelt worden und erlaubte durch den synchronen V-Kommunikations-Mechanismus einen netztransparenten Zugriff auf den Bildschirm. Sowohl VGTS als auch W basierten intern auf einer *Structured-Display-List* mit begrenzter Funktionalität. Eine von Paul Asente und Chris Kent durchgeführte Portierung des W-Systems unter UNIX und TCP/IP machte sehr schnell deutlich, daß die unter den sehr schnellen synchronen Kommunikationsoperationen des V-

Systems erreichte Geschwindigkeit auf anderen Betriebssystemen (in diesem Fall UNIX) zunächst nicht möglich sein würde.

Aus dieser Erkenntnis heraus wurde X als „Antwort" auf W entwickelt. Außerdem flossen bei der Entwicklung zahlreiche Erkenntnisse aus anderen Fenstersystemen mit ein, so z.B. dem XEROX-Star-System [Lip82], Lisp-Windows [Sta19], SunWindows [Sun87] und den Mesa- [Swe85] und Cedar-Fenstersystemen [Tei84]. Die erste offizielle Version von X (X10 [Sch86b]) entsprach weitgehend dem Andrew-Fenstersystem, verlagerte aber die Funktionalität des Fenstermanagers in einen separaten Prozeß.

X entwickelt sich im Moment zu einem de-facto Fenstersystem-Standard in der UNIX-Welt. Die aktuelle Version von X trägt die Bezeichnung X11 Release 4 oder kurz X11R4. Es ist das erklärte Ziel des MIT Konsortiums, Schnittstelle und Funktionalität dieser Version trotz erkannter Problembereiche für die nächsten Jahre einzufrieren, um so einen Satz von Standardapplikationen entstehen zu lassen.

3.6.1 Übersicht

X-Windows ist ein serverbasiertes Basisfenstersystem (vgl. Abschnitt 2.7.3), das über Interprozeßkommunikation mit seinen Klienten verbunden ist (Abb. 3.11). Da neben einer lokalen UNIX-Prozeßkommunikation auch Transportprotokolle wie z.B. DECNet oder TCP/IP unterstützt werden, können Applikationen auch über Maschinen- und Betriebssystemgrenzen hinweg in transparenter Weise betrieben werden.

Da der Funktionsumfang von X11 nicht durch eine Bibliotheksschnittstelle (API), sondern durch ein Netzprotokoll (*X wire protocol* [Nye90]) definiert ist, ergibt sich außerdem eine hohe Geräte- bzw. Herstellerunabhängigkeit.

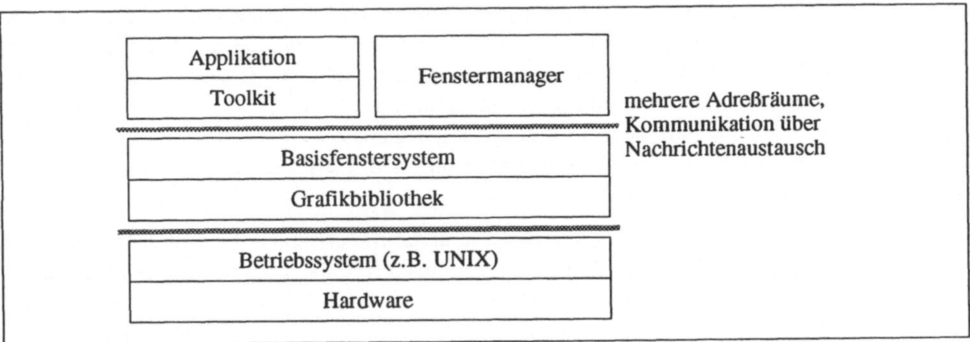

Abb. 3.11: Struktur der X-Fensterumgebung

Der Verbindungsaufbau und -unterhalt wird in einer sprachspezifischen Programmbibliothek – dem sog. *Language-Binding* – verborgen (Abb. 3.12). Bekannteste Beispiele hierfür sind *Xlib* [Nye88, Nye88a] für die Programmiersprache C und *CLX* für Lisp.

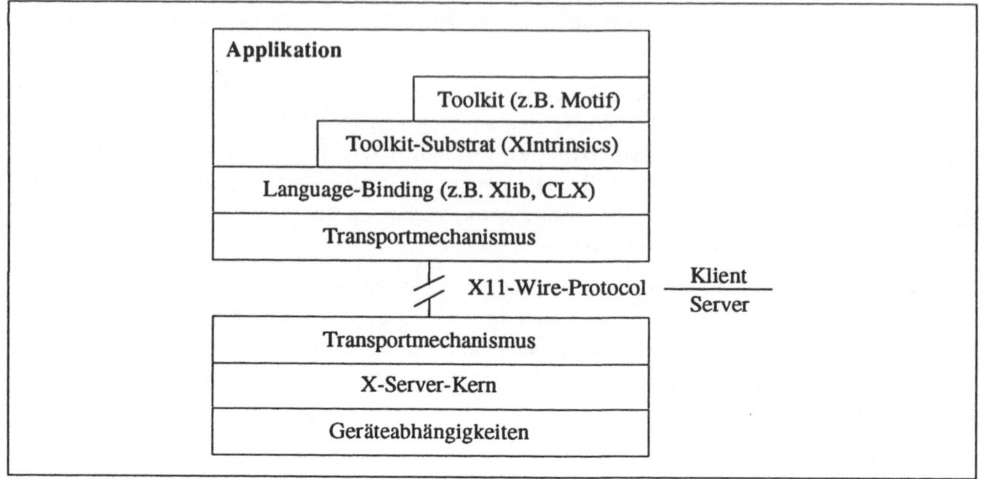

Abb. 3.12: Komponenten des X-Fenstersystems

Im Unterschied zu den bisher betrachteten Fenstersystemen definiert das X-Fenstersystem kein bestimmtes Look-and-Feel, sondern nur Grundmechanismen, auf denen in Toolkits beliebige Benutzungsoberflächen-Standards realisiert werden können. Dies widerspiegelt ein wesentliches Grundkonzept von X-Windows: „*mechanism, not policy*" [Sch86b].

3.6.2 Komponenten

Der X-Server verwaltet die Komponenten eines Basisfenstersystems als sog. Ressourcen, auf denen jeweils ressourcenspezifische Operationen definiert sind. Klienten erhalten für eine angeforderte Ressource eine eindeutige Identifikation (*resource id*) vom Server, die sie bei späterer Benutzung als Parameter angeben müssen. Operationen auf einer Ressource erfordern also normalerweise immer eine Kommunikation mit dem Server. Für häufig benutzte Ressourcen können Klienten zur Kommunikationsreduzierung Datenstrukturen anfordern, die Teile der Server-Ressource auf Klientenseite duplizieren und somit als Cache fungieren (*client side shadowing* [Coo91]).

Terminiert ein Klient, so werden automatisch alle durch ihn erzeugten Ressourcen freigegeben. Trotz dieser Bindung von Ressourcen an Klienten können Ressourcen auch von anderen Klienten benutzt werden, falls sie deren Identifikation kennen.

Im einzelnen werden vom Server folgende Ressourcen verwaltet:

– *Display* ist eine mit einem X11-Server assoziierte Klientendatenstruktur. Sie enthält wichtige Informationen über den Bildschirm sowie die Kommunikationsverbindung zum Server.

– *Visuals* beschreiben die Eigenschaften der vom Server unterhaltenen Bildschirme, also z.B. Farbe/Monochrom, Farbtabelle oder direkte Farbe usw. Insgesamt existieren sechs Visual-Typen.

– *Drawables* sind Fenster, Bit-Maps und Pixmaps, also Ressourcen, auf die grafische Operationen anwendbar sind.

– *Grafischer Kontext* (*graphic context*) enthält die impliziten Attribute für grafische Operationen, wie z.B. Vorder- und Hintergrundfarbe, Strichdicke usw.

– *Farbtabellen* und *Farbzellen*

– *Zeichensätze* und *Cursor*

– *Properties* sind Attribut/Wert-Paare, die mit Fenstern assoziiert werden und häufig zur Interprozeßkommunikation zwischen Klienten dienen (s.u.).

Im X-Fenstersystem wird der Bildschirm durch überlappende Fenster hierarchisch organisiert. Jedes Fenster besitzt einen optionalen Rahmen und ein eigenes Koordinatensystem. X-Fenster werden als „leichtgewichtig" und damit „billig" angesehen, da sie nicht auf begrenzten Betriebssystemressourcen (z.B. Dateideskriptoren) basieren. Sie sollen deshalb auch zur Realisierung einfachster grafischer Objekte, wie z.B. Menüelemente oder Zellen in einem *Rechenblatt* (*spreadsheet*) verwendet werden. Jedes Fenster besitzt ein eigenes diskretes Koordinatensystem, dessen Ursprung nicht modifiziert werden kann. Auch Operationen wie Rotation oder Skalierung werden nicht unterstützt.

Die Verwaltung des Fensterinhalts obliegt ausschließlich dem Klienten, d.h. dieser wird vom Server durch Ereignisse zum Neuzeichnen aufgefordert. In einigen Server-Implementierungen können optional auch nichtsichtbare Fensterbereiche vom Server verwaltet werden.

Das Grafikmodell von X ist hardwareorientiert und basiert auf Bit-Maps und Raster- bzw. Stencil-Operationen. Die Integration von Farbe erfolgt ohne höhere Abstraktionen, d.h. Klienten haben direkten Zugriff auf Farbtabellen und Pixelwerte. Auch unter Farbe stehen nur die 16 Booleschen Rasteroperationen zur Verfügung; arithmetische oder Filteroperationen fehlen. Klienten sind nur dann unabhängig von einer bestimmten Bildschirmarchitektur, wenn sie mit jeder der oben erwähnten sechs Visual-Typen umgehen können. Dies bedeutet konkret, daß jede Ausgabeoperation auf bis zu sechs unterschiedliche Weisen durchgeführt werden muß.

Die Kommunikation vom Server zum Klienten erfolgt über eine sowohl im Server als auch im Klienten gepufferte Ereigniswarteschlange. Der Server füllt diese mit den Ereignissen (*XEvents*), die zuvor vom Klienten durch Setzen einer Ereignismaske angefordert wurden. Klienten entfernen Ereignisse durch explizites Lesen (*polling*). Auch hierbei können über eine Maske bestimmte Ereignisse ausgefiltert werden.

Zur Unterstützung eines Fenstermanager-Klienten definiert X zusätzlich synthetische Ereignisse, die anzeigen, daß eine Applikation eine global zu koordinierende Aktion ausführen will. Hat kein Klient Interesse an diesen Ereignissen, d.h. existiert kein Fenstermanager, so wird die Aktion gewissermaßen „unkoordiniert" vom Server ausgeführt. Ist dagegen ein Fenstermanager vorhanden, so wandelt der Server den Auftrag in eine Benachrichtigung des Fenstermanagers um. Dieser kann dann die Auftragsdurchführung global koordinieren. Verlangt z.B. ein Klient eine Größen- oder Positionsveränderung eines seiner Fenster, so kann der Fenstermanager (in Zusammenarbeit mit dem Endbenutzer) die Parameter so modifizieren, daß eine durch ihn definierte Fensteranordnungsstrategie (z.B. überlappt oder gekachelt) befolgt wird (Abb. 3.13).

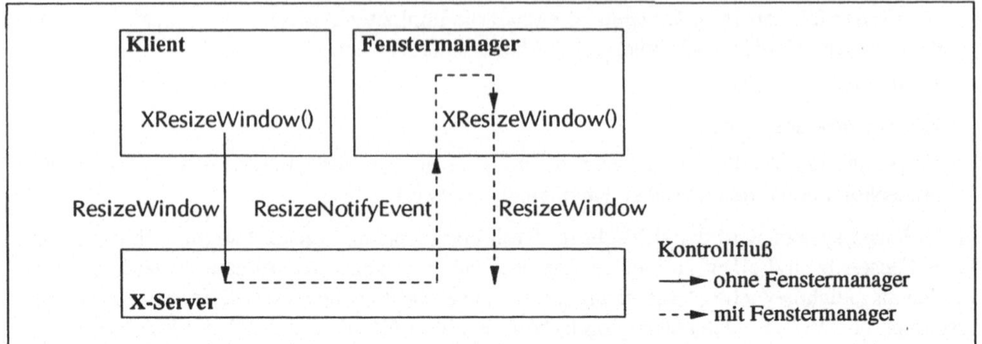

Abb. 3.13: Behandlung einer Fenstergrößenveränderung

Damit X-Klienten unabhängig vom zugrundeliegenden Betriebssystem untereinander kommunizieren können, definiert X ein eigenes Kommunikationskonzept. Mit jedem Fenster können unter einem Namen Datenstrukturen (*properties*) assoziiert werden. Ändert ein Klient den Inhalt einer Property, so wird eine kooperierende Applikation (der Empfänger) automatisch hiervon unterrichtet. Liest der Empfänger dann den Property-Inhalt, so erfährt wiederum der Absender davon. Hauptanwendungsgebiet dieses Konzeptes ist die Selektions- oder Zwischenablageverwaltung (vgl. Abschnitt 2.6). Damit über diesen von X bereitgestellten Grundmechanismus für alle Applikationen zumindest eine minimale Interoperabilität hergestellt wird, existieren das sog. *„Inter-Client Communication Conventions Manual"* (*ICCCM* [Nye90]). In diesem Dokument wird festgelegt, inwieweit Applikationen kooperieren müssen, um „ICCCM-compliant" genannt werden zu können.

Neben der Verwaltung von Selektionen und Zwischenablagen legt ICCCM auch fest, in welcher Weise Klienten den Fenstermanager unterstützen müssen. In Properties mit standardisierten Namen werden zu jedem Applikationsfenster Hilfsinformationen, wie z.B. die minimale und maximale Größe eines Fensters abgelegt. Der Fenstermanager berücksichtigt diese Informationen bei allen Fenstermanipulationen durch den Endbenutzer.

In X11 können in standardisierter Weise Erweiterungen am Server vorgenommen werden. Damit aufbauende Applikationen dennoch portabel implementiert werden können, definiert X ein Standardprotokoll, mit dem sowohl die Existenz einer Erweiterung als auch das verwendete Protokoll festgestellt werden kann [Fis87, Ase90]. Hierdurch kann ein Klient feststellen, ob der verwendete Server eine wünschenswerte Erweiterung anbietet, oder ob eine auf der X-Standardfunktionalität basierende Emulation durchgeführt werden muß. Alle Erweiterungen können nur statisch in den Server integriert werden, machen also eine Neuübersetzung erforderlich.

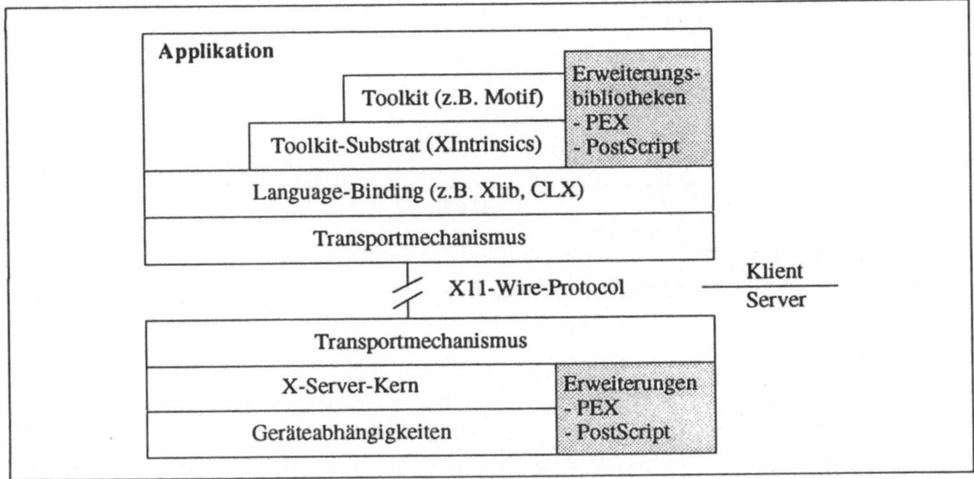

Abb. 3.14: Struktur der Erweiterungen von X11

Beispiele für Erweiterungen:

- *PEX* [Ros89], eine von Sun Microsystems entwickelte Implementierung des 3-dimensionalen Grafikstandards PHIGS [Abi86],

- *DPS/X* [Ase90, Ado88, San88], eine Implementierung der PostScript-Erweiterung *Display-PostScript* [Ado90a] (vgl. Abschnitt 3.7),

- *VEX* [Ase90], ein System für die Echtzeitdarstellung von Videosignalen.

3.6.3 Interne Struktur des X11-Servers

Der X11-Server ist ein *Single-Threaded*-Programm, das Aufträge (*request*) der Klienten mit einer *Round-Robin*-Strategie sequentiell abarbeitet. Die vom MIT erhältliche Musterimplementierung des X-Servers läßt sich grob in die folgenden drei Schichten gliedern (Abb. 3.15):

- Die *geräteunabhängige Schicht* („diX") verwaltet gemeinsam benutzte Ressourcen wie Fenster, Bit-Maps, Farbtabellen, Zeichensätze und Cursor.

- Die *Betriebssystemschicht* („os") führt maschinenspezifische Operationen wie Verbindungs-unterhalt, *Timeout-Behandlung*, Farb- und Font-Zugriffe und Speicherverwaltung durch.

- Die *geräteabhängige Schicht* („ddX") behandelt Zugriffe auf Bildschirm, Tastatur und Maus.

Für eine Portierung auf ein neues Betriebssystem oder eine Grafik-Hardware müssen nur die Schichten *os* bzw. *ddX* angepaßt werden. Zur weiteren Vereinfachung einer Portierung enthält die *ddX*-Schicht des MIT-Muster-Servers bereits eine weitgehend geräteunabhängige Implementierung aller grafischen Funktionen. Sie basiert auf einer geringen Zahl geräteabhängiger Elementaroperationen, mit denen *Bildpunktreihen* (*spans*) vom Bildschirm gelesen bzw. auf diesen geschrieben werden können. Nach der Anpassung dieser Elementaroperationen an ein neues Gerät besitzt der Musterserver bereits seine volle Funktionalität bei eingeschränkter Leistung. Schrittweise können dann höhere Grafikfunktionen durch an die spezielle Hardware angepaßte oder besonders optimierte Versionen ersetzt werden.

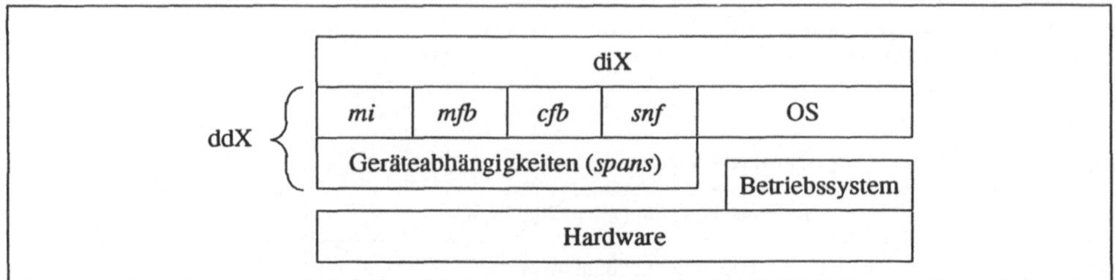

Abb. 3.15: Interne Struktur des X11-Servers

3.6.4 X-Displays

Da sich das X-Fenstersystem immer mehr zu einem hersteller- und betriebssystemunabhängigen Standard entwickelt, werden bereits X unterstützende „Terminals" – sog. „*X-Terminals*" oder „*X-Displays*" – angeboten. Solche Systeme unterscheiden sich von üblichen Arbeitsplatzrechnern durch einen reduzierten Leistungsumfang und das Fehlen von Betriebssystem und externen Speichermedien. Für ihre Realisierung werden zwei unterschiedliche Ansätze verfolgt.

Beim ersten Ansatz wird der X-Server weitgehend unverändert auf das X-Display übernommen. Im Gegensatz zu einem üblichen UNIX-System besitzt das X-Display aber nur ein rudimentäres Betriebssystem. Allein die Interprozeßkommunikation (z.B. TCP/IP) ist voll ausgebildet. Über sie erfolgt in gewohnter Weise die Kommunikation zwischen X-Klient und Server. Außerdem wird sie für den Dateitransfer verwendet, wenn z.B. Zeichensätze zum X-Display heruntergeladen werden müssen (vgl. Abb. 3.16).

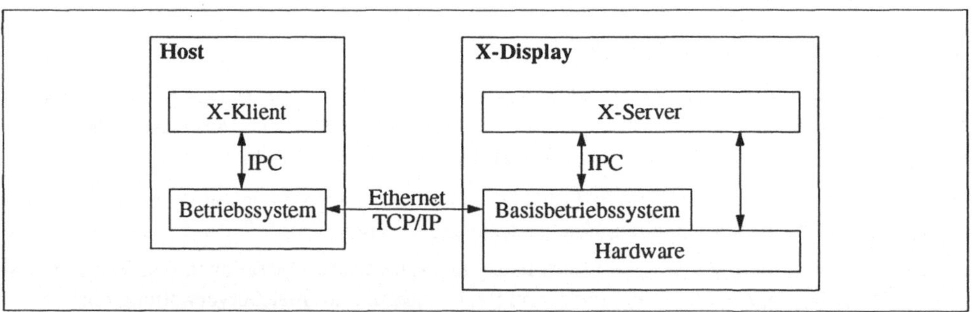

Abb. 3.16: Struktur eines X-Displays (Variante 1)

Beim zweiten Ansatz befindet sich der X11-Server-Prozeß nicht im X-Display, sondern auf einem beliebigen UNIX-System. Der X11-Server-Prozeß kommuniziert über ein eigenes Protokoll mit dem X-Display, auf dem nur noch die unabdingbare Ein- und Ausgabefunktionalität existiert (Abb. 3.17). Hierdurch kann das Protokoll sehr einfach gehalten werden und es entfällt z.B. der bei TCP/IP auftretende Overhead. Da zusätzlich Komprimierungsverfahren angewendet werden, kann ein solches X-Display auch über eine serielle Leitung mit minimal 19200 Baud betrieben werden, so daß die Ethernet-Schnittstelle durch eine kostengünstigere serielle Schnittstelle ersetzt werden kann. Insgesamt besitzt diese Variante von X-Displays eine ähnliche Struktur wie das DLISP-System aus Abschnitt 3.2.

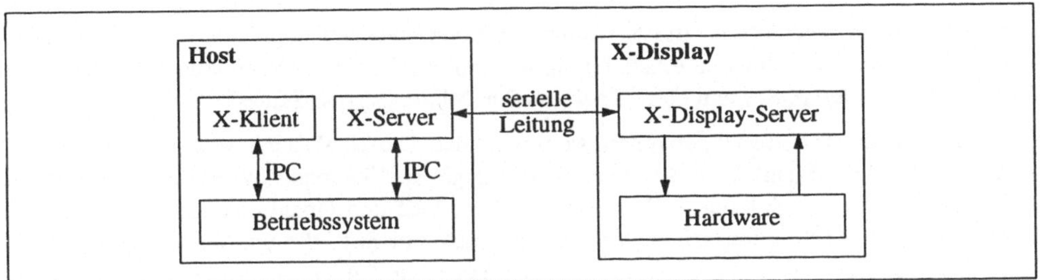

Abb. 3.17: Struktur eines X-Displays (Variante 2)

3.6.5 X-Toolkits

Da in X durch eine Sprachanbindung wie Xlib nur der Zugang zum X-Protokoll ermöglicht wird, aber noch keine höhere Toolkit-Abstraktionen bereitgestellt werden, existiert eine Reihe von auf Xlib aufbauenden Toolkits.

X-Toolkit Xt

Xtk oder *Xt* ist Grundlage für die meisten auf X aufbauenden Toolkits [Rao87, Nye90a, Nye90b]. Die Grundlage von Xt bilden die sogenannten *Xt-Intrinsics*, die basierend auf der Programmiersprache C eine Simulation objektorientierter Konzepte definieren und implementieren (vgl. Abb. 3.14). Objekte, d.h. Exemplare werden in Xt-Terminologie *Widgets*, Klassen *Widget-Classes* genannt. Widget-Classes sind statisch definierte C-Strukturen, an die in Unterklassen weitere Strukturen angefügt werden können. Die abstrakte Oberklasse aller Widgets definiert als Objektkomponenten eine Reihe von Zeigern auf generische Funktionen, über die Widgets initialisiert, manipuliert und wieder freigegeben werden können. In Unterklassen werden diese Zeiger mit konkreten Implementierungen initialisiert und erlauben so Polymorphismus.

Da Widgets ausschließlich zur Realisierung von konkreten Interaktionskomponenten dienen, ist jedes Widget intern mit einem Fenster im Server assoziiert, für das es gewissermaßen auf seiten des Klienten ein *Proxy-* oder Schattenobjekt und damit eine Schnittstelle darstellt.

Bemerkenswert an Xt ist die Eigenschaft, auf Objektkomponenten und Methoden über Namen (Zeichenketten) zugreifen zu können. Für Objektkomponenten bedeutet dies, daß durch wenige und bereits an der Wurzel der Klassenhierarchie definierte generische Methoden auf die Objektkomponenten aller Unterklassen zugegriffen werden kann. Hiermit lassen sich z.B. Werkzeuge entwickeln, mit denen sowohl alle existierenden als auch alle zukünftigen Widgets ohne genaue Kenntnis ihres Aufbaus editiert werden können.

Der Namenszugriff auf Methoden wird bereits in den Intrinsics dazu verwendet, über das sog. *Translation-Management* die Kopplung von Aktionen an Ereignisse über Konfigurationsdateien von außen steuerbar machen zu können, ohne daß hierzu eine Neuübersetzung der Applikation erforderlich wird.

Obwohl Widgets eine durchaus mächtige Abstraktion darstellen und Xt durch die ausschließliche Verwendung von C universell portierbar ist, gilt die rein auf Konventionen und fehlender Compiler-Unterstützung basierende Benutzung als umständlich und fehleranfällig.

Die Unterklassen von Widget, die ein konkretes Look-and-Feel implementieren, werden als *Widget-Set* bezeichnet. Zur Zeit existieren im wesentlichen die zwei Standards *Motif* der *Open Software Foundation* (*OSF*) und *Open Look* von Sun Microsystems [Sun89].

Obwohl beide auf Xt aufbauen, erweitern sie sowohl den Toolkit als auch dessen Schnittstelle in so starkem Maße, daß eine Look-and-Feel-unabhängige Applikationsentwicklung nicht möglich ist. Im *OI-Toolkit* von Solbourne Computer werden Motif und OpenLook unter einer in C++ implementierten Abstraktionsschicht zusammengefaßt. Für mit OI entwickelte Applikationen kann dann zur Laufzeit bestimmt werden, ob sie unter Motif oder OpenLook ablaufen sollen. Diese Flexibilität wird allerdings durch eine im Vergleich zu den Original-Toolkits reduzierte Funktionalität erkauft.

XView

Außerdem hat Sun dem X-Konsortium eine Xlib-basierte Implementierung ihres SunView Toolkits (*XView* [Sun89a]) zur Verfügung gestellt. Hierdurch vereinfacht sich die Portierung der zahlreichen SunView-Applikationen auf X erheblich. Gleichzeitig wurde bei der Portierung auch das Look-and-Feel an OpenWindows angepaßt.

3.7 NeWS

Ab 1986 wurde bei Sun Microsystem ein Nachfolger für das zum damaligen Zeitpunkt bereits „betagte" Fenstersystem SunWindows gesucht. Im Gegensatz zu ähnlichen Bestrebungen anderer Firmen sollte das neue Fenstersystem aber nicht einfach nur eine – möglicherweise sogar aufwärtskompatible – „Neuauflage" alter Konzepte, sondern einen vollkommen neuen Ansatz für Fenstersysteme darstellen.

Ausgangspunkt für diese Bestrebung war die seit 1982 von John Warnock und später von Adobe entwickelte und mit dem Apple LaserWriter ab 1985 erfolgreich eingeführte Seitenbeschreibungssprache *PostScript* [Ado85, Ado85a].

PostScript ist eine interpretative, stackorientierte und um Grafikoperationen erweiterte vollständige Programmiersprache. Ihre Entwickler nennen sie sogar „Turing-äquivalent", um diese für Druckersprachen ungewöhnliche Eigenschaft besonders hervorzuheben. Alle Grafik in PostScript basiert auf dem Stencil/Paint-Modell, das bei XEROX von Robert Sproull und William Newman für das Cedar-System entwickelt worden ist [War82] und später Bestandteil der Sprache *Interpress* [Blu86, Har88] wurde.

In dem von James Gosling 1986 vorgestellten Fenstersystem *SunDew* [Gos86, Gos86a] wurde PostScript zu einem vollständigen Fenstersystem erweitert. Ab 1987 wurde dieses System in *NeWS* (*Networked, extensible Window System*) umbenannt und von Sun als offizielles Produkt vertrieben. Ab 1989 wurde NeWS mit X11 zum sog. *OpenWindows* [Sun89b] verschmolzen (siehe auch Abschnitt 3.7.4). Falls nicht explizit erwähnt, beziehen sich die folgenden Aussagen zum NeWS-Fenstersystem auf die NeWS-Komponente der Version 2.0 von OpenWindows.

3.7.1 Struktur des NeWS-Systems

Das NeWS-System gehört wie X-Windows zur Klasse der serverbasierten und damit netztransparenten Fenstersysteme [Sun87a]. Im Gegensatz zu X realisiert der NeWS-Server aber nicht eine weitgehend abgeschlossene Funktionalität, sondern ermöglicht durch einen PostScript-Sprachinterpreter eine dynamische Erweiterbarkeit.

Klienten kommunizieren mit dem NeWS-System, indem sie PostScript-Befehle oder ganze Programme in den Server laden. Der Server interpretiert sie und bewirkt gewissermaßen als „Nebeneffekt" grafische Ausgaben auf dem Bildschirm. Außerdem kann der Server bei Ausführung eines PostScript-Programms auch Daten zum Klienten zurücksenden.

Da PostScript eine interpretative und vollkommen Betriebssystem- und hardwareunabhängige Sprache ist, sind Klienten, die den Server applikationsspezifisch erweitern, weiterhin netztransparent, d.h. müssen sich weder um die Maschinenarchitektur noch die Ausstattung des Servers mit bestimmten Erweiterungen kümmern.

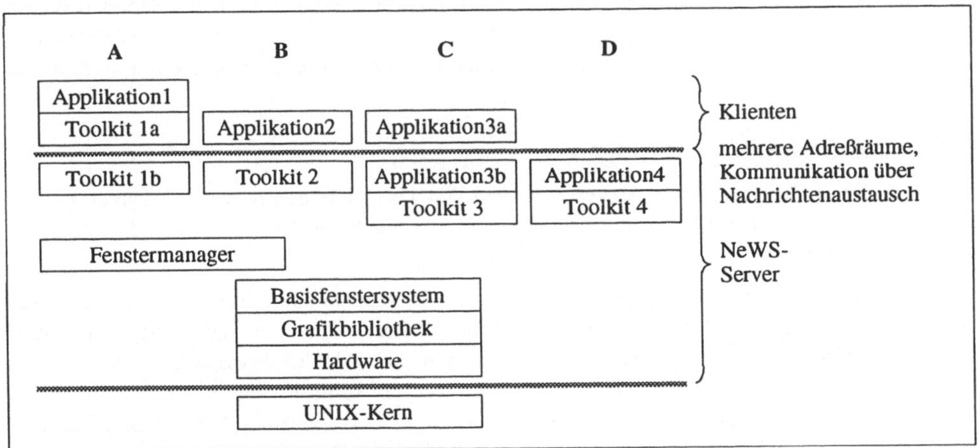

Abb. 3.18: Struktur des NeWS-Systems

Als Konsequenz dieser hohen Flexibilität wird durch NeWS zwischen Klienten und Server aber kein standardisiertes Protokoll definiert. Stattdessen können bzw. müssen Applikationen und Toolkits geeignete Protokolle selbst festlegen. Hierbei existieren im wesentlichen vier unterschiedliche Strategien (Abb. 3.18):

- In Abb. 3.18A befindet sich der Toolkit zu großen Teilen im Server und besitzt auf der Seite des Klienten eine Schnittstelle in einer „herkömmlichen" Programmiersprache wie z.B. C. Diese Schnittstelle definiert für alle Toolkit-Komponenten im NeWS-Server Stellvertreterobjekte (Proxies), durch die die Details der PostScript-Implementierung und das Protokoll vollständig verborgen bleiben. Applikationen können solche Toolkits in gewohnter Weise benutzen, machen aber von der Erweiterbarkeit des Servers keinen direkten Gebrauch.

- Beim zweiten Ansatz (Abb. 3.18B) besitzt der Toolkit keine Schnittstelle im Klienten. Die Kommunikation erfolgt durch Senden von toolkitspezifischen PostScript-Befehlen. Da bei dieser Variante die PostScript-Schnittstelle offenliegt, können Klienten Modifikationen bzw. Erweiterungen des Toolkits vornehmen.

– In der dritten Variante (Abb. 3.18C) werden die Erweiterungsmöglichkeiten direkt ausgenutzt, indem Teile der Applikation in den Server verlagert werden. Hierdurch kann der Kommunikationsaufwand verringert und das Antwortzeitverhalten verbessert werden. Folgen von grafischen Funktionen, die z.B. in X11 immer wieder vom Klienten zum Server gesendet werden müssen, können unter NeWS als PostScript-Prozedur definiert und einmal beim Starten einer Applikation in den Server übertragen werden. Anschließend werden sie durch Übertragung eines Prozeduraufrufs und eventuell benötigter Parameter aktiviert. Dies bedeutet allerdings, daß die Entwicklung einer Applikation unter NeWS zweigeteilt erfolgt: Die (zumeist) nichtgrafischen Teile werden normal in einer herkömmlichen Programmiersprache entwickelt, die grafischen und für die Benutzerinteraktion relevanten müssen identifiziert und dann in PostScript entwickelt werden.

– Da PostScript eine „*Turing äquivalente*“ Programmiersprache ist, können, je nach Komplexität der restlichen nichtgrafischen Bereiche der Applikation, auch diese in den Server verlagert werden (Abb. 3.18D). Interessanterweise gehören die meisten existierenden NeWS-Applikationen zu dieser Klasse, ein Indiz dafür, daß die Aufspaltung einer Applikation nicht trivial ist.

3.7.2 PostScript-Erweiterungen

Da PostScript als Sprache für die Ansteuerung von Druckern nicht den Anforderungen eines Fenstersystem genügte, mußten von Sun Erweiterungen in den Bereichen Prozeß- und Fensterverwaltung und Eingabebehandlung vorgenommen werden.

„Leichtgewichtige“ Prozesse (*lightweight process, LWP*) wurden eingeführt, um jedem Klienten die Illusion eines eigenen PostScript-Interpreters mit lokalem Kontext zu geben. NeWS-Prozesse sind leichtgewichtig, da sie als Koroutinen innerhalb eines UNIX-Prozesses keine externen Betriebssystemressourcen beanspruchen und Prozeßwechsel somit in einem Adreßraum stattfinden. Die Implementierung des Prozeßmodells basiert auf der LWP-Bibliothek des Sun Betriebssystems. Das NeWS-Prozeßmodell ist hierarchisch, d.h. jeder Prozeß vererbt seinen PostScript-Kontext an die von ihm erzeugten Kindprozesse. Klienten können diese Eigenschaft ausnutzen, indem sie für bestimmte Aktionen – z.B. das Maus-Tracking in einem Menü – Unterprozesse erzeugen. Der Vaterprozeß kann in diesem Beispiel entweder auf das Schließen des Menüs, also die Terminierung des zugehörigen Prozesses warten oder parallel fortfahren. Das NeWS-System eignet sich damit z.B. zur Realisierung von Animationen. Da PostScript-Prozesse nicht „preemptable“ sind, muß jeder Prozeß selbst dafür sorgen, daß entweder genügend häufig kommuniziert oder explizit der Scheduler aufgerufen wird, wenn nicht der gesamte NeWS-Server monopolisiert werden soll. Der gegenseitige Ausschluß beim Zugriff auf Datenstrukturen wird durch *Monitor*-Objekte sichergestellt; die Kommunikation zwischen NeWS-Prozessen erfolgt über den Austausch von Nachrichten (s.u.).

Zur Unterstützung des Fensters wurde PostScript erweitert um den Datentyp *Canvas* (Leinwand). Ein Canvas entspricht dem in 2.3 eingeführten Fenster innerhalb eines hierarchischen, überlappenden Fenstersystems. Außerdem repräsentiert ein Canvas auch ein speicherbasiertes Fenster (Bit-Map), solange es nicht explizit auf dem Bildschirm sichtbar gemacht wird. Es können also bereits Ausgaben in ein Fenster erfolgen, bevor es sichtbar ist. Hierdurch ist NeWS das erste

Fenstersystem, das eine einzige Abstraktion sowohl für sichtbare als auch für nichtsichtbare Fenster anbietet.

Eine wesentliche Erweiterung des Fensterbegriffs ergibt sich durch die Eigenschaft, daß ein Canvas eine beliebige in PostScript beschreibbare Form annehmen kann, also nicht auf eine rechteckige Form beschränkt ist. Auf der anderen Seite besitzt ein Canvas aber keinerlei vordefinierte Funktionalität, um seine Fläche mit einem üblichen Fensterrahmen zu versehen oder innerhalb dieser Fläche einen Bereich für den Fensterinhalt bereitzustellen. Dies unterstreicht, daß NeWS z.B. im Gegensatz zu X ein wirkliches Basisfenstersystem darstellt und nicht ohne einen Toolkit verwendet werden kann.

Das grafische Modell von NeWS ist als Obermenge von PostScript, Stencil/Paint-basiert und vollkommen geräteunabhängig. Erweitert wurde es in den Bereichen, in denen PostScript als Beschreibungssprache für Drucker bei der Anwendung auf Bildschirme zu ineffizient wäre. So können in NeWS z.B. Hüllkurven (*path*) nicht nur erzeugt und dargestellt, sondern zur späteren oder wiederholten Verwendung auch als Datenstruktur gespeichert werden.

Da das PostScript-Darstellungsmodell grundsätzlich keine Rasteroperationen kennt, muß bei interaktiven Applikationen das Problem des Rubberbandings ohne die übliche Verwendung der Rasterfunktion „XOR" gelöst werden. Hierzu existiert in NeWS das Konzept des Überlagerungsfensters (*overlay canvas*), das eine höhere und geräteunabhängige Abstraktion für die temporäre Modifikation eines Fensters darstellt. Ein Überlagerungsfenster ist ein transparentes Canvas, das temporär über ein Fenster gelegt wird. Werden grafische Ausgaben auf das Überlagerungsfenster gelenkt, so verändern diese zwar scheinbar das zugrundeliegende Fenster, erfolgen aber nur auf der Überlagerung. Rubberbanding wird so realisiert, daß zyklisch das Überlagerungsfenster zunächst gelöscht und anschließend das zu animierende Objekt gezeichnet wird.

Zur besseren Unterstützung von Farbbildschirmen wurden ab Version 1.0 von NeWS Farbtabellen und -segmente eingeführt und damit eine Aufweichung des Stencil/Paint-Modells zugunsten des geräteabhängigen BitBlT-Modells eingeleitet. Dies steht in starkem Kontrast zu den üblicherweise hohen Abstraktionen von NeWS, z.B. der des Überlagerungsfensters.[9]

Da die Seitenbeschreibungssprache PostScript ausschließlich ausgabeorientiert ist, wurde NeWS um einen Datentyp *Event* erweitert. Events werden zum einen von Eingabegeräten (Maus, Tastatur) erzeugt, zum anderen dienen sie auch zur Interprozeßkommunikation. Ein Event ist ein herkömmliches PostScript-Dictionary [Ado85] mit obligatorischen Einträgen für Typ, Zeit und Absender. Im Gegensatz zu den fest definierten Ereignissen anderer Fenstersysteme kann ein Dictionary-basiertes NeWS-Ereignis um beliebige Attribute erweitert werden, z.B. die aktuelle Mausposition bei Eingabeereignissen.

Im Unterschied zu anderen Fenstersystemen drückt ein Prozeß ein Interesse nicht durch das Setzen einer Ereignismaske aus, sondern indem er Prototypen der von ihm gewünschten Ereignisse – sog. *Interests* – produziert. Dieses aufwendigere Verfahren ist erforderlich, da Ereignisse erweiterbar sind und die Größe einer Ereignismaske somit nicht a priori bekannt ist.

---

[9] Tatsächlich deutete sich diese negative Entwicklung bereits in der ersten Version von NeWS an, in der durch einen PostScript-Befehl eine von 16 möglichen Rasteroperationen gesetzt werden konnte. Allerdings wurde dessen Existenz mit der Kompatibilität zu anderen Fenstersystemen begründet und vor einer Verwendung gewarnt.

NeWS-Ereignisse können nur innerhalb von NeWS-Prozessen empfangen werden und stehen damit nicht automatisch einem Klienten zur Verfügung. Dieses Verhalten basiert auf der Annahme, daß die Behandlung von direkten Ereignissen (Eingaben von Tastatur und Maus) im Normalfall im Server erfolgt. Als Ergebnis einer Behandlung wird möglicherweise ein abstraktes Ereignis zum Klienten gesendet. Ein typisches Beispiel ist wieder das Maus-Tracking in einem Menü: Das Verfolgen der Maus und das Anzeigen des aktuellen Menüelementes kann vollständig im Server abgewickelt werden. Nachdem ein Menüeintrag ausgewählt wurde, muß nur seine Identifikation zum Klienten übertragen werden.

3.7.3 Der NeWS-Toolkit

Der „*The NeWS Toolkit*" (*TNT*, früher als *NDE* bezeichnet) basiert auf einer einfachen und in PostScript definierten Bibliothek, mit deren Hilfe Klassen und Unterklassen definiert und Nachrichten ausgetauscht werden können [Den86].

Ein solcher Mechanismus ist in PostScript sehr einfach realisierbar, da PostScript-Prozeduren zum einen first-class Objekte darstellen und zum anderen grundsätzlich dynamisch gebunden sind. Klassenexemplare können außerdem leicht auf das Konzept des Dictionaries, also der polymorphen Sammlung benannter Datentypen, abgebildet werden, indem mit jedem Dictionary-Eintrag (in Lisp Terminologie: *slot*) entweder eine Objektkomponente oder eine Methode assoziiert wird.

Das Senden von Nachrichten wird realisiert, indem der Name der Nachricht einem Objekt geschickt wird, das diesen in seinem Dictionary nachschlägt und im eigenen Kontext ausführt. Wird der Methodenname nicht gefunden, so wird er an die Oberklasse zur Ausführung weitergereicht. Methodenargumente werden über den Stack transportiert. Da, wie bereits erwähnt, benannter (Prozeduren) als auch unbenannter ausführbarer Code (*Blocks*) selbst wieder Objekte darstellen, können auch diese als Argumente einer Methode verwendet und im Kontext des Empfängers ausgeführt werden. Insgesamt erlaubt der sehr einfach zu realisierende Klassenmechanismus, die gesamte Funktionalität von Smalltalk nachzubilden.

3.7.4 Der kombinierte X11/NeWS-Server (OpenWindows)

Durch die unerwartet starke und schnelle Verbreitung von X11 sah sich Sun 1988 gezwungen, das ambitiöse NeWS-System auch gegenüber der X11-Welt zu öffnen, indem ein kombinierter X11/NeWS-Server entwickelt wurde. Durch diesen Ansatz ist es möglich, gleichzeitig X11 als auch NeWS-Applikationen auf einem Server ablaufen zu lassen. Außerdem können beide Protokolle in einer Applikation verwendet werden, so daß sich die Fenstersystem-Funktionalität von X11 mit dem mächtigen PostScript-Grafikmodell kombinieren läßt. Hierdurch ergeben sich ähnliche Möglichkeiten, wie sie auch unter X11 mit Display-PostScript vorhanden sein werden.

Obwohl die Implementierung des X11 Protokolls vollständig in PostScript hätte erfolgen können, wurde aus Effizienzgründen ein anderer Weg gewählt. Aus den Gemeinsamkeiten von X11 und NeWS im Bereich der Prozeß, Fenster- und Ereignisverwaltung sowie der grafischen Funktionalität wurde ein „Fensterbetriebssystem" abgeleitet. Auf diesem laufen als Leichtgewichtsprozesse sowohl der X11- als auch der NeWS-Interpreter. Beide kommunizieren mit ihren Klienten über die entsprechenden Protokolle (Abb. 3.19).

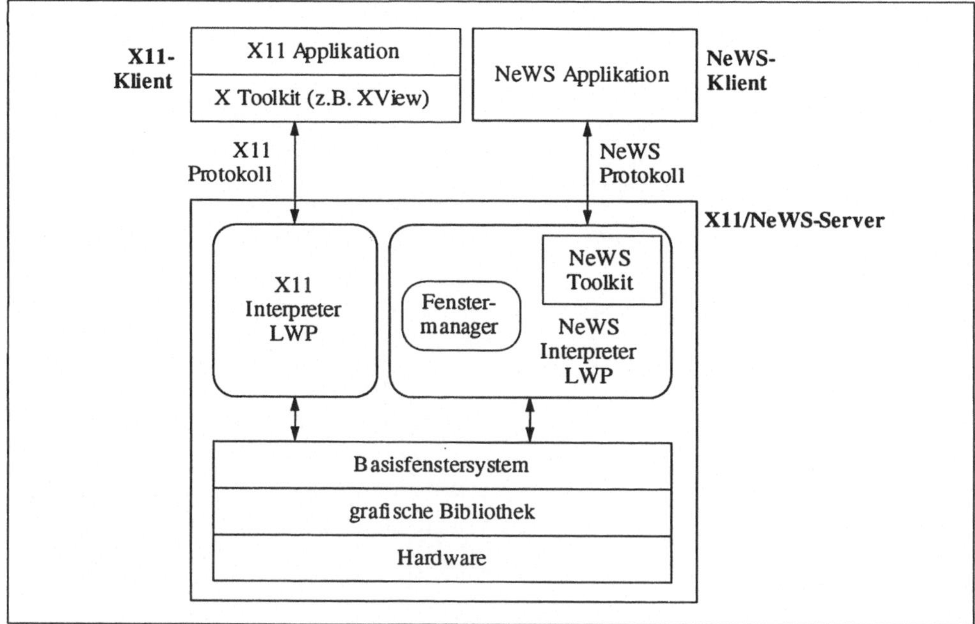

Abb. 3.19: Struktur des kombinierten X11/NeWS-Servers

Die vom Basisfenstersystem bereitgestellten Objekte – z.B. Fenster – werden von beiden Interpretern auf die entsprechenden X11- bzw. NeWS-Objekte abgebildet. Da außerdem auch dasselbe Fenster sowohl als X- wie auch als NeWS-Objekt einem Klienten zur Verfügung gestellt werden kann, ergeben sich die oben beschriebenen Kombinationsmöglichkeiten. Der gemeinsame Fenstermanager für X und NeWS befindet sich als Leichtgewichtsprozeß im Server, reduziert also im Vergleich zu üblichen X-Fenstermanagern den Kommunikationsaufwand.

4 Das Application-Framework ET++

4.1 Einleitung

ET++ ist eine objektorientierte Klassenbibliothek und ein Application-Framework zur Entwicklung von Applikationen mit interaktiver Benutzungsschnittstelle und einer auf Text und Grafik basierenden Visualisierung der applikatorischen Daten. Beispiele hierfür sind Editoren für Text und Präsentationsgrafik, Spreadsheets, Hypertext-Systeme, CASE-Tools oder Baumeditoren. Weniger geeignet ist ET++ für Applikationen der Bildverarbeitung oder des professionellen *Desktop-Publishings*.

Das wichtigste Ziel von ET++ ist es, dem Applikationsentwickler eine sehr homogene und auf objektorientierten Konzepten beruhende Umgebung zur Verfügung zu stellen. Die Homogenität soll ihn in die Lage versetzen, allein durch Kenntnis eines einzigen Systems und einer Reihe von Grundprinzipien in effizienter Weise Applikationen mit anspruchsvoller Benutzungsschnittstelle entwickeln zu können. Die Anwendung objektorientierter Konzepte soll die Wiederverwendung von Software unterstützen und fördern, die Applikationsarchitektur positiv beeinflussen, und dem Entwickler eine größtmögliche Flexibilität bei der Anpassung beliebiger Komponenten bieten.

Das von ET++ unterstützte Benutzungsoberflächen-Paradigma basiert auf den Konzepten der direkten Manipulation und umfaßt übliche Interaktionselemente, wie z.B. Popup-Menüs, Pulldown-Menüs, Scrollbars. Das Look-and-Feel orientiert sich im wesentlichen am Macintosh, enthält aber auch Elemente aus OSF-Motif, OpenLook und Smalltalk.

Obwohl ET++ für UNIX-Arbeitsplatzrechner entwickelt wurde, ist es durch Verwendung einer abstrakten Schnittstelle zu Betriebs- und Fenstersystem hochgradig portabel. Allerdings setzt die Größe des Systems einer Portierung auf Personalcomputer gewisse Grenzen.

4.1.1 Beispiele für ET++-Applikationen

Bevor auf die Architektur von ET++ eingegangen wird, soll zunächst an einigen Beispielen verdeutlicht werden, welche Art von Applikationen durch ET++ unterstützt werden, und wie diese
Unterstützung im einzelnen aussieht.

Die folgende Liste enthält eine Auswahl von Applikationen, die mit ET++ entwickelt wurden:

– *Chaos++*: Dokumentations- und Versionsverwaltung für das Rechenzentrum der Schweizerischen Bankgesellschaft [Lan90],

– *DiCe*: Benutzungsoberflächen-Werkzeug der Universität Linz zur interaktiven Konstruktion
  von Dialogfenstern [Pre89],

– *Geographic-Information-System*: Benutzungsschnittstelle für ein Datenbank-Verwaltungs-
  system zur Speicherung und Abfrage von geografischen Daten (*spatial data*) [Oos90],

– *SCT*: Benutzungsschnittstelle einer inkrementellen Modula-2 Entwicklungsumgebung [Bis90,
  Bis89],

– *ET++SwapsManager*: eine finanzmathematische Applikation zur Bewertung von Zins-Swaps
  [Egg91],

– *Etgdb*: Benutzungsschnittstelle eines interaktiven C++-Debuggers [Gam91].

Da die interne Struktur dieser Applikationen dem Autor nur teilweise bekannt ist, wird die von
ET++ bereitgestellte Applikationsunterstützung anhand der eigenentwickelten Applikation
ET++Draw gezeigt (Abb. 4.1).

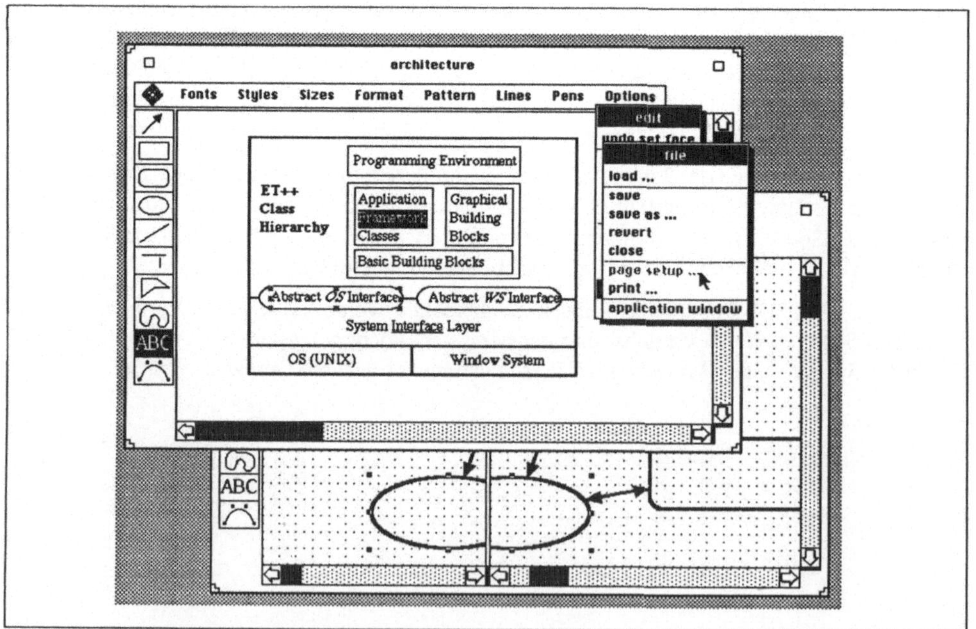

Abb. 4.1:   Die Applikation ET++Draw

ET++Draw besitzt eine vergleichbare Funktionalität wie das vom Macintosh bekannte Programm *MacDraw*. Der Hauptunterschied zwischen beiden Applikationen liegt im erforderlichen Implementierungsaufwand, der sich für ET++Draw in 4000 Zeilen C++-Code und für MacDraw in ca. 30.000 Zeilen C-Code ausdrückt [Cut88] und damit die durch ET++ erreichbare Implementierungsvereinfachung belegt.

Die folgende Liste gibt einen ersten Überblick über die von ET++ automatisch für die Applikationsentwicklung bereitgestellte Funktionalität:

- Gleichzeitige Bearbeitung unterschiedlicher Zeichnungen in verschiedenen Fenstern.

- Integrierte Fenstermanager-Funktionalität: Verschieben und Vergrößern bzw. Verkleinern der Fenster; Änderung der Reihenfolge der Fenster auf dem Bildschirm.

- Verschieben (*Scrolling*) des Fensterinhalts (also der Zeichnung) durch *Scrollbars*; automatisches Verschieben des Fensterinhalts (*automatic scrolling*), falls bei Operationen auf grafischen Objekten diese nicht mehr sichtbar wären, wie z.B. beim Verschieben eines Objekts aus dem sichtbaren Bereich des Fensters.

- Gleichzeitige Darstellung nichtzusammenhängender Bereiche einer Zeichnung in unterschiedlichen Unterfenstern (*view splitting*).

- Unterstützung des Einlesens und Abspeicherns von Zeichnungen durch Standarddialoge und standardisierten Kontrollfluß.

- „Flackerfreie" Bildschirmauffrischung durch *Double-Buffering*.

- Geräteunabhängiges Drucken einer Zeichnung z.B. auf einem PostScript-Drucker.

- Durch ausschließliche Verwendung einer abstrakten Fenstersystemschnittstelle kann die gleiche Applikation ohne Modifikation oder Neuübersetzung auf unterschiedlichen Fenstersystemen ablaufen.

Die folgenden Teile der Implementierung von ET++Draw werden zwar nicht automatisch von ET++ implementiert, jedoch stellt ET++ grundlegende Mechanismen zu ihrer einfachen Realisierung bereit:

- Abstrakte Datentypen wie z.B. Listen, Mengen (*set*) oder Verzeichnisse (*dictionary*), auf denen die Datenstrukturen von ET++Draw basieren.

- Der *Change-Propagation-Mechanismus* als Grundlage für die Implementierung miteinander verbundener grafischer Objekte. Abb. 4.1 zeigt z.B. einen Kreis und ein Rechteck, die durch Doppelpfeile verbunden sind. Werden der Kreis oder das Rechteck verschoben oder vergrößert, so wird automatisch der Doppelpfeil angepaßt.

- Ein- und Ausgabe der applikatorischen Datenstrukturen in einem maschinenunabhängigen linearisierten Format. Die Komplexität dieser Datenstrukturen ist hierbei nicht limitiert, so daß auch zirkuläre Strukturen, wie sie z.B. für die oben beschriebenen Verbindungen zwischen grafischen Objekten auftreten, beim Abspeichern automatisch linearisiert werden.

- Über das standardisierte Ein- und Ausgabeformat beliebiger Objektstrukturen wird auch eine Zwischenablage (*clipboard*), d.h. Cut/Copy/Paste unterstützt.

- Außerdem werden auch bestimmte nicht-ET++-Speicherungsformate automatisch erkannt, so daß in ET++Draw nur noch die Konvertierung in die interne Darstellungsform implementiert werden muß.

– Alle Befehle einer ET++-Applikation unterstützen ein ein- oder mehrstufiges *Undo*, können
   also rückgängig gemacht werden. Die Implementierung dieses Konzepts wird zum einen
   durch einen generisch implementierten Undo-Mechanismus und zum anderen durch die Möglichkeit der Duplizierung beliebiger Datenstrukturen unterstützt.

– Automatisches Layout-Management der grafischen Benutzungsoberflächen-Komponenten.
   Sowohl Position und Größe als auch die gegenseitige Anordnung aller Interaktionselemente
   wird deskriptiv, also ohne explizite Positions- oder Größenangaben beschrieben. Dies erlaubt
   eine leichte Änderbarkeit, da sich bei einer Änderung eines Elementes automatisch das
   gesamte Layout neu anpaßt.

4.1.2 Die Implementierungssprache C++

ET++ wurde vollständig in der objektorientierten Sprache C++ [Str86, Lip89, Dew89] implementiert, die auch gleichzeitig zur Applikationsentwicklung verwendet werden muß. Program-
mierschnittstellen (APIs) für andere Sprachen existieren nicht.

C++ wurde von Bjarne Stroustrup bei den Bell-Laboratorien seit 1980 als objektorientierte
Erweiterung der Sprache C [Ker88] entwickelt. Die Gestaltung und Integration objektorientierter
Konzepte erfolgte dabei in enger Anlehnung an die „erste objektorientierte Programmiersprache"
Simula 67 [Roh73, Poo87]. Insbesondere wurde das Konzept der „Klassen" als Erweiterung
strukturierter Datentypen fast identisch übernommen. Diese erste Version von C++ hieß deshalb
auch „C with Classes"[Str82, Str83].

Im Gegensatz zu z.B. Smalltalk ist C++ eine compilierte Sprache mit statischer Typenprüfung
zur Übersetzungszeit. Dies schränkt zwar das polymorphe Verhalten ein, ermöglicht aber eine
mit C vergleichbare Effizienz.

Neben *Klassen* ist C++ erweitert um *Polymorphismus*, einfache und mehrfache *Vererbung*,
dynamische Bindung und *Mehrfachdefinition von Operatoren*, das sog. *Operator-Overloading*.
Alle Erweiterungen sind im Gegensatz zu z.B. *Objective-C* [Cox86] nahtlos in C++ integriert,
wirken also nicht als Fremdkörper.

Aufbauend auf diesen Erweiterungen lassen sich neue Datentypen definieren, die fast ununter-
scheidbar zu den bereits eingebauten Typen sind. So können alle in C existierenden Operatoren
(z.B. „+", „[]", „->") durch das aus ADA [Bar84] bekannte *Operator-Overloading* auch für neue
Datentypen definiert werden.

Mit weiteren nichtobjektorientierten Erweiterungen sind die größten Schwächen von C eliminiert
worden. So wird in C++ eine strenge Typen- und Argumentprüfung vorgenommen, wie z.B. in
Pascal oder Modula-2.

Die folgenden C++-Eigenschaften erleichtern das Verständnis für die im weitern Verlauf gezeigten Codebeispiele:

– Die Verwendung der dynamischen Bindung muß in C++ explizit bei Definition einer Methode durch das – aus Simula entlehnte – Schlüsselwort „virtual" angegeben werden. Andernfalls wird die statische Bindung verwendet.

– Mit *Konstruktoren* bzw. *Destruktoren* kann sichergestellt werden, daß neu erzeugte Objekte
   einen definierten Anfangszustand besitzen, bzw. freigegebene Objekte notwendige Aufräum-
   arbeiten durchführen können. Zur Identifizierung tragen Konstruktoren den Namen der

Klasse; Destruktoren den Namen der Klasse mit dem vorangestellten C-Negationsoperator „~".

– Die Sichtbarkeit von Methoden und Objektkomponenten einer Klasse (sog. *member*) wird in C++ in drei Kategorien eingeteilt und durch entsprechende Schlüsselwörter bezeichnet: Auf private Komponenten kann nur aus Methoden der gleichen Klasse zugegriffen werden. Bei protected Komponenten wird die Sichtbarkeit auf alle Unterklassen ausgedehnt. Public Komponenten unterliegen keinerlei Einschränkungen, sind also sowohl für Benutzer einer Klasse als auch in Unterklassen sichtbar.

– Durch das Schlüsselwort „inline" wird der Anweisungsteil einer Methode (im Gegensatz zu C-Makros seiteneffektfrei) vom Übersetzer *inline*, d.h. textuell expandiert. Hierdurch läßt sich ein Prozeduraufruf vermeiden, ohne daß die rein funktionale Schnittstelle einer Klasse aufgegeben werden muß. Inline kann entfallen, wenn die Implementierung einer Methode bereits in der Schnittstellendeklaration erfolgt. Aus Platzgründen wird diese Möglichkeit in den folgenden Beispielen häufig verwendet.

4.1.3 Architektur von ET++

Das ET++-System ist eine Klassenbibliothek mit ca. 240 Klassen, die in erster Näherung den folgenden drei Bereichen zugeordnet werden können (Abb. 4.2):

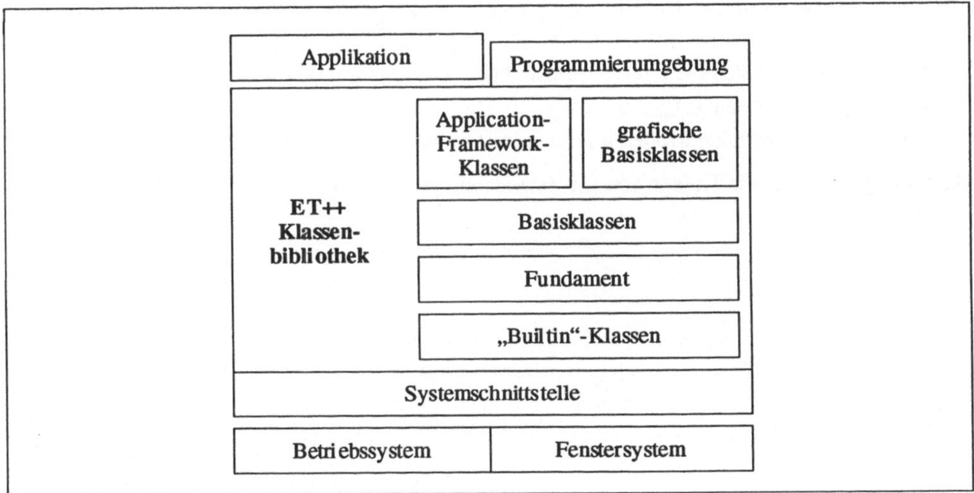

Abb. 4.2: Architektur des ET++-Systems

Die *ET++-Systemschnittstelle* (*ET++-Interface-Layer*) definiert durch abstrakte Klassen eine Schnittstelle für alle Beziehungen von ET++ zur „Außenwelt", wie z.B. zum Betriebs- und Fenstersystem. In Unterklassen wird die Anbindung an eine konkrete Systemumgebung implementiert.

Die *ET++-Programmierumgebung* (*ET++-Programming-Environment*) enthält Werkzeuge und Hilfsmittel für die Analyse einer ET++-Applikation. Obwohl sie bereits als eine erste auf ET++

aufbauende Applikation betrachtet werden kann, ist sie doch standardmäßiger Bestandteil einer Applikation und wird deshalb zum ET++-System gezählt.

Die *ET++-Klassenbibliothek* (*ET++-Toolkit and Application-Framework*) umfaßt alle Klassen, die für eine Applikationsentwicklung zur Verfügung stehen. Diese Klassen lassen sich wie folgt kategorisieren:

— *Fundament*
   Das Fundament umfaßt die Wurzel der ET++-Klassenhierarchie (die Klasse Object) und stellt der „ET++-Objektwelt" einige grundlegende Infrastrukturdienste zur Verfügung, so daß es auch als Erweiterung des rudimentären C++-Laufzeitsystems betrachtet werden kann.

— *Builtin-Klassen*
   Hierzu zählen Klassen, denen eine ähnliche Bedeutung zukommt wie den eingebauten Standarddatentypen in C++, z.B. int oder float. Sie sind keine Unterklassen von Object, da der hiermit verbundene Overhead einen negativen Einfluß auf die Effizienz ausüben würde. Beispiele hierfür sind die Klassen Point zur Repräsentation von Fensterkoordinaten und Rectangle zur Beschreibung von rechteckigen Koordinatenbereichen.

— *Allgemeine Basisklassen*
   enthalten grundlegende Datenstrukturen.

— *Grafische Basisklassen*
   enthalten die typischen Komponenten von Benutzungsoberflächen-Bibliotheken, wie z.B. Buttons, Menüs oder Scrollbars. Sie bilden insgesamt einen Teilbaum der Gesamthierarchie, an dessen Wurzel sich die Klasse VObject (für *Visual Object*) befindet.

— *Application-Framework-Klassen*
   definieren das abstrakte Modell einer ET++-Applikation.

Abbildung 4.3 zeigt die Kategorien mit jeweils einigen wichtigen, im folgenden besprochenen Vertretern.

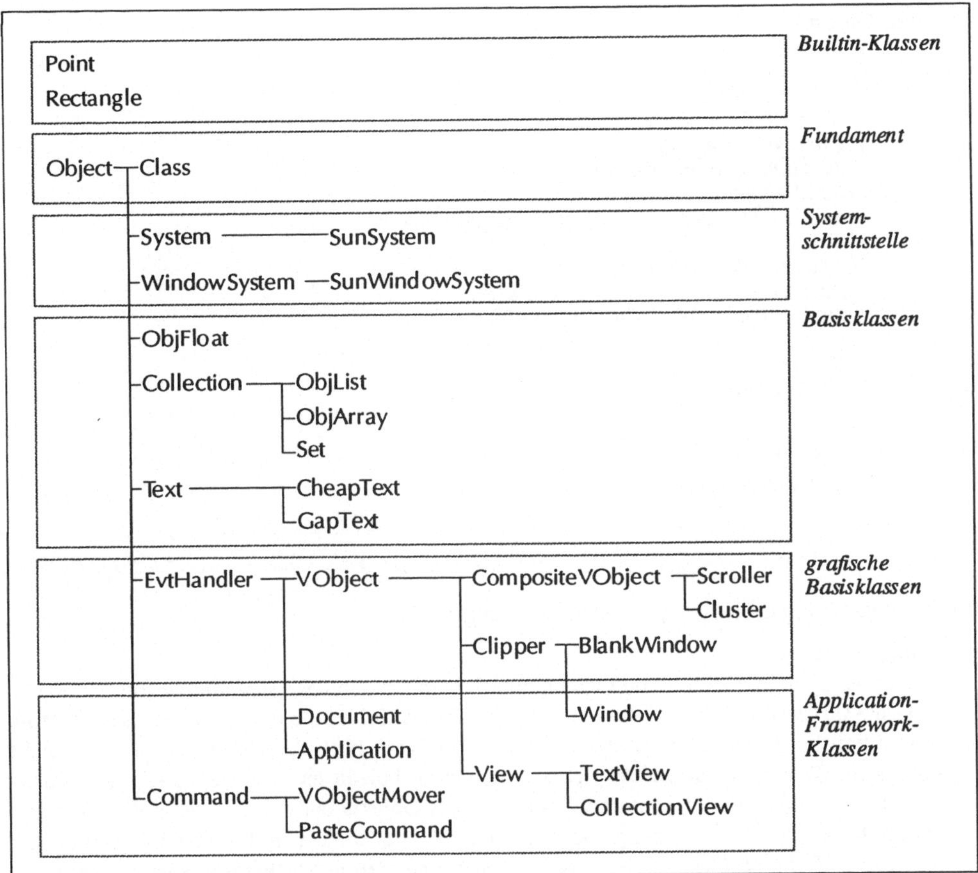

Abb. 4.3:   Auszug aus der ET++-Klassenhierarchie

4.2 Fundament

In den Klassen des Fundaments von ET++ werden einige für das Gesamtsystem wichtige Konventionen und Mechanismen als abstrakte Protokolle definiert. In der Terminologie des X-Toolkits könnten diese Klassen auch *ET++-Intrinsics* genannt werden.

Die wichtigste Klasse ist Objekt, die die Wurzel der ET++-Klassenhierarchie bildet und damit das allgemeine Verhalten aller von ihr abgeleiteten Klassen bestimmt:

```
class Object {
    // ...
public:
    // ...

    // Change Propagation
    void AddObserver(Object *o);
    void Changed();
    virtual void DoObserve(Object *changedObject);

    // Aktivierung/Passivierung
    virtual ostream& StoreOn(ostream &os);
    virtual istream& ReadFrom(istream &is);

    // Kopieren
    Object *DeepCopy();

    // dynamische Typenprüfung
    virtual Class *IsA();
    bool IsKindOf(Class*);

    // ...
};
```

Die wichtigsten von Object angebotenen Mechanismen:

- *Change Propagation*

  erlaubt die Synchronisation von Objekten nach dem Prinzip der *Dependencies* in Smalltalk-80 [Gol83] oder der *Active-Values* [Ste86] in Lisp und bildet die Grundlage für das in ET++ in bestimmten Bereichen verwendete MVC-Paradigma (vgl. Abschnitt 3.1). Jedes Objekt kann sich als von einem anderen Objekt abhängig bei diesem registrieren lassen (AddObserver). Ändert sich der interne Zustand dieses Objekts und wird diese Änderung durch die Methode Changed angezeigt, so werden automatisch alle von ihm abhängigen Objekte durch Aufruf von DoObserve informiert. Wichtig an diesem Mechanismus ist die Tatsache, daß das so „beobachtete" Objekt seine „Beobachter" nicht explizit kennt und somit unabhängig von diesen ist.

- *Aktivierung/Passivierung*

  erlaubt das Abspeichern und Einlesen von beliebig komplexen Objekten vom Hauptspeicher auf ein externes Medium und umgekehrt. Hierzu müssen die zwei abstrakten Methoden StoreOn bzw. ReadFrom in Unterklassen so überschrieben werden, daß sie die Komponenten des Objekts in eine ASCII-basierte lineare Darstellung umwandeln bzw. umgekehrt aus dieser Darstellung wieder die Komponenten eines Objekts rekonstruieren. Die Mächtigkeit dieses Prinzip beruht auf der durch ET++ automatisch gewährleisteten korrekten Behandlung von – auch zirkulären – Zeigern auf andere Objekte.

  Neben einer Speicherung von Objekten in einer Datei lassen sich mit dem beschriebenen Mechanismus auch exakte Duplikate (*deep copy*) von Objektstrukturen herstellen (Methode DeepCopy). Dazu wird das Objekt mit StoreOn zunächst in einen Speicherbereich geschrieben und anschließend mit ReadFrom wieder als exakte Objektkopie rekonstruiert.

  Wie in Kapitel 5.10 noch gezeigt werden wird, bildet die Aktivierung/Passivierung auch die technische Grundlage der Clipboard-Verwaltung.

– *dynamische Typenprüfung*
Da in C++ die Typenprüfung statisch zur Übersetzungszeit vorgenommen wird, kann zur
Laufzeit nicht festgestellt werden, zu welcher Klasse ein Objekt gehört. Die Klasse Objekt
definiert deshalb zwei Methoden (IsA und IsKindOf), mit der Typinformationen auch während der Laufzeit zur Verfügung stehen.

Die sowohl für die Aktivierung/Passivierung als auch für die dynamische Typenprüfung benötigten *Meta-Informationen* werden von ET++ automatisch für jede Klasse zur Laufzeit in Exem-
plaren der Klasse Class gespeichert und vom ClassManager verwaltet. Unter anderem enthält ein
Exemplar von Class folgende Information über die assoziierte Klasse:

– Name und Größe der Klasse

– Basisklasse

– ein sog. Prototyp-Objekt der Klasse, aus dem durch Kopieren neue Exemplare der Klasse
  gewonnen werden können

– Dateiname und Zeilennummer des Quellcodes der Klasse.

Die Quellcodeinformation wird im wesentlichen von den Werkzeugen der Programmierumgebung (vgl. Abschnitt 5.8.3) verwendet.

4.3 Systemschnittstelle

Die *Systemschnittstelle* definiert alle von ET++ und den aufbauenden Applikationen benötigten
Betriebs- und Fenstersystemdienste als abstrakte Klassen, zu denen in Unterklassen die Anpassung an ein konkretes Betriebs- oder Fenstersystem erfolgt. Da ET++ immer nur auf den abstrakten Klassen operiert, ist es vollkommen unabhängig von einer bestimmten Systemumgebung. Da
außerdem für die Kopplung der abstrakten Schnittstelle an eine konkrete Realisierung das Konzept der dynamischen Bindung verwendet wird, kann sich eine Applikation zur Laufzeit dynamisch konfigurieren, d.h. sich z.B. an ein bestimmtes Fenstersystem anpassen.

Die gesamte Systemschnittstelle ist weitgehend unabhängig von den anderen Komponenten des
ET++-Systems und könnte deshalb auch zur Realisierung anderer Toolkits verwendet werden.

Für den Bereich des Betriebssystems existieren u.a. folgende abstrakte Klassen:

– System
  Die Klasse System bildet den Einstiegspunkt in die Systemschnittstelle. Sie definiert zum
  einen einfache Betriebssystemfunktionen (z.B. GetTime, GetDate) und erlaubt zum anderen
  die Erzeugung von Objekten, die selbst wieder komplexe Betriebssystemabstraktionen (z.B.
  Directory, SysEvtHandler) repräsentieren. Eine wichtige Aufgabe von System ist die Definition der zentralen Ereignisschleife.

– Directory
  ist eine Abstraktion für ein Verzeichnis (*directory*) in einem hierarchischen Dateisystem. Mit
  einem Iterator können die Einträge (Dateien oder Unterverzeichnisse) aufgezählt werden.

– SysEvtHandler
  repräsentieren einen Kontext für Systemereignisse, wie z.B. Softwareunterbrechungen, lese-
  oder schreibbereite Dateideskriptoren oder abgelaufene Intervallzeitgeber.

Fenstersystemdienste werden u.a. durch folgende Abstraktionen modelliert:

– Port
  Die zentrale Klasse Port repräsentiert ein abstraktes grafisches Ausgabemedium und definiert
  hierauf alle grafischen Ausgabeoperationen. Port entspricht somit im wesentlichen einem
  sog. *Virtual-Device-Interface*. Die direkten Unterklassen PrintPort und WindowPort erweitern das Protokoll von Port um drucker- bzw. fensterspezifische Funktionalität. In ihren
  Unterklassen erfolgt die Anpassung an konkrete Drucker bzw. Fenster eines konkreten Fenstersystems.

– WindowSystem
  Das WindowSystem bildet den Einstiegspunkt für alle fenstersystemrelevanten Systemdienste. Die meisten Methoden erzeugen Objekte, die Fenstersystemressourcen, wie z.B. Fenster oder Bit-Maps repräsentieren.

4.4 Nichtgrafische Grundbausteine

Die Gruppe der nichtgrafischen Grundbausteine enthält wichtige Datenstrukturen, die fast in
jeder grafischen Applikation Anwendung finden.

4.4.1 Container-Klassen

Die sog. *Container-Klassen* von ET++ umfassen analog zu den Smalltalk-Collection-Classes
[Gol83] aggregierte Datenstrukturen, wie z.B. Listen (ObjList), Mengen (Set), Felder (ObjArray)
und assoziative Tabellen (Dictionary). Jede Container-Klasse kann von Object abgeleitete
Objekte aufnehmen. Hierzu werden bereits auf Stufe Object die dynamisch gebundenen Methoden

```
bool IsEqual(Object*);   // testet auf Gleichheit
int Compare(Object*);    // definiert Sortierkriterium
int Hash();              // berechnet Hash-Wert
```

eingeführt. Abb. 4.4 gibt einen Überblick über die ET++-Container-Klassen.

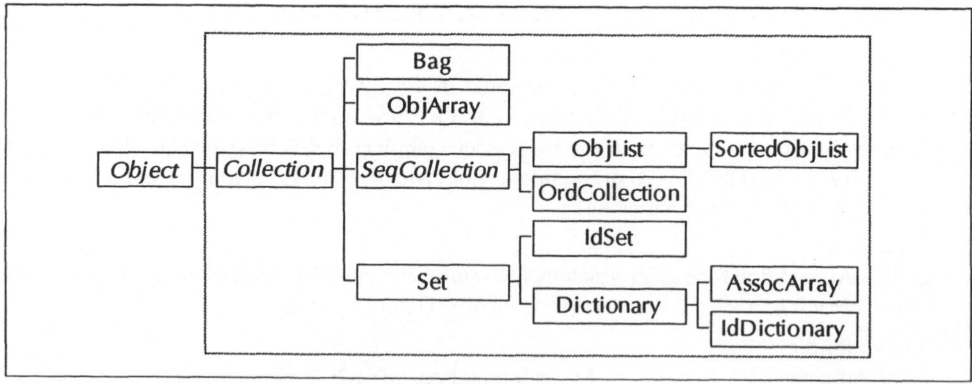

Abb. 4.4:   Hierarchie der Container-Klassen

Da Container-Klassen nur Zeiger vom Typ Object verwalten, verlieren einmal eingefügte Unterklassen von Object bei einem späteren Zugriff ihre statische Typinformation. Ist a priori bekannt, welche Objekttypen sich in einer Container-Klasse befinden, so kann der ursprüngliche Typ durch eine „unsichere" Typkonversion (*cast*) wiederhergestellt werden:

```
Object *OrdCollection::First();        // liefert erstes Element als Object*
//...
OrdCollection *list= new OrdCollection;
Set *s= new Set;
list->Add(s);                          // Einfügen eines Sets
//...
s= (Set*) list->First();               // unsicherer Cast
```

Ist der Typ dagegen nicht bekannt, so muß er entweder durch die IsKindOf-Methode in Erfahrung gebracht werden oder es kann durch einen sog. *Guard* eine „sichere" Typkonversion durchgeführt werden:

```
s= Guard(Set, list->First());          // sicherer Cast
```

Beide Methoden basieren auf der in Abschnitt 4.2 eingeführten Meta-Information.

Für die wichtige Operation des Aufzählens aller in einer Container-Klasse enthaltenen Objekte wird nicht eine spezielle Kontrollstruktur wie z.B. in CLU [Lis86] verwendet, sondern das Protokoll der abstrakten Klasse Iterator benutzt. In Unterklassen von Iterator wird jeder Container-Klasse eine datenstrukturspezifische Implementierung zugeordnet, die durch die dynamisch gebundene Methode MakeIterator Klienten zur Verfügung gestellt wird. Auf diese Weise kann über die in einer beliebigen Container-Klasse enthaltenen Objekte auf identische Weise, d.h. generisch iteriert werden, ohne daß ihre interne Implementierung bekannt sein muß. Die Trennung von Datenstruktur und Iterator erlaubt außerdem, daß auf einem Container gleichzeitig mehrere Iteratoren aktiv sein können.

Zur vereinfachten Benutzung dieses Konzepts definiert ET++ zwei syntaktische Hilfskonstruktionen. Beim sog. „aktiven Iterator" muß der Klient selbst eine geeignete Kontrollstruktur aufbauen und das Abbruchkriterium festlegen. Die für jedes Objekt durchzuführende Aktion kann vollkommen frei programmiert werden:

```
Collection *col= new beliebige Collection;
Iter next(col);
Object *op;

while (op= next())
        op->PrintOn(s);
```

Beim „passiven Iterator" wird als Parameter einer generischen ForEach-Methode der Container-Klasse eine Methode angegeben, die für jedes enthaltene Objekt ausgeführt wird:

```
Collection *col= new beliebige Collection;

col->ForEach(Object,PrintOn)(s);
```

Im Gegensatz zu anderen Klassenbibliotheken sind ET++-Container-Klassen und Iteratoren „robust" gegenüber Löschungen. D.h. werden während einer Iteration Elemente aus dem Container gelöscht, so wird der Zustand des Iterators konsistent gehalten und dadurch die Iteration nicht korrumpiert.

4.4.2 Textklassen

Da in ET++ aus Effizienz- und Speicherplatzgründen einzelne Zeichen nicht als Objekte betrachtet werden, können Container-Klassen nicht zur Realisierung von Zeichenketten verwendet werden. Stattdessen implementiert die Hierarchie der Textklassen (vgl. Abb. 4.5) unterschiedlich mächtige Abstraktionen für dynamische Zeichenketten. Die abstrakte Klasse Text bildet die Wurzel dieser Unterhierarchie und definiert ein Protokoll zur Textmanipulation. Mit *Textiteratoren* kann implementierungsunabhängig über einzelne Zeichen, Wörter oder ganze Abschnitte iteriert werden.

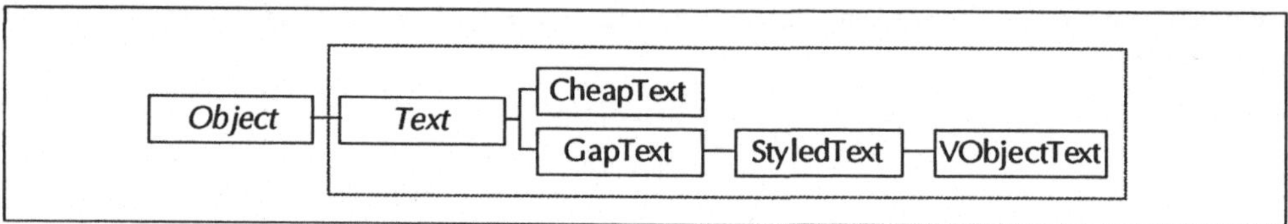

Abb. 4.5:   Hierarchie der Textklassen

Die Klasse CheapText verwaltet die Zeichen über ein dynamisch wachsendes Array. Einfügungen und Löschungen werden durch Verschieben (Kopieren) realisiert. Durch den Verzicht auf zusätzliche Hilfsdatenstrukturen ist ein CheapText zwar speichereffizient, sollte aber wegen der begrenzten Effizienz der Editieroperationen nur für kleine Texte, z.B. editierbare Textfelder verwendet werden.

Beim GapText [Han87] wird die Zahl von Kopieroperationen reduziert, indem im Bereich der aktuellen Editierposition ein freier Bereich geschaffen wird (Lücke, *gap*). Eine Veränderung der Editierposition bewirkt eine Verschiebung der Lücke. Bedingt durch die typische Lokalität von Editieroperationen (*locality of reference*) muß die Lücke im Vergleich zum Array des Cheap-Texts weniger häufig verschoben werden.

In der Unterklasse StyledText werden parallel zur Textdatenstruktur des GapTextes beliebige Stilattribute in einem RunArray verwaltet.

Der VObjectText erweitert den StyledText um die Möglichkeit, beliebige grafische Objekte (VObjects) in den Text einfügen zu können. Diese verhalten sich wie „normale" Zeichen, werden also z.B. bei Editieroperationen automatisch umbrochen.

4.5 Grafisches Modell

Das grafische Modell von ET++ ist weitgehend geräteunabhängig und kennt weder *BitBlT* noch *RasterOps*. Es basiert auf dem Stencil/Paint-Modell (vgl. Abschnitt 2.4.3) und realisiert eine Untermenge der Funktionalität von PostScript.

4.5.1 Grafische Ausgabeoperationen

Für die folgenden geometrischen Formen (*Stencils*) werden grafische Ausgabeoperationen von
der Klasse Port der Fenstersystemschnittstelle zur Verfügung gestellt:

- Linien
- Rechtecke
- Rechtecke mit abgerundeten Ecken (der Radius der Ecken ist frei wählbar)
- Ovale
- Ovalbögen bzw. Ovalsegmente (*wedges*)
- Polygone (auch als *Bézier-Kurven* darstellbar)
- Zeichen und Zeichenketten
- Bit-Maps
- Pictures

Grafikoperationen werden auf ein aktuelles Port angewendet, dessen Verwaltung ausschließlich
ET++ obliegt.

Mit Ausnahme von Linien, Bit-Maps und Zeichen können alle Formen sowohl mit Farbe gefüllt
als auch umrandet (*stroked*) werden. Bei Linien und Umrandungen kann zusätzlich die Linien-
weite, bei offenen Formen (Linien, Polygone und Wedges) auch die Form der Enden bestimmt
werden. Abb. 4.6 zeigt die möglichen Varianten von Linienenden.

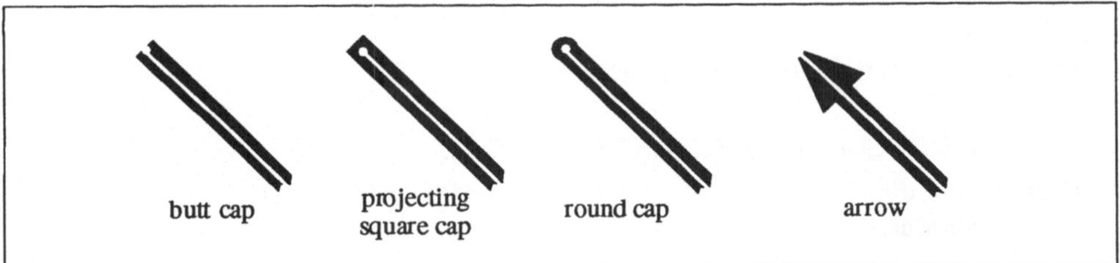

Abb. 4.6: Mögliche Linienenden

Bit-Maps existieren in zwei Spielarten: Sind die Bildpunkte ausschließlich transparent oder
schwarz, so wird das Bit-Map als Schablone aufgefaßt, durch die an den schwarzen Stellen eine
beliebige Farbe aufgetragen wird. Existieren weitere Farben im Bit-Map, so werden diese opak
auf den Untergrund aufgebracht.

Pictures repräsentieren eine kompakte Datenstruktur zur Aufnahme einer beliebigen Folge von
Grafikoperationen und realisieren damit das Konzept des aus GKS bekannten *Metafiles*. Ein
Picture wird erzeugt, indem temporär das aktuelle Port gegen ein Exemplar der Klasse Picture-
Port ausgetauscht wird. Alle während dieser Zeit ausgeführten Grafikoperationen sind nicht
sichtbar, sondern werden in einem Objekt vom Typ Picture gesammelt. Das Picture kann zu
einem späteren Zeitpunkt durch eine Grafikoperation in einem beliebigen Port dargestellt
werden. Außerdem kann das Picture durch den in 4.2 eingeführten Aktivierungs-/Passivierungs-
Mechanismus in einer Datei gespeichert oder über das Clipboard ausgetauscht werden.

4.5.2 Das Ink-Konzept

Der Begriff *Paint* des Stencil/Paint-Modelles wird in ET++ auch auf „unbunte" Farben, wie z.B. Muster oder Texturen ausgedehnt. Aus diesem Grund und da sowohl *Colour* als auch *Paint* im Deutschen in die mißverständliche Bezeichnung „*Farbe*" übersetzt werden, wird zur besseren Unterscheidung in ET++ in Anlehnung an [Yor90] der Begriff „*Ink*" verwendet.

Die Klasse InkManager der Systemschnittstelle stellt Methoden zur Verfügung, mit denen sich auf geräteunabhängige Weise spezielle *Ink-Objekte* erzeugen lassen. Diese können als Parameter für alle oben beschriebenen Grafikoperationen verwendet werden.

Im einzelnen existieren folgende Ink-Unterklassen:

– Black, White

– RGBColour
  Im RGB-Modell definierte Farbe; durch ein zusätzliches Attribut *precision* läßt sich die Exaktheit der Farbe definieren. Je höher der Wert ist, um so größere Anstrengung werden von ET++ unternommen, den gewünschten Wert zu liefern. Je geringer dieser Wert ist, desto weiter kann eine vom InkManager gelieferte Farbe von der gewünschten abweichen. In Abhängigkeit von den Möglichkeiten des verwendeten Bildschirms liefert der InkManager unter Umständen nicht das gewünschte Ink-Objekt, sondern eine geeignete Approximation. Z.B. liefert MakeColour und MakeGrey auf Monochrombildschirmen ein aufgrund des Grauwertes der Farbe approximiertes *Halbtonmuster* (*halftone pattern*).

– HSVColour
  Im *Hue-Saturation-Value-Modell* definierte Farbe.

– Grey
  Grauwert im Bereich von 0.0 (Schwarz) bis 1.0 (Weiß).

– Pattern
  Textur oder Muster

– Transparent
  liefert eine vollständig transparente, d.h. „unsichtbare" Farbe, die aus den meisten Grafikoperationen „Operationen ohne Wirkung" (*no-ops*) macht. Werden Bildpunkte eines Bit-Maps auf den von Transparent gelieferten Ink-Wert gesetzt, so sind diese transparent, d.h. verdekken darunterliegende Objekte nicht.

– Overlay
  erzeugt ein Ink-Objekt, mit dem sich z.B. für das Konzept des *Rubberbandings* ein nicht-destruktiver Farbeffekt erzielen läßt. Zweimalige Anwendung stellt also wieder den ursprünglichen Zustand her. Im allgemeinen ist die sichtbare Auswirkung nicht definiert, d.h. sie kann z.B. wenig kontrastreich sein. Garantiert wird nur, daß Schwarz in Weiß und Weiß in Schwarz überführt wird. Damit entspricht es im wesentlichen der Rasteroperation *Invert* (vgl. Abschnitt 2.4.1).

4.5.3 Fonts

Zeichensätze werden durch die Klasse Font repräsentiert und von der Klasse FontManager verwaltet. Mit den Methoden von Font können Attribute, wie z.B. Breite eines Zeichens, maximale Höhe (Tiefe) aller Zeichen und ein geeigneter Zeilenabstand festgestellt werden. Die Methode

MakeFont des FontManagers liefert für das Tripel *Familie*, *Schnitt* und *Größe* ein Exemplar vom Typ Font. Existiert ein Zeichensatz nicht im verlangten Schnitt oder in der verlangten Größe, so wird automatisch ein synthetischer Font generiert, indem die Bit-Maps eines existierenden Fonts durch BitBlT-Operationen geeignet modifiziert werden. Falls das zugrundeliegende Fenstersystem Outline-Fonts unterstützt, werden nichtexistierende Zeichensätze aus dieser Hüllkurvenbeschreibung generiert.

4.6 Interaktionselemente

Grundlage jedes Benutzungsoberflächen-Toolkits sind grafische Objekte für die Interaktion mit dem Endbenutzer, wie z.B. Knöpfe, Scrollbars oder editierbare Texte. Auch in der ET++-Klassenhierarchie bilden deshalb diese sog. Interaktionselemente ein Schwergewicht.

Betrachtet man einen aus vielen einzelnen Interaktionselementen zusammengesetzten Dialog, so wird sowohl semantisch als auch visuell eine hierarchische Strukturierung der Einzelkomponenten deutlich. Logisch zusammengehörige Elemente werden z.B. durch einen umgebenden Rahmen zu einem komplexeren Interaktionsobjekt zusammengefaßt. Dieses kann dann selbst wieder Teilkomponente einer noch höheren Gruppierung sein. Jede Gruppierung bestimmt dabei sowohl die grafische Anordnung (*layout*) als auch das interaktive Verhalten der beteiligten Teilkomponenten.

Deshalb wird ein komplexer Dialog in ET++ durch eine rekursiv verschachtelte Komposition von Interaktionselementen – einen „Baum" – beschrieben. Die Blätter dieses Baums werden dabei durch einfache Komponenten gebildet, die inneren Knoten sind Kompositionsobjekte.

Abbildung 4.7 zeigt den in diesem Buch besprochenen Ausschnitt der grafischen Klassenhierarchie.

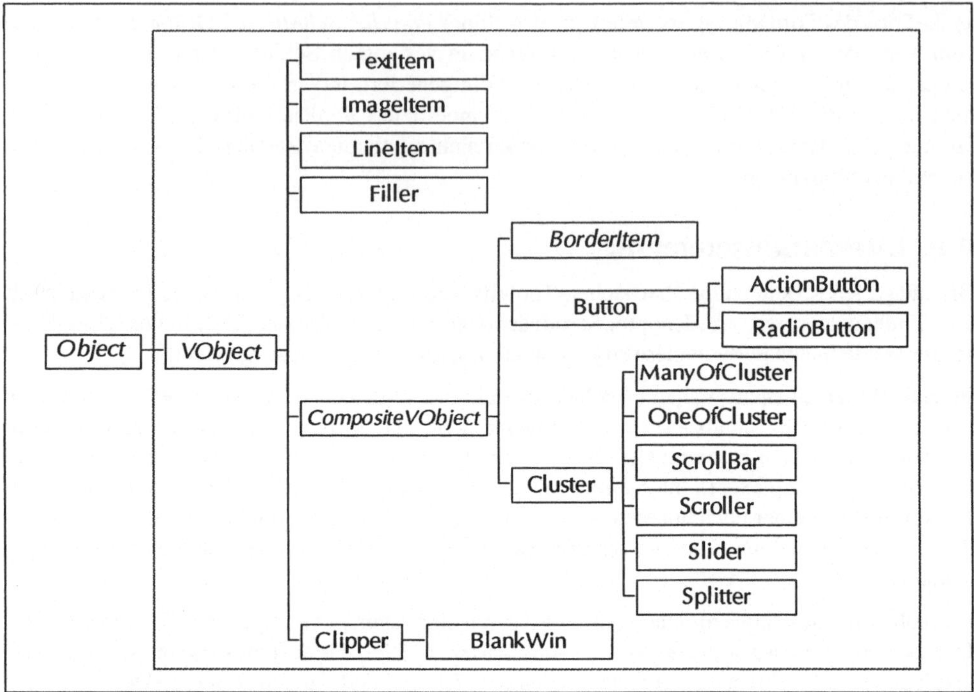

Abb. 4.7:   Hierarchie der grafischen Klassen

4.6.1 Einfache Interaktionskomponenten

Die Klasse VObject (für *visual object*) ist die abstrakte Oberklasse sowohl der einfachen als
auch der zusammengesetzten Interaktionsklassen. Ihr kommt damit eine ähnlich wichtige Aufgabe zu, wie der Klasse Objekt für die gesamte ET++-Klassenhierarchie. Genauso wie diese
definiert VObject ein abstraktes Protokoll, für das in zahlreichen Unterklassen eine konkrete
Implementierung realisiert ist.

In grober Übersicht definiert VObject die folgenden Protokolle:

– *Zeichnen*:
  Allein durch die Methode Draw wird das Aussehen eines VObjects definiert. Diese Methode
  muß typischerweise in Unterklassen überschrieben werden, um das Modell durch die geräte-
  unabhängigen grafischen Grundfunktionen darzustellen.
  Muß ein VObject neu gezeichnet werden, so darf dies nie durch den direkten Aufruf von
  Draw, sondern immer durch ein sog. *Invalidieren* des entsprechenden VObjects erfolgen.
  ET++ merkt sich alle invalidierten Objekte und ruft zu bestimmten Zeiten deren Draw-
  Methode auf.

– *Layout-Verwaltung*:
  Jedes VObject enthält in einer Objektkomponente vom Typ Rectangle sowohl seinen
  Ursprung relativ zum Port (origin) als auch seine Ausdehnung (extent). Da ein VObject kein

eigenes Koordinatensystem definiert, muß bei der Realisierung der Draw-Methode mit Grafikoperationen immer der Ursprung berücksichtigt werden. Ein weiteres Attribut von VObject bestimmt die zum Ursprung relative Höhe der sog. *Basislinie*. Dieses Attribut wird in Layout-Algorithmen benötigt, in denen VObjects Text enthalten und an einer Basislinie vertikal ausgerichtet werden müssen (vgl. Abb. 4.8).

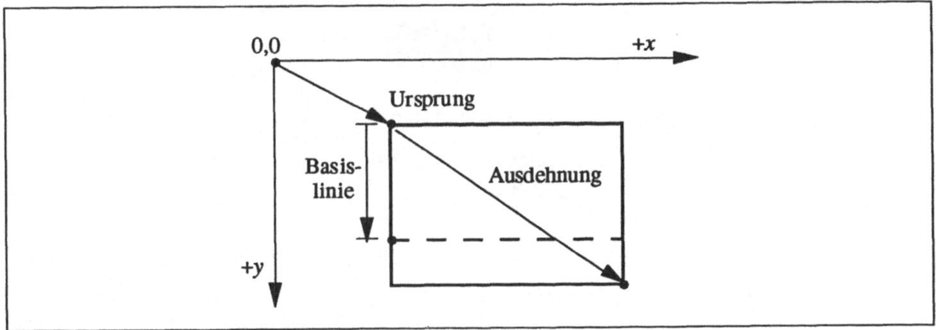

Abb. 4.8:   Metrik des VObjects

– *Eingabebehandlung*:
ET++ lenkt automatisch alle Maus- und Tastaturereignisse an dasjenige VObject, über dessen Bereich sich die Maus gerade befindet. Für die verschiedenen Ereignistypen wird jeweils eine entsprechende Methode aufgerufen (z.B. DoLeftButtonDownCommand für das Drükken der linken Maustaste oder DoKeyCommand für eine Taste der Tastatur). Soll das VObject auf ein Ereignis reagieren, so muß die zugehörige Methode geeignet überschrieben werden.

Einige Unterklassen von VObject sind:

– TextItems zur Darstellung von nichtformatierten und nicht editierbaren Zeichenketten,

– ImageItems zur Darstellung von Bit-Maps,

– LineItems zur Darstellung von Linien,

– Filler als nichtsichtbare Füllobjekte.

Im Gegensatz zu Fenstern eines Fenstersystems besitzen VObjects und dessen Unterklassen weder ein eigenes Koordinatensystem, noch begrenzen sie grafische Ausgabeoperationen auf ihr eigenes Hüllrechteck. Dies bedeutet zum einen, daß bei der Realisierung der Draw-Methode immer die aktuelle Position des VObjects mitberücksichtigt werden muß, und zum anderen nicht außerhalb des VObjects gezeichnet werden darf, da hierdurch andere Objekte überzeichnet würden.

Diesem Nachteil wird mit der Unterklasse Clipper begegnet. Clipper ist ein VObject, das einen beliebigen Ausschnitt eines anderen VObjects zeigt. Damit stellt die Klasse gewissermaßen ein „Loch" dar, durch das auf eine tieferliegende Ebene geblickt werden kann. Abbildung 4.9 illustriert diese Eigenschaft.

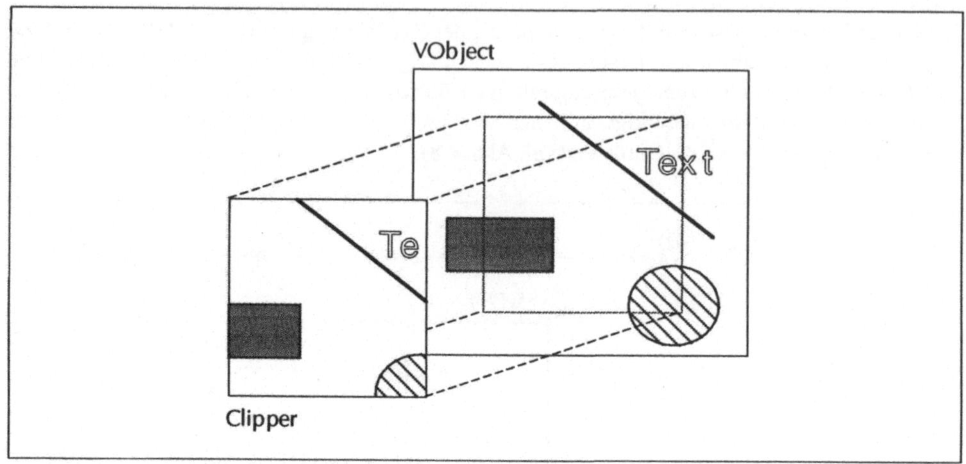

Abb. 4.9:   In einem Clipper installiertes VObject

Das betrachtete VObject besitzt ein eigenes Koordinatensystem und muß somit auf seine aktuelle Position und auf den sichtbaren Ausschnitt keine Rücksicht nehmen. Die Position des sichtbaren Ausschnitts wird durch den Clipper verwaltet; die Größe des Ausschnitts entspricht der Größe des Clippers. Durch Veränderung der Position des sichtbaren Ausschnitts wird ein *Scrolling*-Verhalten realisiert.

Es ist wichtig festzuhalten, daß der Clipper das Scrolling allein aufgrund des in VObject definierten Zeichnungsprotokolls realisiert und damit alle Unterklassen von VObject von dieser Aufgabe befreit werden.

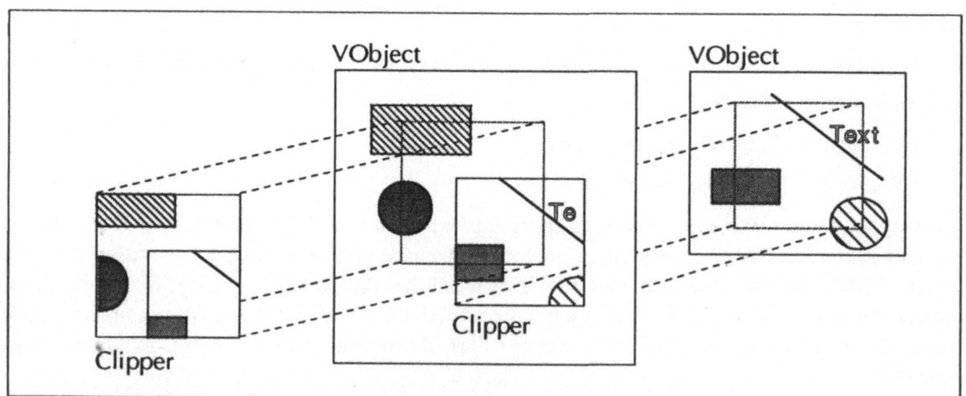

Abb. 4.10:   Rekursiv verschachtelte Clipper

Da ein Clipper als Unterklasse von VObject selbst wieder ein VObject ist, kann auch er in einem weiteren Clipper installiert werden. Somit können analog zu den Fensterhierarchien von

Abschnitt 2.3.3 rekursiv beliebig verschachtelte *Clipper-Hierarchien*[10] aufgebaut werden (Abb. 4.10). Anwendungen für dieses mächtige Konzept folgen in späteren Abschnitten.

Der Clipper an der Wurzel einer solchen Hierarchie ist gleichzeitig auch ein Stellvertreter für ein Fenster des zugrundeliegenden Fenstersystems. Da der Clipper dadurch die Anbindung der VObjects an das von der Fenstersystemschnittstelle angebotene WindowPort implementieren muß, existiert eine spezielle Unterklasse von Clipper, das BlankWindow. In ihr werden zum einen die Methoden der Layout-Verwaltung auf die Fensteroperationen des WindowPorts abgebildet, zum anderen werden vom WindowPort alle Eingabeereignisse übernommen und an die Clipper-Hierarchie verteilt.

Die Unterklasse Window erweitert das vollständig leere BlankWindow um einen Fensterrahmen und um Interaktionselemente für die typische Fenstermanager-Funktionalität (vgl. 2.5).

4.6.2 Zusammengesetzte Interaktionskomponenten

Die abstrakte Klasse CompositeVObject ermöglicht das Zusammenfassen einer beliebigen Menge von VObjects zu einem neuen VObject. Da CompositeVObject als Unterklasse von VObject zwangsläufig dessen Protokoll unterstützt, kann es an allen Stellen verwendet werden, an denen auch ein einfaches VObject erlaubt ist. Hierdurch lassen sich die bereits oben erwähnten rekursiven Strukturen erzeugen.

Die Methoden des Darstellungsprotokolls (z.B. Draw) werden von CompositeVObject durch einfaches „Weiterreichen" an die enthaltenen VObjects realisiert.

Die Layout-Methoden des CompositeVObject berechnen dessen Größe aus dem Maximum aller enthaltenen VObjects und plazieren diese so, daß ihr Ursprung mit dem des Composite-VObjects übereinstimmt. Diese wenig sinnvolle Default-Strategie stellt nur das korrekte Verhalten von CompositeVObjects sicher und muß deshalb in allen Unterklassen überschrieben werden.

Die Methoden des Eingabeprotokolls sind so überschrieben, daß Eingaben nur an dasjenige VObject geleitet werden, über dem sich die Maus gerade befindet. Konsumiert ein solches VObject keine Eingaben, so führt die Default-Implementierung aller Eingabemethoden automatisch zu einer Weiter- bzw. Rückleitung der Eingabe zu den Eingabemethoden des umgebenden CompositeVObject. Auf diese Weise erhalten alle VObjects einer Hierarchie die Chance, auf Eingaben zu reagieren.

Anhand einiger konkreter Unterklassen soll die Verwendung von CompositeVObjects veranschaulicht werden (Abb. 4.11).

– BorderItem:
   Mit Hilfe der Klasse BorderItem kann ein beliebiges VObject mit einem Rahmen und einem erläuternden Titel (wiederum ein VObject) versehen werden. Zur Realisierung dieser Unterklasse wird in der überschriebenen Draw-Methode zusätzlich der Rahmen gezeichnet und in

---

10 Der Begriff „Hierarchie" bezieht sich in diesem Fall auf den dynamisch während der Laufzeit erzeugten Baum von graphischen Elementen; er ist keinesfalls mit der statisch definierten Klassenhierarchie der entsprechenden Elemente zu verwechseln.

den Layout-Methoden die Größe und Position von Titel bzw. Inhalt gemäß Abb. 4.11 bestimmt.

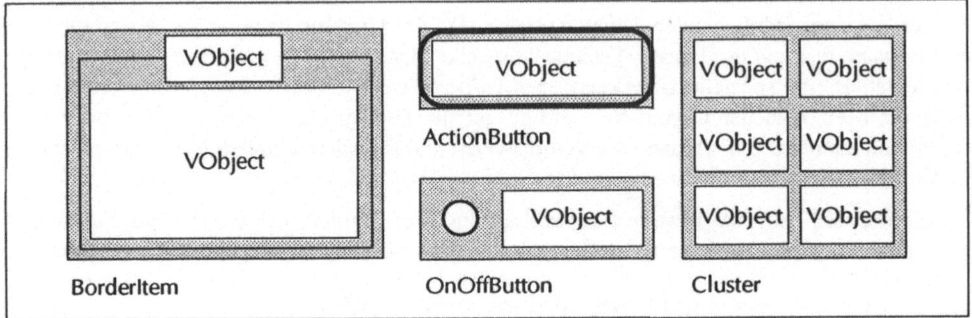

Abb. 4.11: Beispiele für Unterklassen von CompositeVObjects

– ActionButton:
   Die Klasse ActionButton stellt gewissermaßen ein „entartetes" CompositeVObject dar, da nur ein einziges VObject enthalten ist.

– Cluster:
   Mit der Unterklasse Cluster lassen sich VObjects vertikal, horizontal oder allgemein matrixartig anordnen. Außerdem kann für jedes VObject eine links- oder rechtsbündige bzw. eine zentrierte Anordnung innerhalb seiner Matrixzelle gewählt werden.

– OneOfCluster, ManyOfCluster:
   Beides sind Unterklassen von Cluster, in denen nicht die Anordnung, sondern das semantische Verhalten geändert wird. So erzwingt der OneOfCluster, daß gleichzeitig nur ein einziges Element (z.B. ein Knopf) aktiv sein kann, während beim ManyOfCluster gleichzeitig beliebig viele Elementen aktiv sein können.

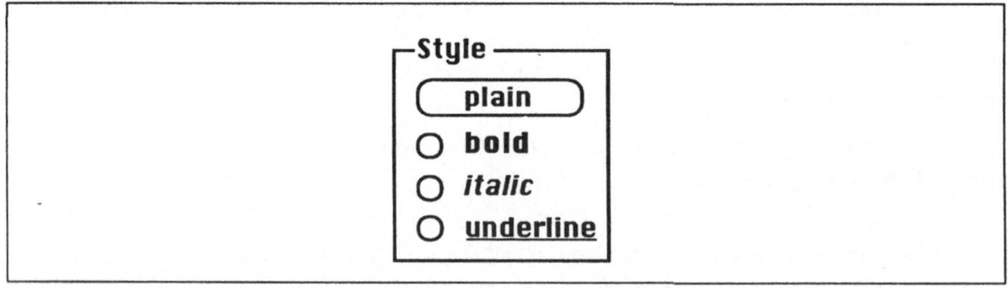

Abb. 4.12: Ein Stildialog

Aus diesen wenigen bisher vorgestellten Bausteinen können bereits anspruchsvolle Dialogkomponenten aufgebaut werden. Die folgende Anweisung realisiert z.B. den in Abb. 4.12 gezeigten Dialog zur Auswahl eines Zeichensatzschnittes:

```
    new BorderItem(new TextItem("Style")),
        new OneOfCluster(Vertical,
            new ActionButton(new TextItem("plain")),
            new ManyOfCluster(Vertical,
                new OnOffButton(new TextItem("bold")),
                new OnOffButton(new TextItem("italic")),
                new OnOffButton(new TextItem("underline")),
                0       // 0 bezeichnet das Ende einer variablen
                        // Argumentliste
            ),
            0
        )
    )
```

An dieser Stelle wird besonders deutlich, daß das Layout vollkommen deklarativ, also ohne explizites Positionieren von Einzelkomponenten definiert wird. Muß z.B. eine Zeichenkette geändert werden, so paßt sich das Layout automatisch der neuen Größe an. Dies ist z.B. dann eine wünschenswerte Eigenschaft, wenn eine Applikationen gleichzeitig verschiedene Sprachen unterstützen muß.

In einem komplexeren Beispiel wird aus den in Abschnitt 4.6.1 eingeführten Clippern und vier ScrollBars durch Komposition ein Scroller erzeugt (Abb. 4.13).

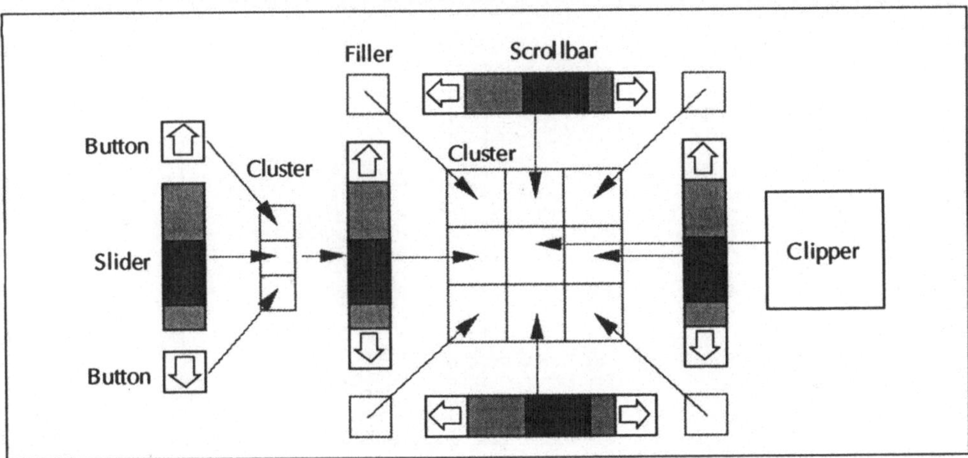

Abb. 4.13: Komposition am Beispiel der Klasse Scroller

4.6.3 Komplexe Interaktionselemente

In den bisher betrachteten Interaktionselementen wurde keine explizite Trennung von Modell, also den Datenstrukturen und ihrer Visualisierung, vorgenommen, also mit anderen Worten nicht das MVC-Paradigma (vgl. Abschnitt 3.1) angewendet.

Der Grund hierfür liegt in der geringen Komplexität der bisher betrachteten Interaktionsobjekte. Zwar läßt sich z.B. auch der Button in ein *Modell* (gedrückt/nicht gedrückt), einen *Controller* (Feedback des Drückens) und einen *View* (z.B. ein „ButtonView") zerlegen, doch nimmt hierdurch die Komplexität der oben erwähnten VObject-Hierarchien zu, da jedes Blatt dann selbst wieder aus drei Komponenten besteht.

Im Gegensatz zu MVC wird bei den in diesem Abschnitt besprochenen *komplexen Interaktions-elementen* zumindest eine Trennung von *Modell* und *View* hergestellt. Der *Controller* ist hingegen weiterhin mit dem *View* verschmolzen, da sich die Interaktion nur in seltenen Fällen von der grafischen Darstellung abkoppeln läßt.

Als Modelle werden in ET++ beliebige nichtgrafische Unterklassen von Object betrachtet, also z.B. die Container- oder Textklassen aus Abschnitt 4.4.

Die Visualisierung erfolgt über Unterklassen der Klasse View, die selbst wieder eine Unterklasse von VObject ist. View erweitert die Funktionalität von VObject um Möglichkeiten zur Darstellung und Behandlung von Menüs, zur Verwaltung einer Selektion sowie zum Drucken. Hierdurch besitzt die Klasse View im Vergleich zu VObject mehr applikatorisches Verhalten.

Außerdem kann ein View im Gegensatz zum VObject gleichzeitig in *mehreren* Clippern dargestellt werden. Alle grafischen Ausgaben werden automatisch von ET++ auf alle Clipper repliziert. Repräsentiert ein View z.B. eine sehr große Fläche, so lassen sich weit auseinanderliegende Teilbereiche direkt nebeneinander in zwei Clippern oder Scrollern darstellen (Abb. 4.14). Dieses Konzept wird in ET++ als *View-Splitting* bezeichnet.

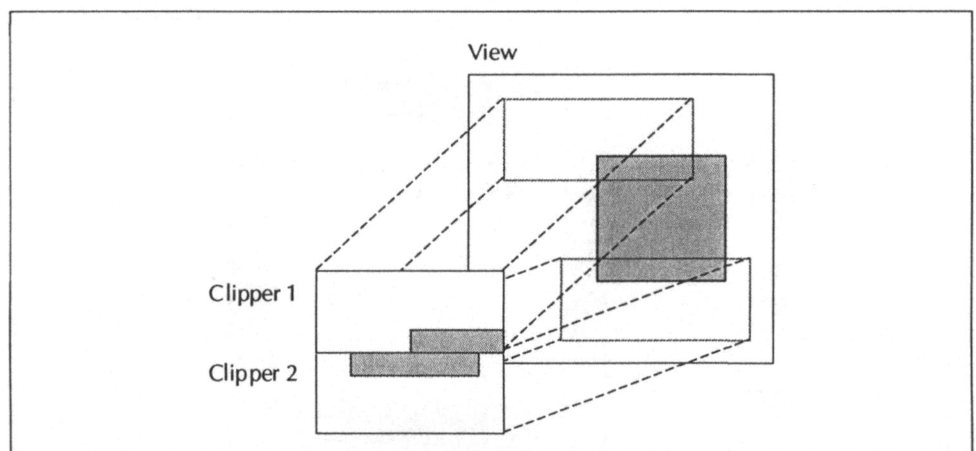

Abb. 4.14: Das Konzept des *View-Splittings*

Zur einfachen Unterstützung dieser in Applikationen häufig erforderlichen Funktion gibt es eine Variante vom Scroller, der sog. Splitter. Der Splitter kann durch eine horizontal bzw. vertikal verschiebbare Linie in maximal vier unabhängige Teilbereiche aufgeteilt werden. Jeder Teilbereich ist selbst wieder ein Scroller, erlaubt also die Verschiebung des sichtbaren Teils des Views durch Scrollbars (Abb. 4.15).

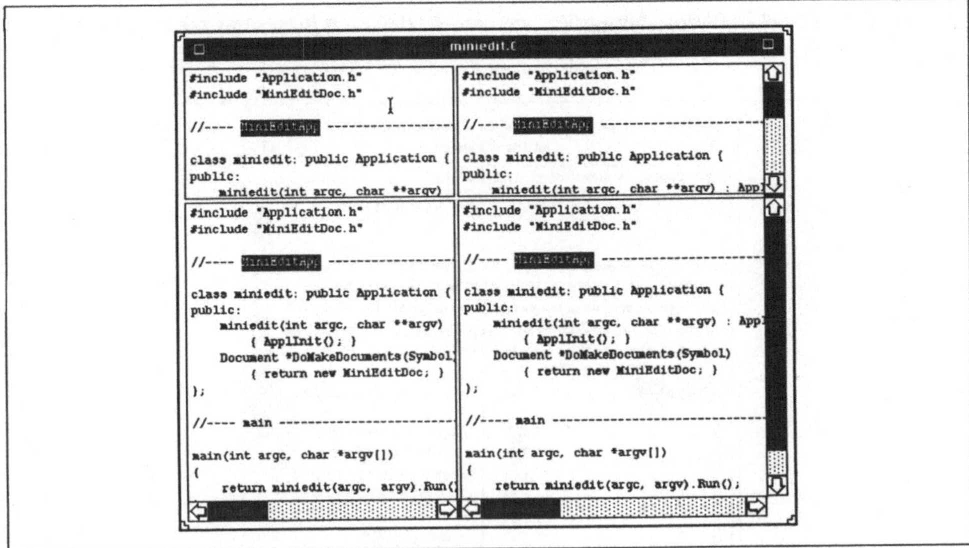

Abb. 4.15: Darstellung eines Textes im Splitter

Folgende spezialisierte Views sind bereits Bestandteile von ET++ (vgl. Abb 4.16):

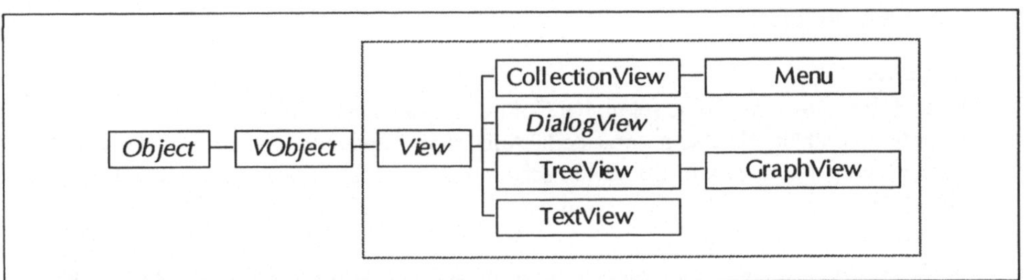

Abb. 4.16: Die Klassenhierarchie der Views

– CollectionView:
  Der CollectionView stellt eine Collection von VObjects als Tabelle dar und erlaubt die Auswahl eines bzw. einer Menge von Elementen. Mit dieser Funktionalität bildet er die geeignete Grundlage für die Realisierung von jeder Art von Menüs und Paletten.

– TextView:
  Ein TextView visualisiert eine beliebige Textklasse und realisiert die Benutzungsschnittstelle der üblichen Editierfunktionen. Die Formatierung des Textes wird an eine Unterklasse der abstrakten Klasse TextFormatter delegiert.
  Wird als Datenstruktur ein VObjectText verwendet, so können beliebige VObjects in den Text eingefügt werden, die sich wie normale Zeichen verhalten, also beim Umformatieren „mitfließen". Da TextViews selbst wieder VObjects sind, können diese zwangsläufig auch

wieder in andere TextViews integriert werden, so daß sich insgesamt rekursive Strukturen ergeben. Abb. 4.17 zeigt einen VObjectText in einer Demonstrations-Applikation.

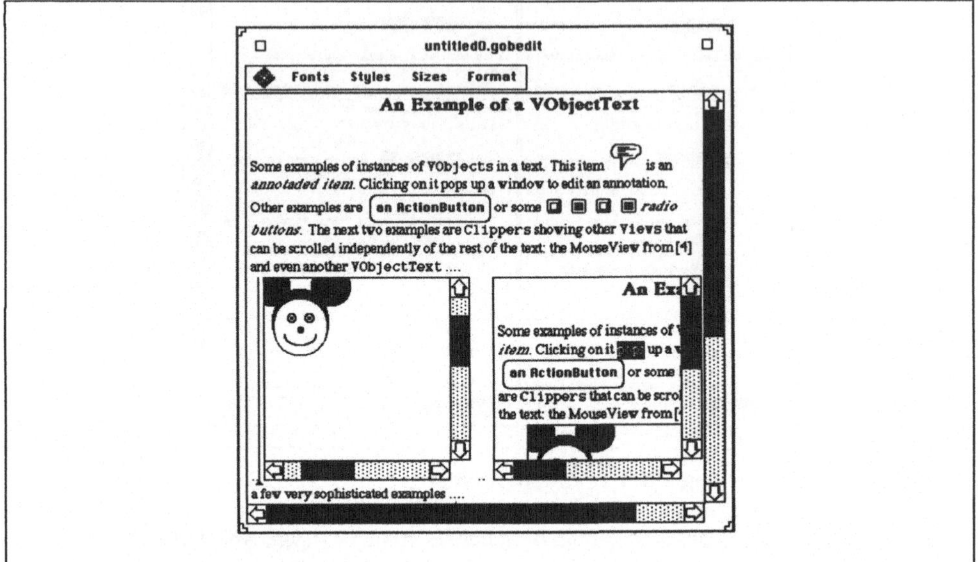

Abb. 4.17: VObjectText

– TreeView:
  Mit dem TreeView wird eine rekursive Collection (also eine Collection, die selbst wieder Collections enthält) als Baum dargestellt. Außerdem implementiert der TreeView einfache Baumeditieroperationen, wie z.B. das Löschen und Umhängen von Blättern oder Teilbäumen (Abb. 4.23).

– GraphView:
  Der GraphView ist eine Unterklasse von TreeView und erweitert diesen um die Möglichkeit der Darstellung von gerichteten azyklischen Graphen (Abb. 5.30).

– DialogView:
  Der DialogView zeigt eine Hierarchie von Interaktionselementen als umrahmten Dialog und implementiert ein bestimmtes interaktives Verhalten. Enthält die Hierarchie z.B. mehrere editierbare Texte, so stellt der DialogView sicher, daß nur einer von diesen aktiv ist, also Zeichen akzeptieren kann.

Zum Abschluß der Darstellung der Interaktionsklassen wird an einem Beispiel noch einmal das Zusammenspiel aller Einzelkomponenten illustriert. Betrachtet wird der in ET++ zum Öffnen und Abspeichern einer Datei verwendete FileDialog (Abb. 4.18).

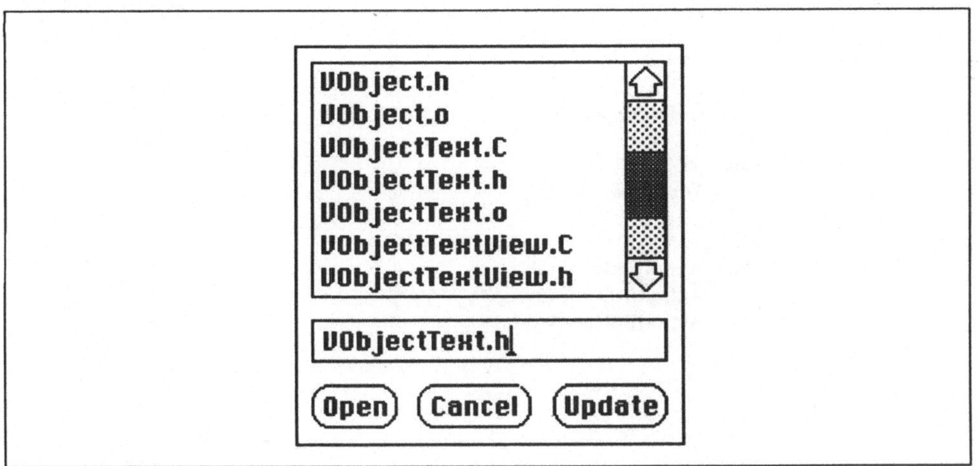

Abb. 4.18: Dateidialog

Abbildung 4.19 zeigt einen aus Objekten der zuvor beschriebenen drei Kategorien aufgebauten Dateidialog. In der folgenden zum Aufbau dieses Dialogs verwendeten Anweisung wurden zur besseren Veranschaulichung einige Parameter der Konstruktoren entfernt.

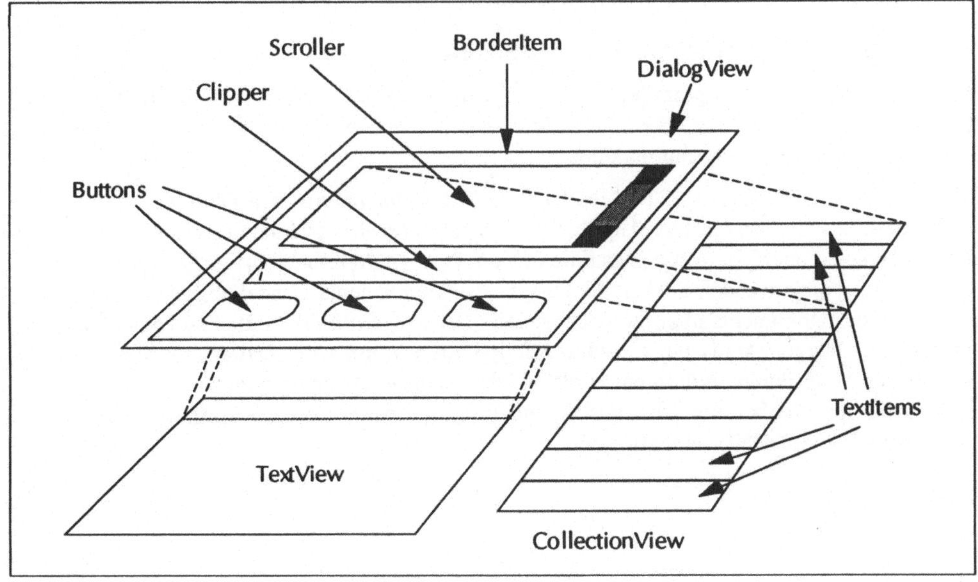

Abb. 4.19: Struktur eines komplexen Dateidialogs

```
new BorderItem(                                    ①
    new Cluster(Vertical,                          ②
        new Scroller(                              ③
            new CollectionView(...)                ④
        ),
        new Clipper(                               ⑤
            new TextView(...)                      ⑥
        ),
        new Cluster(Horizontal,                    ⑦
            new ActionButton("Ok"),                ⑧
            new ActionButton("Cancel"),            ⑧
            new ActionButton("Update"),            ⑧
            0
        ),
        0
    )
)
```

Die Grundlage bildet ein DialogView, der das interaktive Zusammenspiel aller Teilkomponenten realisiert. Innerhalb eines BorderItems ① befindet sich ein Cluster ②, der drei Unterkomponenten vertikal anordnet. Die erste Komponente besteht aus einem Scroller ③, der einen Ausschnitt aus einem dahinterliegenden CollectionView ④ (die Liste aller Dateien) zeigt. Die zweite Komponente ist ein Clipper ⑤, der eine Zeile eines TextViews ⑥ zeigt. Ein horizontaler Cluster ⑦ mit drei ActionButtons ⑧ bildet die letzte Komponente des vertikalen Clusters ②.

4.7 Application-Framework-Klassen

Im folgenden werden die grundlegenden Application-Framework-Klassen von ET++ beschrieben. Diese Klassen repräsentieren das Modell, das grafischen Applikationen, wie sie mit ET++ entwickelt werden können, zugrundeliegt.

Von zentraler Bedeutung für ET++ ist der Begriff des *Dokuments*. Ein Dokument repräsentiert die applikatorischen Daten einer Applikation. Ein geschlossenes Dokument ist üblicherweise eine Datei in einem Dateisystem. Wird es durch eine ET++-Applikation geöffnet, so wird die externe Beschreibung umgewandelt in eine interne, d.h. speicherresidente Darstellung. Außerdem werden die Daten des Dokuments über ein oder mehrere Fenster in unterschiedlichen Darstellungsarten visualisiert. Durch Menüs oder direkte Manipulation können die Daten modifiziert werden, wobei jede Modifikation mit einem *Undo*-Befehl wieder rückgängig gemacht werden kann. Mit dem Ende der Bearbeitung wird das Dokument geschlossen und die applikatorischen Daten werden wieder im Dateisystem abgelegt.

Nach Peter Deutsch wird in einem Framework „jede wichtige Komponente" durch eine abstrakte Klasse modelliert [Deu83]. Der Application-Framework-Teil von ET++ wird deshalb durch die folgenden abstrakten Klassen definiert:

- Application
  Jede Applikation wird durch genau ein Exemplar einer Unterklasse von Application repräsentiert. Dieses Objekt steuert den Gesamtablauf einer Applikation und verwaltet eine beliebige Menge von Dokumenten.
  Über die Methode Run wird im Hauptprogramm einer Applikation die Kontrolle an das Framework abgegeben, d.h. die zentrale Ereignisschleife aufgerufen. Anschließend werden in einem sog. *Applikationsfenster* Befehle zum Erzeugen von neuen bzw. Öffnen von existierenden Dokumenten angeboten.
  Da das Application-Objekt a priori nicht weiß, welche Dokumenttypen von einer Applikation behandelt werden, muß durch Überschreiben der Methode DoMakeDocuments ein Dokument vom gewünschten Typ erzeugt und an ET++ übergeben werden.

- Document
  Objekte der Klasse Document enthalten in ihren Objektkomponenten die applikationsspezifischen Datenstrukturen. Damit ein bereits existierendes Dokument von einer Datei eingelesen werden kann, muß in der Unterklasse von Document die Methode DoRead so überschrieben werden, daß aus der externen Dateidarstellung eine interne Darstellung entsteht. In DoWrite erfolgt der gleiche Vorgang in umgekehrter Richtung. Alle für das Einlesen und Abspeichern von Dokumenten benötigten Dialoge (z.B. der Dateidialog in Abb. 4.19) werden von Document automatisch verwaltet.
  Damit die Dokumentdatenstruktur auf dem Bildschirm sichtbar wird, muß durch Überschreiben von DoMakeWindows eine VObject-Hierarchie erzeugt werden. Die Wurzel dieser Hierarchie bildet üblicherweise ein Standardfenster (der Klasse Window); ein Blatt der Hierarchie entspricht einem dokumentspezifischen View. Die anderen Elemente des Baums definieren dessen Layout oder repräsentieren Interaktionselemente, wie z.B. Scroller, Splitter oder Buttons.

- View
  Falls nicht einer der in ET++ definierten Standard-Views verwendet werden kann, muß für eine konkrete Applikation eine Unterklasse von View gebildet werden, die eine grafische Darstellung des in Document enthaltenen Modells realisiert. Durch Überschreiben der Ereignismethoden wird außerdem das interaktive Verhalten des Views definiert. Im Unterschied zu den bereits bei VObject (4.6.1) eingeführten Methoden DoLeftButtonDownCommand, DoKeyCommand usf. wird hier aber nicht die entsprechende Aktion direkt auf den Datenstrukturen des Dokuments ausgeführt, sondern stattdessen ein sog. CommandObjekt (s.u.) erzeugt und dem Dokument übergeben.

- Command:
  Die Klasse Command ist eine Abstraktion für „Undo-fähige" Befehle und wurde zum ersten Mal von Henry Lieberman im EzWin-System vorgestellt [Lie85]. Für jede Aktion, die auf den Datenstrukturen eines Dokuments ausgeführt werden soll, wird eine Unterklasse von Command gebildet und hierbei werden die Methoden DoIt, UndoIt und RedoIt und Commit überschrieben. DoIt muß hierbei den entsprechenden Befehl ausführen, UndoIt ihn wieder zurücknehmen und RedoIt ihn erneut ausführen. In zusätzlichen Komponenten des

Command-Objekts können für das Undo erforderliche Hilfsinformationen gespeichert werden.

Command-Objekte werden typischerweise für Benutzeraktionen erzeugt und an das Dokument übergeben. Dieses führt zunächst die DoIt-Methode des Command-Objektes aus. Wählt der Endbenutzer anschließend im Menü den Undo-Befehl, so wird automatisch die UndoIt-Methode des letzten Command-Objektes aufgerufen. Trifft ein neues Command-Objekt beim Dokument ein, so wird auf dem alten ein Commit ausgeführt und das Objekt anschließend vernichtet.[11]

Der bisher beschriebene Mechanismus ist im wesentlichen für Befehle geeignet, die aus einem Menü ausgewählt oder über die Tastatur eingegeben wurden. Zur Unterstützung des Konzepts der direkten Manipulation definiert Command zusätzlich ein Framework zur Manipulation von grafischen Objekten mit der Maus. Durch das Überschreiben von drei Methoden kann die sog. *Dragging*-Operation – also das Anklicken eines Objekts, gefolgt von einer Mausverschiebung und anschließendem Loslassen des Mausknopfes – implementiert werden. Eine Methode TrackMouse wird von ET++ für jede der drei Phasen aufgerufen. Die visuelle Rückkopplung der Mausverschiebung kann durch Überschreiben der Methode TrackFeedback realisiert werden. Durch die letzte Methode TrackConstrain können die von der Maus gelieferten Koordinaten so angepaßt werden, daß z.B. ein Objekt nur auf diskreten Punkten eines Gitters verschoben werden kann.

Hinter den Kulissen dieses sehr einfachen Protokolls realisiert ET++ automatisch z.B. das Konzept des *Auto-Scrollings*, d.h. es wird automatisch der sichtbare Bereich eines Views verschoben, wenn die Maus den Rand des zugehörigen Clippers erreicht bzw. überschreitet.

Abbildung 4.20 zeigt die gegenseitigen Beziehungen der wichtigsten Objekte einer konkreten Applikation. Die verbindenden Linien sind hierbei als gegenseitige Referenzen in Objektkomponenten abgelegt und werden ausschließlich durch ET++ verwaltet.

---

[11]   Die Beschränkung auf ein einstufiges Undo wurde in einer neueren Version von ET++ durch Einführung einer Klasse CmdHistDocument aufgehoben. Wird nun statt von Document eine Unterklasse von CmdHistDocument gebildet, so besitzt die Applikation ohne weitere Modifikation automatisch ein *mehrstufiges Undo*.

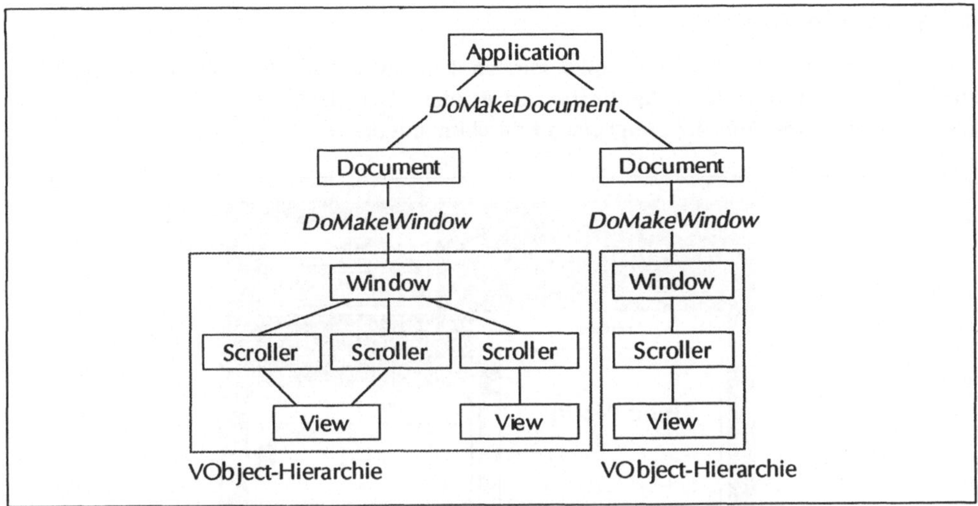

Abb. 4.20: Beziehung der Application-Framework-Klassen

Angenommen wird hier, daß in einer Applikation zwei Dokumente geöffnet sind. Eines der Dokumente zeigt seine Datenstrukturen über zwei Views, die in drei Teilfenstern (Scroller) eines Fensters sichtbar sind. Das andere Dokument besitzt nur einen View, der über einen Scroller in einem Fenster gezeigt wird.

Nicht enthalten sind in dieser statischen Abbildung die transienten Command-Objekte. Sie werden üblicherweise von den Event-Handler-Methoden der Views erzeugt und entlang der Event-Handler-Kette zum entsprechenden Dokument weitergereicht, das sie dann auf seine Daten anwendet.

4.7.1 „Hello World"

Die bisher vorgestellten Konzepte sollen kurz an dem bekannten „Hello World"-Beispiel illustriert werden. „Sinn" dieser Applikation ist es, den Text „Hello World" in einem Fenster erscheinen zu lassen. Abb. 4.21 zeigt einen Bildschirm mit der ET++ „Hello World"-Applikation

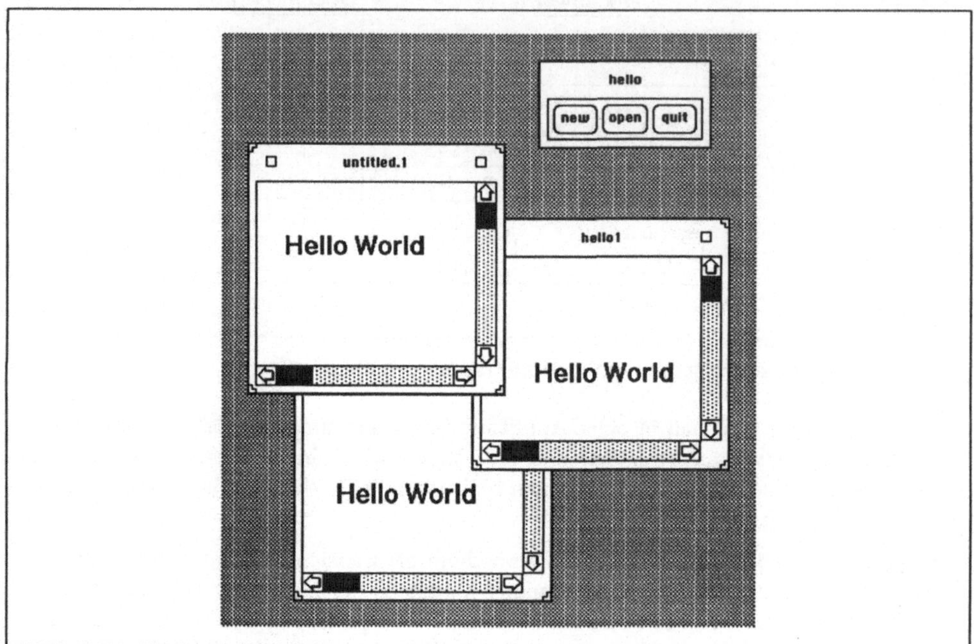

Abb. 4.21: Screendump von „Hello World"

Die Implementierung besteht aus folgenden Klassen:

```
class HelloView: public View {
      TextItem *hello;
public:
      HelloView(Document *dp, Rectangle itsExtent, char *text) : (dp, itsExtent)
           { hello= new TextItem(text, Point(50)); }                        ⑥
      ~HelloView()
           { delete hello; }
      void Draw(Rectangle r)
           { hello->DrawAll(r); }                                           ⑦
      Command *DoLeftButtonDownCommand(Point lp, Token t, int cl)
           { if (hello->ContainsPoint(lp))
                return new MoveCommand(this);                               ⑧
             return View::DoLeftButtonDownCommand(lp, t, cl)               ⑨
           }
};
```

```
class HelloDocument : public Document {
        HelloView *view;
        char *text;
public:
        HelloDocument();
                { text= "hello world";                                       ③
                   view= new HelloView(this, Point(1000), text); }           ④
        ~HelloDocument();
                { delete view; }
        Window *DoMakeWindows()
                { return new Window(this, 250, new Scroller(view)); }        ⑤
};


class Hello: public Application {
public:
        Hello(int argc, char **argv) : (argc, argv)
                { }
        Document *DoMakeDocuments(char *)
                { return new HelloDocument; }                                ②
};


main(int argc, char *argv[])
{
        Hello(argc, argv).Run();                                            ①
}
```

In der vom C++-Laufzeitsystem aufgerufenen Prozedur main wird ein anonymes Exemplar der Klasse Hello erzeugt und anschließend durch Aufruf der Methode Run ① die Kontrolle an ET++ abgegeben, d.h. die zentrale Ereignisschleife betreten.

Die Klasse Hello überschreibt als Unterklasse von Application nur die Methode DoMakeDocuments ②, um ein für diese Applikation spezialisiertes HelloDocument an ET++ zu übergeben. Diese Methode wird immer dann aufgerufen, wenn ein neues, d.h. leeres Dokument erzeugt oder ein existierendes geöffnet werden soll.

In der Klasse HelloDocument wird im Konstruktor die für die Applikation relevante Datenstruktur (char *text) erzeugt ③ und an den ebenfalls dort erzeugten HelloView übergeben ④. In der überschriebenen Methode DoMakeWindows wird bestimmt, in welcher Weise der HelloView auf dem Bildschirm dargestellt wird ⑤. In diesem Fall wird ein Standardfenster (Window) der Größe 250*250 verwendet, in das ein scrollbares Unterfenster (Scroller) installiert wird. Dieses Unterfenster wird mit dem zuvor erzeugten HelloView initialisiert.

In der Klasse HelloView erfolgt die Visualisierung der vom HelloDocument verwalteten Datenstruktur durch Verwendung eines Exemplars der Klasse TextItem, die im Konstruktor von HelloView erzeugt wird ⑥. Die Methode Draw wurde überschrieben, um die Aufforderung zur Darstellung des Views an das TextItem weiterzuleiten ⑦.

In der überschriebenen Methode DoLeftButtonDownCommand wird zunächst geprüft, ob mit der linken Maustaste auf das TextItem text geklickt wurde ⑧. Ist dies der Fall, so wird ein Exemplar der Command-Unterklasse MoveCommand erzeugt und an ET++ übergeben ⑨. Wurde auf eine andere Stelle im View geklickt, so wird die überschriebene Default-Implementierung der Klasse View aufgerufen und damit der Klick ignoriert.

Obwohl ET++ bereits standardmäßig eine Klasse zum widerrufbaren Verschieben von VObjects anbietet, illustriert die folgende Klasse deren einfache Implementierung:

```
class MoveCommand: public Command {
        VObject *shape;
        Point delta;
public:
        MoveCommand(VObject *s) : ("move")
                { shape= s; delta= 0; }
        void TrackFeedback(Point, Point, bool)
                { shape->Outline(delta); }
        void TrackMouse(TrackPhase, Point ap, Point np)
                { delta= np-ap; }
        void DoIt()
                { shape->Move(delta); }
        void UndoIt()
                { shape->Move(-delta); }
};
```

4.8 Programmierumgebung

Die ET++-Programmierumgebung enthält Werkzeuge, die vergleichbar mit denen des Smalltalk-Systems [Gol84] sind und mit denen sowohl Datenstrukturen (Abb. 4.22) als auch der Ereignis-fluß (Abb. 4.23) einer laufenden Applikation untersucht und grafisch dargestellt werden können. Dies hilft dem Applikationsentwickler nicht nur bei der Fehlersuche, sondern fördert auch sein grundsätzliches Verständnis für den nicht immer offensichtlichen Kontroll- und Datenfluß des Application-Frameworks ET++.

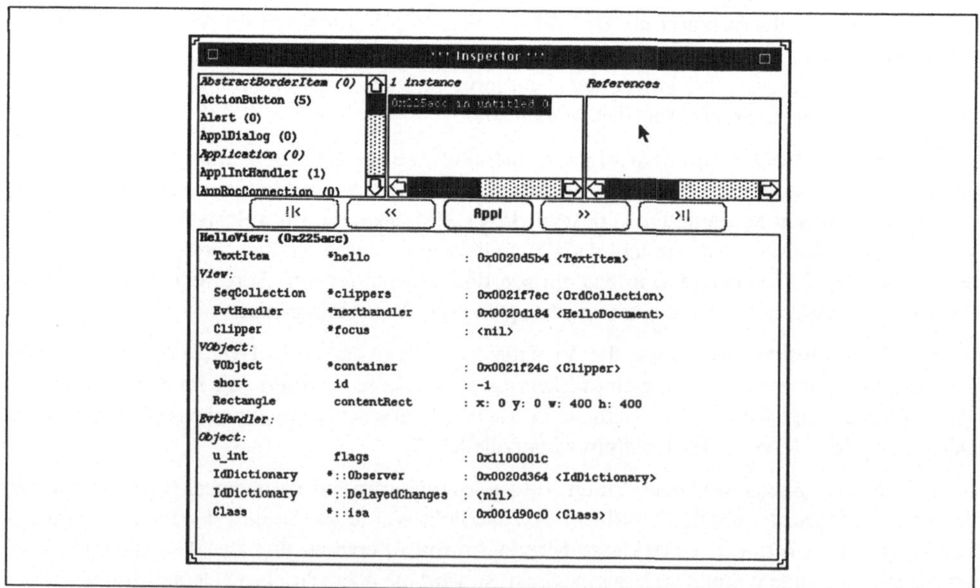

Abb. 4.22: Der ET++-Inspector

Damit besitzt die *ET++-Programmierumgebung* auch für die Thematik dieses Buches eine Bedeutung, da bestimmte fenstersystemrelevante Aspekte (z.B. der Ereignisfluß) verfolgt und anschaulich dargestellt werden können. Dies ist eine Eigenschaft, die sonst nur in interpretativen Systemen (z.B. Lisp oder Smalltalk) vorhanden ist. Für eine weitergehende Darstellung der ET++-Programmierumgebung sei auf [Gam89] und [Gam91] verwiesen.

Abbildung 4.23 zeigt die dynamische Exemplarhierarchie der *Hello-World*-Applikation aus Abschnitt 4.7.1. Deutlich erkennbar sind die Application-Framework-Klassen Hello und Hello-Document am linken Ende der Hierarchie. Beginnend mit einem Exemplar der Klasse Window zeigt sich nach rechts eine VObject-Hierarchie. Am äußersten rechten Rand befindet sich das TextItem „*Hello World*" als Komponente eines HelloViews.

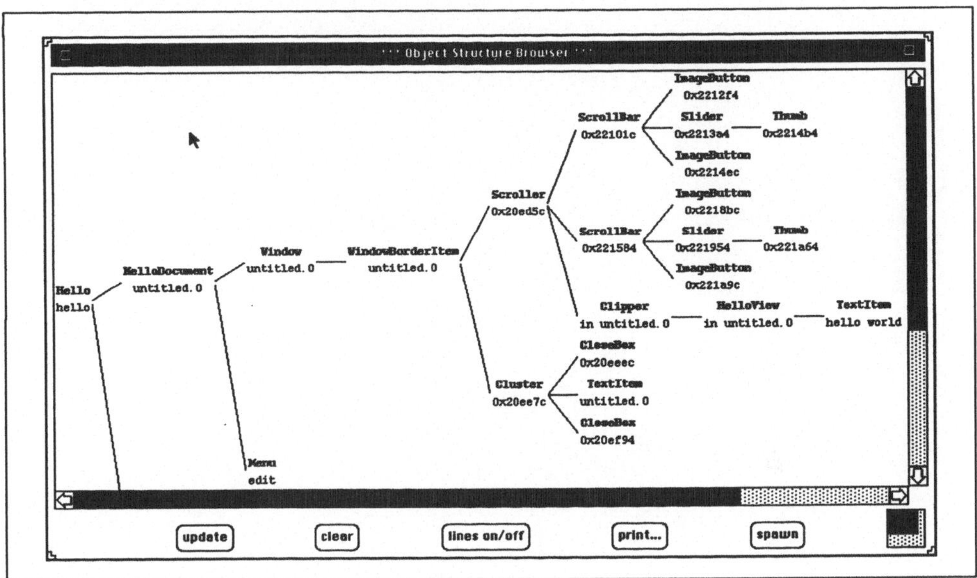

Abb. 4.23: Der ET++-Struktur-Browser

5 Entwurfs- und Implementierungsaspekte

Nachdem im vorangegangenen Kapitel die wesentlichen Konzepte von ET++ aus Entwicklersicht dargestellt worden sind, werden im folgenden wichtige Entwurfsaspekte präsentiert und diskutiert. Der Schwerpunkt liegt hierbei im objektorientierten Zusammenspiel von Systemschnittstelle, Toolkit und Application-Framework. In ausgewählten Bereichen wird auf Implementierungsaspekte eingegangen.

Im einzelnen werden die folgenden Themenbereiche einer detaillierten Analyse unterzogen:

- Portabilität fensterbasierter Applikationen
- Einfluß der Architektur des zugrundeliegenden Fenstersystems
- Fenstersystemfunktionalität in ET++
- Ereignis- und Eingabebehandlung
- Grafikmodell

5.1 Portabilitätsaspekte

Ein wichtiges Ziel bei der Entwicklung von ET++ sollte eine möglichst weitgehende Unabhängigkeit von existierenden Fenster- und Betriebssystemen sein. Hierdurch sollte – besonders im Vergleich mit dem Vorgänger ET – eine hohe Portabilität von ET++-Applikationen erreicht werden. Der Portabilitätsaspekt wurde um so wichtiger, als eine immer deutlichere Tendenz zu vernetzten Arbeitsstationen unterschiedlicher Hersteller erkennbar wurde. Es erschien erstrebenswert, Applikationen ohne aufwendige Portierung allein durch Neuübersetzung auf unterschiedlichen Umgebungen einsetzen zu können. Außerdem war für das proprietäre Fenstersystem SunWindows absehbar, daß es in einem nicht zu langen Zeitraum entweder durch NeWS oder X11 abgelöst werden würde.

Da zum damaligen Zeitpunkt nicht erkennbar war, welches der beiden Fenstersysteme sich durchsetzen würde, und außerdem keine stabilen und effizienten Implementierungen von X-Windows existierten, mußte eine Architektur entwickelt werden, die Applikationen vollkommen von den Eigenschaften und Mechanismen existierender und zukünftiger Fensterumgebungen isolieren konnte.

Nach [Som89] ist ein portables Softwaresystem u.a. charakterisiert durch:

–   Verwendung einer portablen und standardisierten Hochsprache,

–   größtmögliche Unabhängigkeit von externen Diensten,

–   Lokalisierung aller unverzichtbaren externen Dienste in einer sog. *„Portabilitätsschicht"* (*portability layer*) oder einem „Adapter" (Abb. 5.1).

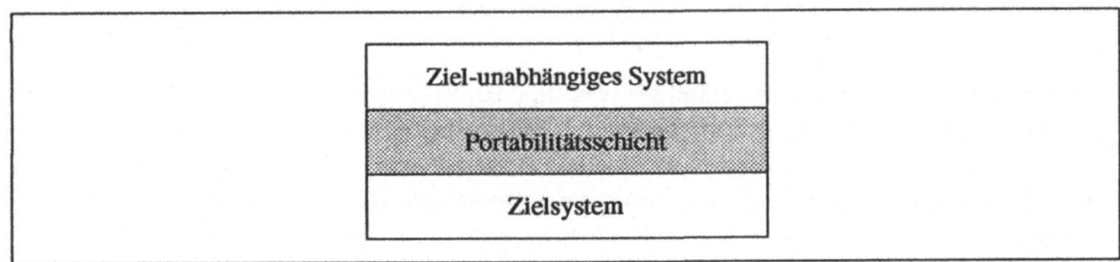

Abb. 5.1:   Die Portabilitätsschicht

Auf die Portabilitätsaspekte der für ET++ verwendeten Sprache C++ muß nicht weiter eingegangen werden, da C++ meist durch einen Präprozessor in C umgewandelt wird und auf praktisch allen Systemen ein C-Compiler existiert.

Als unverzichtbare „externe Dienste" müssen für interaktive Applikationen mit grafischer Benutzungsschnittstelle das Betriebssystem und die Fensterumgebung betrachtet werden. Die folgenden Ausführungen konzentrieren sich auf die Fensterumgebung; Betriebssystemaspekte werden in Abschnitt 5.8 diskutiert.

Damit die Dienste der Fensterumgebung in einer Portabilitätsschicht lokalisiert werden können, muß zunächst eine für die Ansiedlung geeignete Schnittstelle identifiziert werden. Für Fensterumgebungen ergeben sich die folgenden drei natürlichen Schnittstellen:

–   Toolkit-Schnittstelle

–   Fenstersystemschnittstelle

–   Hardwareschnittstelle

Im folgenden wird die Eignung dieser Schnittstellen für die Ansiedlung der Portabilitätsschicht diskutiert. Wichtige Kriterien zur Bewertung sind:

–   Breite und damit Komplexität der Schnittstelle zur Portabilitätsschicht

–   Aufwand zur Realisierung der Portabilitätsschicht für ein bestimmtes Zielsystem

–   Einfluß der Portabilitätsschicht auf die Effizienz des Gesamtsystems

–   Strukturelle Verträglichkeit mit dem Application-Framework ET++.

5.1.1 Portabilität auf Stufe Toolkit

Da die Schnittstelle eines Toolkits typischerweise durch einen reichen Funktionsumfang die Applikationsentwicklung vereinfachen soll, muß eine aufgesetzte Portabilitätsschicht zwangsläufig eine vergleichbare Funktionalität abdecken und wird entsprechend komplex (Abb. 5.2 links). Gleichzeitig muß aber auch eine Abstraktion von den Details der zugrundeliegenden konkreten Toolkits erfolgen. Damit stellen sich aber automatisch einige Nachteile des UIMS-Ansatzes (vgl. Abschnitt 2.8.5) ein.

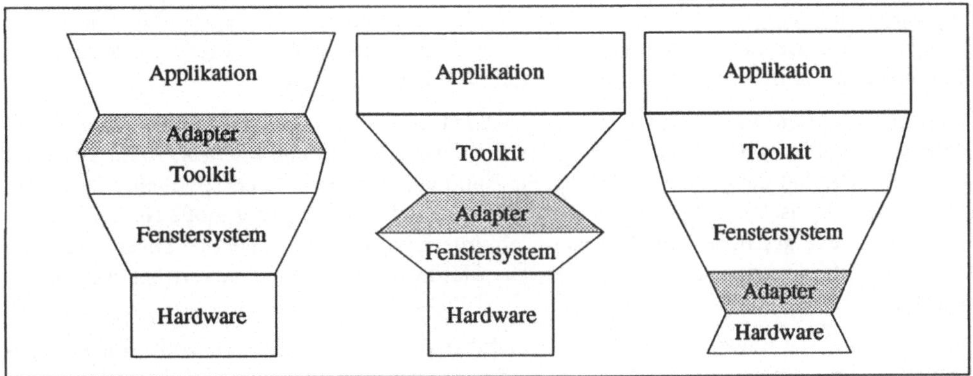

Abb. 5.2:   Relative Breite von Schnittstellen

Die von einer abstrakten Schnittstelle angebotene Funktionalität könnte nur der kleinsten gemeinsamen Funktionalität aller betrachteten Toolkits entsprechen. Insbesondere würden die wenig abstrakten Konzepte des semantischen Feedbacks und der direkten Manipulation nur sehr schwer unterstützt werden können. Ein gutes Beispiel für diese Problematik stellt der XVT-Toolkit [Roc89] dar, der eine Portabilitätsbibliothek für die Macintosh-Toolbox, MicroSoft-Windows und den Motif-Toolkit implementiert. Mit XVT entwickelte Applikationen sind zwar sehr portabel, nutzen aber nur einen geringen Teil der unter jedem einzelnen Toolkit verfügbaren Funktionalität.

Da außerdem jeder Toolkit bereits ein bestimmtes Gesamtkonzept – eine *Policy* – besitzt, ist es meist nicht möglich, diese vollständig unter einer homogen wirkenden objektorientierten Schicht zu verbergen. Am Beispiel des Toolkits ET und des Versuchs, über diesen eine C++-Schnittstelle zu legen, wurde sehr schnell deutlich, daß die durch objektorientierte Konzepte mögliche strukturierte Flexibilität durch die fehlende Offenheit von ET wieder zunichte gemacht wurde.

Als prominenteres Beispiel kann hier auch MacApp dienen. Solange sich der Entwickler im Application-Framework-Bereich von MacApp bewegt, tritt die Grenze kaum in Erscheinung, da dieser Bereich vollständig und homogen mit objektorientierten Konzepten realisiert ist. Werden hingegen die Teile von MacApp verwendet, die nur eine „Verpackung" von bereits existierenden Toolkit-Komponenten darstellen, so muß sich der Entwickler sehr schnell auch mit dem zugrundeliegenden nicht objektorientierten Toolkit auseinandersetzen.

Besonders dieser letzte Punkt steht im Widerspruch zu den Zielen von ET++, da dies ja dem Entwickler eine homogene und objektorientierte Sicht auf alle Aspekte der Applikationsentwicklung erlauben soll.

5.1.2 Portabilität auf Stufe Hardware

Das andere Extrem stellt die Ansiedlung der Portabilitätsschicht direkt über der Hardware dar. Die Schnittstelle zur Hardware weist von den drei betrachteten die geringste Breite auf, da noch durch keine höheren Softwareabstraktionen eine funktionale Erweiterung der meist einfachen Hardware erfolgt ist (Abb. 5.2 rechts). Oberhalb dieser Schnittstelle ist genügend Raum für eine homogen objektorientierte Gestaltung von Fenstersystem und Toolkit. Diese Variante erscheint damit unter den meisten der oben erwähnten Gesichtspunkte als ideal.

Beispiele für diesen Ansatz finden sich in verschiedenen älteren Smalltalk-Implementierungen (Berkeley, ParcPlace) oder älteren Office-Systemen wie z.B. Alis und Interleaf. Allen Systemen ist gemeinsam, daß ihr grafisches Erscheinungsbild auf Rechnern unterschiedlicher Hersteller vollkommen identisch ist. Diesem scheinbaren Vorteil steht allerdings der große Nachteil gegenüber, daß fremde grafische Applikationen nicht integriert werden können, da sie entweder ein anderes Fenstersystem voraussetzen oder die Hardware in eigener, unverträglicher Weise benutzen.

Dieser Nachteil ist unvereinbar mit der Grundidee von ET++, nicht eine vollkommen abgeschlossene, aber dafür ideale Welt zu definieren, sondern mit möglichst vielen Fremdapplikationen in unterschiedlichen Umgebungen kooperieren zu können.

Außerdem bedingt der hier betrachtete Ansatz die Entwicklung eines eigenen Fenstersystems. Dies stellt aber heute nicht mehr eine kreative Forschungstätigkeit dar, da die meisten grundlegenden Konzepte in der Literatur eingehend behandelt oder in konkreten Implementierungen exemplarisch realisiert sind. Außerdem erfordert die Weiterentwicklung eines schnell realisierten Prototyps zu einem stabilen und effizienten System einen großen Detailaufwand, der nicht im Rahmen von ET++ bewältigt werden sollte. Zudem hätte ein weiteres, nicht standardisiertes und nicht von einer Firma oder sonst einflußreichen Organisation unterstütztes System kaum Chancen auf eine weite Verbreitung.

5.1.3 Portabilität auf Stufe Fenstersystem

In der letzten Variante befindet sich die Portabilitätsschicht zwischen Fenstersystem und Toolkit. Sie erhält dadurch eine „mittlere" Komplexität und Schnittstellenbreite, da ein typisches Fenstersystem mehr Funktionalität als die zugrundeliegende Hardware, aber weniger als ein auf ihr aufbauender Toolkit anbietet (Abb. 5.2 Mitte).

Auf der anderen Seite stellt sich allerdings die Frage nach der Notwendigkeit dieser Portabilitätsschicht, da z.B. viele der in Kapitel 3 betrachteten Fenstersysteme Standards darstellen, durch die für Applikationen eine Portabilität zwischen unterschiedlichen Architekturen und Betriebssystemen gewährleistet werden soll. Diese Portabilität existiert aber nicht über Fenstersysteme hinweg. Selbst wenn man davon ausgehen kann, daß sich das X11-Fenstersystem zu einem Standard in der UNIX-Welt entwickeln wird, so muß es natürlich im Interesse jedes Softwareproduzenten liegen, Applikationen gleichzeitig auch unter den im Vergleich zu UNIX sehr viel weiter verbreiteten Fenstersystemen wie MicroSoft-Windows oder für den Macintosh anbieten zu können.

Die Möglichkeit, ein Fenstersystem auf einem anderen zu emulieren, scheitert meist an der zu großen Funktionalität und nicht tolerierbaren Leistungseinbußen. So wurde z.B. von Sun eine Emulation des X11-Vorgängers X10 unter NeWS entwickelt. Obwohl bereits diese Emulation aus ca. 3000 Zeilen PostScript-Code besteht, ist nur ca. 30% der X10-Funktionalität erreicht worden, was nur die Ausführung sehr einfacher X-Applikationen erlaubte. Zahlreiche im Code enthaltene Kommentare weisen außerdem darauf hin, daß mit der gegebenen NeWS-Funktionalität keine vollständige Emulation von X10 möglich ist. Außerdem war die Effizienz dieser Emulation für eine realistische Anwendbarkeit nicht ausreichend.

Hersteller, die fenstersystemunabhängige Programme anbieten, lösen das Problem üblicherweise, indem sie eine eigene abstrakte und idealerweise sehr schmale Fenstersystemschicht definieren, auf der sie zunächst eine Toolkit-Funktionalität und dann die Applikation selbst aufbauen.

So existiert z.B. die Version 4.0 von ParcPlace Smalltalk [Par90] mit identischer Programmier-schnittstelle sowohl für den Macintosh als auch für X11 und NeWS. Mit Smalltalk 4.0 entwik-kelte Applikationen sind dadurch zwar vollständig portabel, halten sich aber nicht an das durch die entsprechende Umgebung definierte Look-and-Feel, da die Toolkit-Funktionalität und damit das Smalltalk-Look-and-Feel auf allen Systemen durch die gleichen Smalltalk-Klassen realisiert wird.

Dieser letzte Ansatz wird auch in ET++ verfolgt, da er einen Kompromiß zwischen dem erfor-derlichen Portierungsaufwand, der erreichbaren Homogenität und der maximal möglichen Inter-operabilität mit anderen Applikationen darstellt. Gleichzeitig erfordert dieser Ansatz aber einen sorgfältigen Entwurf einer abstrakten Schnittstelle zum Fenstersystem, damit deren reduzierte Funktionalität weder qualitative Auswirkungen noch Leistungseinbußen für die von ET++ unter-stützten Benutzungsoberflächen aufweist.

5.2 Einfluß der Fenstersystemarchitektur

Da ET++ unter möglichst vielen der in Abschnitt 2.7 dargestellten Fenstersystemarchitekturen einsetzbar sein soll und gleichzeitig die Portabilitätsschicht direkt auf der Fenstersystemschnitt-stelle aufsetzt, wird im folgenden diskutiert, welchen Einfluß die Architektur des Fenstersystems auf die Portabilitätsschicht hat bzw. ob und welchen Nutzen ET++ aus unterschiedlichen Archi-tekturen ziehen kann.

Da in diesem Zusammenhang Effizienz und funktionale Eigenschaften eine wichtige Rolle spie-len, werden in den weiteren Betrachtungen die Fenstersystemarchitekturen von Abschnitt 2.7 auf die folgenden drei Gruppen reduziert:

— *Offene Fenstersysteme*
   besitzen nur eine schwache Trennung von Fenstersystem und aufbauenden Softwareschich-ten. Alle Ein-Adreßraum-Systeme (z.B. Macintosh), sowie die klienten- bzw. bibliotheksba-sierten Systeme (z.B. SunWindows) gehören zu dieser Klasse.

— *Abgeschlossene Fenstersysteme*
   basieren auf exakt definierten und kaum erweiterbaren Kommunikationsprotokollen. Zu die-ser Klasse gehören die kern- und serverbasierten Systeme (z.B. X11).

– *Erweiterbare Fenstersysteme*
erlauben die dynamische Erweiterbarkeit des Fenstersystems um Toolkit- bzw. applikatorische Funktionalität (z.B. NeWS).

5.2.1 Offene Fenstersysteme

Da in offenen Fenstersystemen die Kommunikation über normale Prozeduraufrufe erfolgt und auf Fenstersystem-Datenstrukturen häufig auch von Toolkits und Applikationen direkt zugegriffen werden kann, ergibt sich eine maximale Kommunikationsbandbreite und damit eine große Flexibilität in der Gestaltung aufbauender Abstraktionen. Klienten können hierdurch die Funktionalität eines Fenstersystems gewissermaßen „nahtlos erweitern".

Für die Gestaltung der ET++-Portabilitätsschicht bedeutet dies, daß fast jede höhere Abstraktion ohne Effizienzverlust implementiert bzw. emuliert werden kann. Eine möglicherweise erforderliche Kooperation mit dem Fenstersystem oder anderen Applikationen (z.B. Synchronisation beim Zugriff auf gemeinsam benutzte Ressourcen) kann vollständig in der Portabilitätsschicht verborgen werden.

Auf der anderen Seite entsteht durch diese hohe Flexibilität die Gefahr einer zu engen Kopplung der Portabilitätsschicht und der von ihr angebotenen Funktionalität an die spezifischen Details des zugrundeliegenden Fenstersystems.

Außerdem verhindert eine offene Fenstersystemschnittstelle netzfähige Applikationen, da Prozeduraufrufe und Datenstrukturzugriffe im allgemeinen nicht transparent durch netzfähige und gleichzeitig effiziente Mechanismen ersetzt werden können.

Das offene Fenstersystem SunWindows macht zudem deutlich, daß ein bibliotheksbasierter Ansatz zu einer erheblichen Vergrößerung des Objektcodes von Applikationen führen kann.

5.2.2 Abgeschlossene Fenstersysteme

Im Gegensatz dazu definieren die kern- und serverbasierten Systeme (vgl. Abschnitt 2.7.3) abgeschlossene Protokolle auf der Basis von Systemaufrufen oder durch den Austausch von Nachrichten. Infolge der gegenüber offenen Fenstersystemen reduzierte Kommunikationsbandbreite ist die Funktionalität ihrer Schnittstelle geprägt durch einen relativ hohen Abstraktionsgrad.

Diese Abgeschlossenheit bedeutet, daß die für ET++ erforderliche Funktionalität weitgehend bereits vom Fenstersystem angeboten werden muß, da eine Emulation auf Seite des Klienten einen hohen Kommunikationsaufwand und damit Effizienzverlust bewirken würde.

Dies gilt z.B. besonders für die klientenseitige Realisation von im Fenstersystem nicht vorhandenen Grafikfunktionen durch Manipulation einzelner Bildpunkte. Obwohl dies in serverbasierten Systemen möglich ist, ergibt sich meist keine brauchbare Effizienz.

Ein Beispiel hierfür ist der XView-Toolkit, also die Implementierung von SunView unter X11 (Abschnitt 3.6.5). Im Bereich der Emulation von SunView-Fensteroperationen ist für Klienten keine Geschwindigkeitseinbuße spürbar. Im Gegensatz dazu wird aber von der Verwendung der emulierten Pixrect- und Pixwin-Bibliotheken abgeraten und stattdessen eine direkte Benutzung von X11-Grafikfunktionen empfohlen. Hierdurch sind dann Klienten nicht mehr transparent portabel.

Aus den bisherigen Überlegungen ergibt sich zwingend, daß sich die Funktionalität der ET++-Portabilitätsschnittstelle an den abgeschlossenen Fenstersystemen orientieren muß, wenn ET++ z.B. auch unter X11 betrieben werden soll. Diese Feststellung ist allerdings nicht gleichzusetzen mit der Aussage, daß die Funktionalität eines abgeschlossenen Fenstersystems für ET++ optimal ist.

5.2.3 Erweiterbare serverbasierte Fenstersysteme

Den größten potentiellen Einfluß auf die Toolkit- bzw. Framework- und Applikationsarchitektur besitzen erweiterbare Fenstersysteme, da unter ihnen bestimmte Teile vollständig vom Klienten in den Server verlagert werden können. Im Falle von ET++ wäre es z.B. denkbar, sämtliche Toolkit- und einige geeignete Application-Framework-Komponenten in einen erweiterbaren Server zu verlagern.

Dies erscheint zunächst als elegante Lösung der bereits oben erwähnten Probleme von Applikationsgröße und begrenzter Kommunikationsbandbreite. Bei genauerer Analyse zeigen sich jedoch eine Reihe von grundsätzlichen Problemen und Nachteilen, die den Grundzielen von ET++ zuwiderlaufen. Exemplarisch sollen diese Nachteile hier am Beispiel von NeWS dargestellt werden, da dieses von allen betrachteten Systemen die größtmögliche Erweiterbarkeit und Flexibilität besitzt.

Das größte Problem einer Verlagerung von ET++-Komponenten in den NeWS-Server bildet die damit verbundene Zerstörung der Homogenität. Zum einen muß für die verlagerten Komponenten eine weitere Programmiersprache (PostScript) verwendet werden. Obwohl PostScript unbestritten sehr mächtig ist, führt jedoch die Postfix-Notation und die implizite Verwendung eines Laufzeit-Stacks zu schlecht les- und wartbaren Programmen.

Zum anderen bewirkt die Verwendung von C++ und PostScript, daß die einzelnen Klassen der ET++-Klassenhierarchie in vollkommen unterschiedlichen „Welten" existieren, aber dennoch integriert sein müssen. Eine wünschenswerte aber kaum realisierbare Integration wäre z.B. die Bildung einer C++-Unterklasse im Klienten auf der Basis einer PostScript-Klasse im Server.

Unter der hypothetischen Annahme, daß eine Aufspaltung technisch möglich wäre, stellt sich dann die Frage, wo die Grenze zwischen C++-Klassen auf der Seite des Klienten und PostScript-Klassen im Server gezogen werden soll. Grundsätzlich soll eine solche Aufteilung so erfolgen, daß der benötigte Kommunikationsaufwand (und die damit verbundenen Prozeßwechsel zwischen Klient und Server) minimiert werden. Als geeignete Kandidaten für eine Verlagerung werden deshalb häufig die Feedback-Teile einer Applikation genannt, da sie z.B. in nicht erweiterbaren Server-Systemen die engste Kopplung zwischen Klient und Server bewirken und damit die höchsten Effizienzanforderungen stellen. Daß aber eine solche Optimierung für einfache Feedback-Arten wie z.B. das *Rubberbanding* auf existierender Hardware und mit der heutigen Fenstersystemtechnik grundsätzlich nicht erforderlich ist, zeigt z.B. eindeutig das X-Fenstersystem.

Selbst bei semantischem Feedback läßt sich die Erweiterbarkeit des Servers nur dann sinnvoll ausnutzen, wenn sich das Feedback vollkommen autark, d.h. ohne den Zugriff auf Klientendatenstrukturen durchführen läßt. Immer dann, wenn Feedback nicht nur von der aktuellen Mausposition, sondern auch noch von Klientendatenstrukturen abhängt, wie es z.B. beim Selektieren von Text der Fall ist, muß der Code im Server entweder wieder mit dem Klienten kommunizieren oder der Klient muß vor dem Start des Feedbacks den Server mit der gesamten Datenstruktur oder zumindest Teilen davon versorgen. Die erste Variante erzeugt aber gerade wieder den Kommunikationsaufwand, den es zu vermeiden galt. Bei der zweiten Variante kann der initiale Aufwand zum Übertragen der Datenstruktur so groß sein, daß sich der Beginn der Feedback-Operation spürbar verzögert.

In einer dritten Variante wird für die wichtigsten Klientendatenstrukturen im Server dauernd eine Schattenkopie unterhalten. Dies führt zu einem erhöhten Aufdatierungsaufwand durch den Klienten und birgt außerdem durch die Duplizierung von Information in Klient und Server immer die Gefahr von Konsistenzproblemen. Ein Beispiel für diese Lösung findet sich in einem von Sam Leffler für NeWS [Gos89] entwickelten Toolkit. Für jede vordefinierte Toolkit-Komponente – z.B. editierbaren Text – wird im Server explizit eine Schattenkopie der Datenstruktur unterhalten. Deren konsistente Aufdatierung wird durch die ausschließliche Verwendung von auf Klientenseite definierten Zugriffsmethoden sichergestellt. Diese Strategie hat allerdings zur Folge, daß dem Klienten das Vorhandensein eines erweiterbaren Servers vollkommen verborgen bleibt und die einfache Erweiterung existierender Klassen praktisch unmöglich wird.

Neben diesen strukturellen Problemen birgt ein erweiterbarer Server außerdem Gefahren sowohl für andere Applikationen als auch für die Sicherheit des zugrundeliegenden Betriebssystems. Zum einen muß sichergestellt werden, daß heruntergeladener und möglicherweise fehlerhafter Code nicht zu einem Absturz des Fenstersystems und der angeschlossenen Applikationen führt. Dieses Problem wird z.B. in NeWS durch die Verwendung der interpretativen Sprache PostScript gelöst.

Zum anderen muß durch entsprechende Schutzmechanismen sichergestellt werden, daß nicht in Art des Trojanischen Pferdes Code eingeschleust werden kann, mit dem die Ausführung anderer Applikationen beobachtet werden kann, und damit sensitive Informationen, wie z.B. Passwörter in falsche Hände gelangen können. Dieses Problem läßt sich z.B. durch die Verwendung einer applikativen, also seiteneffektfreien Programmiersprache lösen [Hop86].

Ein weiteres Problem entsteht bei dynamisch erweiterbaren Fenstersystemen, wenn die Speicherverwaltung (insbesondere die Speicherfreigabe) nicht durch eine automatische Speicherbereinigung (*garbage collection*) realisiert wird. So enthält z.B. der kommerziell erhältliche NeWS-Server und der TNT-Toolkit noch immer *Memory-Leaks*, die einen längeren Einsatz nicht zulassen. In nicht erweiterbaren Servern (z.B. X11) wird dieses grundsätzliche Problem entschärft, indem nur fenstersystemrelevante Ressourcen angefordert werden können und diese bei Terminierung einer Applikation automatisch wieder freigegeben werden.

Insgesamt haben diese Überlegungen deutlich gemacht, daß die Erweiterbarkeit eines Fenstersystems keinen Einfluß auf die Toolkit- und Application-Framework-Komponenten von ET++ haben kann, da hierdurch sowohl die Homogenität als auch eine universelle Portierbarkeit beeinträchtigt werden würden. Im Bereich der Portabilitätsschicht erlaubt ein erweiterbarer Server allerdings die Realisierung eines „virtuellen Fenstersystem-Servers", der exakt das von ET++ definierte Protokoll unterstützt.

5.3　Architektur der Portabilitätsschicht

Nach der Diskussion von Portabilitätsfragen und der Darstellung des Einflusses der Fenstersystemarchitektur wird im folgenden der grundlegende Aufbau der bereits in Abschnitt 4.3 skizzierten ET++-Fenstersystemschnittstelle näher betrachtet. Eine Vertiefung ausgewählter Bereiche folgt in den weiteren Abschnitten dieses Kapitels.

Die Architektur der heutigen Fenstersystemschnittstelle von ET++ ist das Ergebnis eines längeren durch die konkreten Portierungserfahrungen beeinflußten Entwicklungsprozesses. Ziel dieser Evolution war es, die für ET++-Applikationen benötigte Fenstersystemfunktionalität „optimal" auf die in Abbildung 5.3 dargestellten Abstraktionsschichten zu verteilen und jeweils geeignete Schnittstellen zu definieren. „Optimal" bedeutet in diesem Zusammenhang:

- leicht portierbar,
- flexibel erweiterbar,
- effizient,
- wohl-strukturiert.

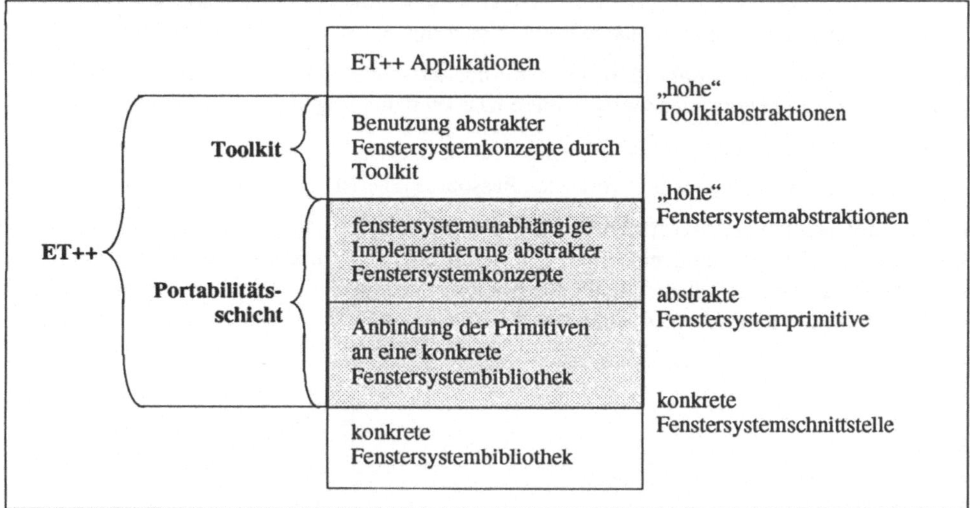

Abb. 5.3:　　Abstrakte Beschreibung von Funktionalität und Schnittstellen von ET++

Die Portabilitätsschicht von ET++ besitzt einen zweistufigen Aufbau:

- In einem hierarchisch höher liegenden Teil werden mächtige Fenstersystem- und Grafikabstraktionen realisiert, die über eine relativ breite Schnittstelle dem ET++-Toolkit und darauf aufbauenden Applikationen zur Verfügung stehen.
  Die Funktionalität dieser Abstraktionen wurde so gewählt, daß sie gleichzeitig als minimal und dennoch für die von ET++ unterstützten Applikationstypen als vollständig gelten kann. Durch die Minimalität wird erreicht, daß nicht bereits in der Portabilitätsschicht Mechanismen festgeschrieben werden, die in sehr viel flexiblerer Weise im Toolkit realisiert werden

können. Die Vollständigkeit stellt sicher, daß sowohl toolkit- als auch applikationsspezifische Erweiterungen auf der Funktionalität der Portabilitätsschnittstelle aufgebaut werden können. Die fenstersystemunabhängige Implementierung dieser Abstraktionen basiert auf der Schnittstelle zur zweiten, tieferen Schicht. Diese Schnittstelle ist sehr viel schmaler als die Schnittstelle zum Toolkit und wird als *abstrakte Fenstersystemschnittstelle von ET++* bezeichnet.

- Im unteren Teil der Portabilitätsschicht wird diese abstrakte Fenstersystemschnittstelle auf die Funktionen eines konkreten Fenstersystems abgebildet. Der Abstraktionsgrad dieser Schnittstelle ist hoch genug, um eine effiziente Abbildung auf unterschiedliche Fenstersysteme zu ermöglichen. Gleichzeitig ist er niedrig genug, um den erforderlichen Portierungsaufwand gering zu halten.

5.3.1 Objektorientierte Modellierung

Im Unterschied zu anderen Systemen, die eine vergleichbare funktionale Trennung durch eine weitgehend unstrukturierte Sammlung von sog. „Systemfunktionen" vornehmen, wurde in ET++ auch für die Portabilitätsschicht ein objektorientierter Ansatz gewählt, da sich hierdurch Strukturierungsmöglichkeiten und Implementierungsvereinfachungen ergeben, die bei Anwendung anderer Techniken, z.B. der modularen Programmierung, nur schwer möglich wären.

Die Abstraktionen der Portabilitätsschicht werden ausschließlich als Klassen modelliert. Aufgrund funktionaler Unterschiede werden diese Klassen in die folgenden zwei Gruppen eingeteilt:

- *Ressourcenklassen* sind direkte Fenstersystemressourcen,

- *Managerklassen* erzeugen und verwalten Ressourcenklassen.

Ressourcenklassen existieren für Farbe (Ink), Fenster (WindowPort), Zeichensätze (Font) und Bit-Maps (DevBitmap). In überschriebenen Methoden von Unterklassen erfolgt die Anbindung an ein konkretes Fenstersystem, d.h. die Realisierung der in Abb. 5.3 dargestellten zweiten Ebene der Portabilitätsschicht. Abb. 5.4 illustriert dies für die von ET++ unterstützten Fenstersysteme.

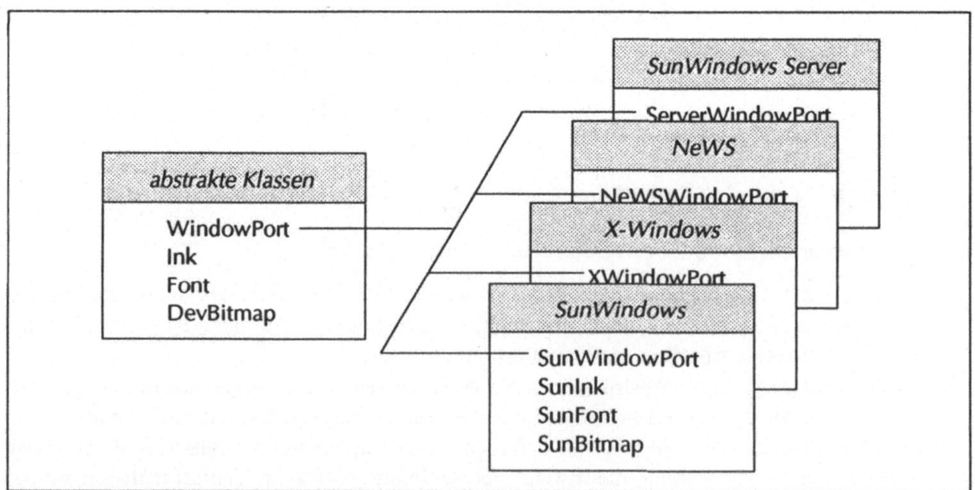

Abb. 5.4:   Abstrakte und konkrete Ressourcenklassen

Sowohl der ET++-Toolkit als auch darauf aufbauende Applikationen benutzen die abstrakte Schnittstelle von Ressourcenklassen zur Realisierung höherer toolkit- und applikationsspezifischer Komponenten. Da Applikation und Toolkit keine Kenntnis darüber besitzen sollen, welche konkrete Unterklasse für ein bestimmtes Fenstersystem verwendet werden muß, erfolgt ihre Erzeugung nicht direkt durch den Aufruf eines Konstruktors, sondern über eine dynamisch gebundene Methode einer zugeordneten „Managerklasse". Diese Methoden werden in ET++ als *„virtuelle Konstruktoren"* bezeichnet und beginnen üblicherweise mit dem Präfix „Make".

Managerklassen realisieren die Erzeugung und globale Verwaltung der Objekte eines Ressourcentyps nach einer jeweils angemessenen Strategie. Beispiele für solche Managerklassen sind FontManager, InkManager und WindowSystem. Die Klassen Font- bzw. InkManager verwalten z.B. Font- bzw. Ink-Exemplare in Datenstrukturen, die einen schnellen Zugriff erlauben. Die Klasse WindowSystem führt Exemplare der Klasse WindowPort in Listen, und realisiert hierauf das Konzept der Fenstergruppe (siehe Abschnitt 2.3.3).

In Unterklassen eines Managers werden die oben erwähnten virtuellen Konstruktoren so überschrieben, daß sie ein Exemplar der fenstersystemspezifischen Unterklasse zurückliefern. Das folgende Beispiel zeigt die Implementierung eines virtuellen Konstruktors für den XFont-Manager:

```
XFontManager::MakeFont(FontFamily family, int size, FontFace face)
{
        return new XFont(family, size, style);
}
```

Von den Managerklassen wird jeweils genau ein Exemplar erzeugt und ein Verweis hierauf in einer global zugänglichen polymorphen Variablen abgelegt. Da sowohl Font- als auch InkManager vom verwendeten Fenstersystem abhängig sind, erfolgt ihre Erzeugung durch virtuelle Konstruktoren des WindowSystems. Dieses wiederum wird bei der Initialisierung von ET++ in Abhängigkeit von einem Konfigurationsparameter erzeugt. Insgesamt ergibt sich die folgende Anweisungsfolge für die Initialisierung der ET++-Fenstersystemschicht:

```
// globale Manager-Variablen
WindowSystem *gWindowSystem;
InkManager *gInkManager;
FontManager *gFontManager;

// globaler Standard-Font
Font *gSysFont;

Init(int config)
{
        switch (config) {
        case SunWindows:
            gWindowSystem= new SunWindowSystem;
            break;
        case X11:
            gWindowSystem= new XWindowSystem;
            break;
        case NeWS:
            gWindowSystem= new NeWSWindowSystem;
            break;
        case SunServer:
            gWindowSystem= new SunServerWindowSystem;
            break;
        }

        gFontManager= gWindowSystem->MakeFontManager();
        gInkManager= gWindowSystem->MakeInkManager();

        gSysFont= gFontManager->MakeFont(Times, 12, Plain);
        gHighlightInk= gInkManager->MakeHighlightInk();
}
```

Das Beispiel macht deutlich, wie sich durch die Verwendung von virtuellen Konstruktoren statische Fallunterscheidungen fast vollständig eliminieren lassen.

5.3.2 Schnittstellenaspekte der Portabilitätsklassen

Bereits im letzten Abschnitt wurde erwähnt, daß die Anpassung einer Klasse der Portabilitätsschicht von ET++ an ein konkretes Fenstersystem über die Bildung einer Unterklasse realisiert wird. Damit bei diesem Vorgang aber nicht sämtliche Methoden der abstrakten Basisklasse vollständig implementiert werden müssen, wird das objektorientierte Prinzip des „*Design by Primitives*" [Lal89] angewendet.

Die Idee dieses Verfahrens ist es, die Implementierung der Methoden einer Klasse auf wenige dynamisch gebundene „Elementarmethoden" zurückzuführen, die in Unterklassen mit erheblich geringerem Aufwand überschrieben werden können. Hierdurch erhalten Klassen gewissermaßen zwei Schnittstellen: Eine angemessen breite, öffentliche Schnittstelle erleichtert Klienten eine einfache Benutzung; eine schmale, auf Elementarmethoden basierende interne Schnittstelle erleichtert dagegen die Bildung von Unterklassen. Abb. 5.5 zeigt eine grafische Veranschaulichung dieses Prinzips.

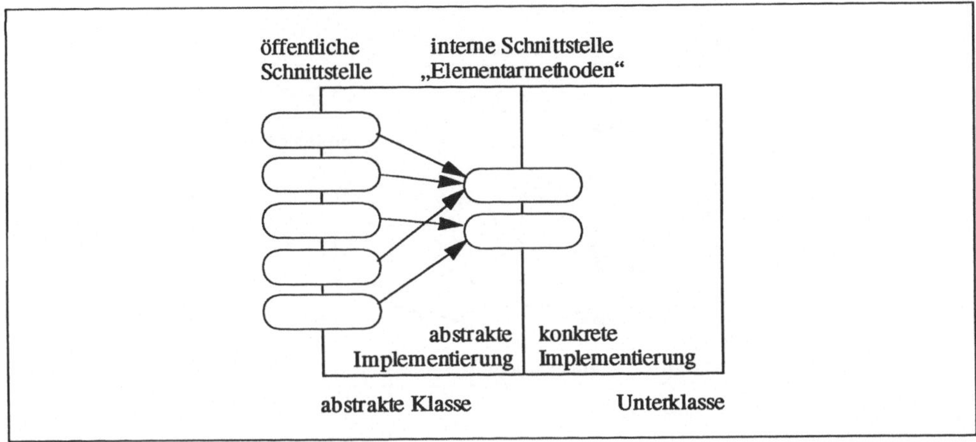

Abb. 5.5:   „Design by Primitives"

Die Zurückführung der Methoden der öffentlichen Schnittstelle auf die Elementarmethoden der internen Schnittstelle kann als „abstrakte Implementierung" bezeichnet werden, da sie von den konkreten Details einer Unterklasse unabhängig ist. So wird z.B. die grafische Ausgabeoperation für Polygone auf die wiederholte Anwendung der Elementarmethode zum Zeichnen einer Linie zurückgeführt:[12]

```
Port::StrokePolygon(Point *pts, int n)
{
        for (int i= 1; i < n; i++)
                DevStrokeLine(pts[i-1], pts[i]);
}
```

Für diesen konkreten Fall kann bei einer Portierung auf ein neues Fenstersystem zunächst auf das Überschreiben von StrokePolygon verzichtet werden. Erst wenn sich zeigt, daß die abstrakte Implementierung durch ihre zu große Generalität ineffizient ist, kann sie z.B. durch eine direkt vom Fenstersystem angebotene Polygon-Ausgabefunktion ersetzt werden.

Dieses ursprünglich einstufige Verfahren kann durch Einführung weiterer interner Schnittstellen einer Klasse auf mehrere Stufen erweitert werden (Abb. 5.6). Hierdurch entsteht eine „abgestufte" abstrakte Implementierung mit feiner Granularität, die einen Kompromiß zwischen erforderlichem Portierungsaufwand und erreichbarer Effizienz darstellt.

---

12   Die Elementarmethoden von ET++ werden durch das Präfix „Dev" gekennzeichnet.

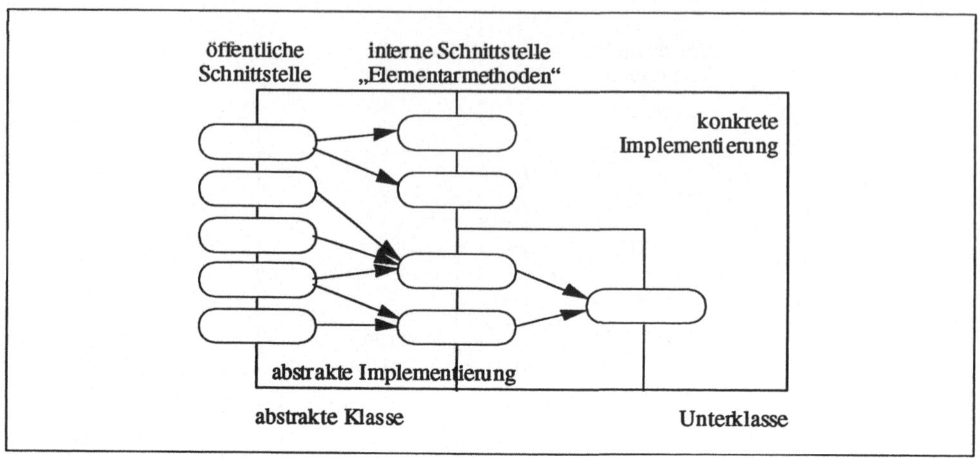

Abb. 5.6:   Mehrstufiges „Design by Primitives"

ET++ verwendet dieses Verfahren zur abstrakten Implementierung aller Grafikoperationen (Abb. 5.7). Die Implementierung endet bei der Elementarmethode DevLine, obwohl auch diese wiederum – z.B. durch einen abstrakten Bresenham-Algorithmus – auf eine Methode zum Setzen eines Bildpunkts zurückgeführt werden könnte. Die zu erwartende Effizienz wäre aber selbst für eine erste Prototyp-Implementierung nicht befriedigend, und außerdem bieten existierende Fenstersysteme typischerweise Grafikoperationen auf einem höheren Niveau an.

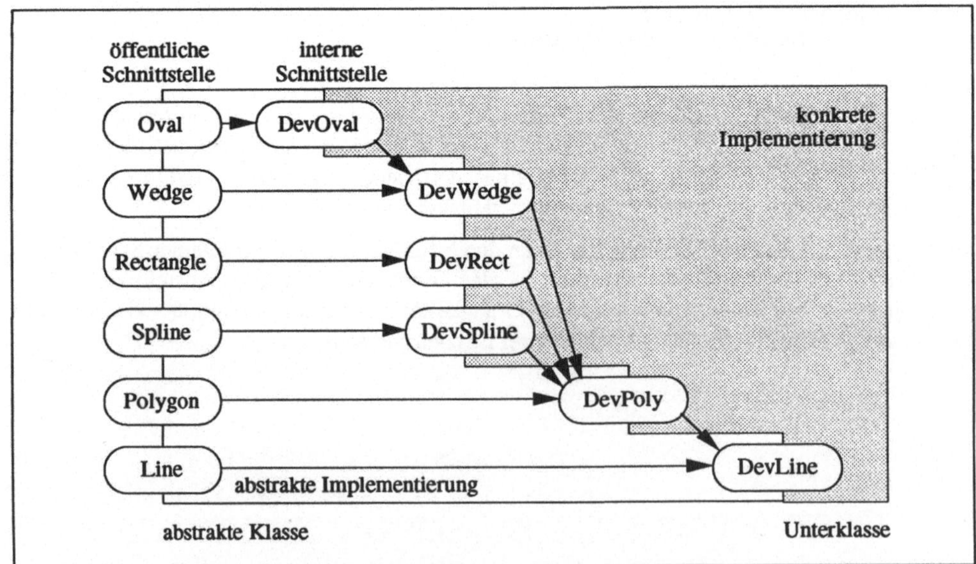

Abb. 5.7:   Abstrakte Implementierung der Grafikoperationen

Aber diese Überlegung macht deutlich, daß Elementarmethoden nicht ausschließlich auf niedrigem Niveau existieren sollten, da dann nicht mehr genügend Spielraum bleibt, um die vom Fenstersystem angebotene und möglicherweise höhere Funktionalität ausnutzen zu können.

Insgesamt existieren ca. 40 Elementarmethoden in den Fenstersystemklassen von ET++. Diese Zahl ist im Vergleich zu anderen Fenstersystemen, die zwischen 200 bis 500 Funktionen besitzen, sehr gering. Es liegt deshalb nahe, die durch diese Elementarmethoden gebildete abstrakte Fenstersystemschnittstelle als RISC-Ansatz zu bezeichnen. Herkömmliche Fenstersysteme besäßen einen CISC-Charakter.

Im Bereich von Betriebssystemen gibt es einen vergleichbaren Ansatz in Form der *Mikrokernarchitektur* (*micro kernel architecture*) der Systeme Amoeba [Mul87], Chorus [Her88] und V [Che88]. Allen Systemen ist gemeinsam, daß vom geschützten und geschlossenen Betriebssystemkern nur noch wenige, aber essentiell wichtige Grundmechanismen bereitgestellt werden, auf denen durch Bibliotheksfunktionen übliche Betriebssystemaufrufe realisiert werden. Als typisches Beispiel mag hier SunOS 4.x dienen, bei dem z.B. die klassischen UNIX-Systemaufrufe read, write und exec über die Funktion mmap auf das Konzept des *File-Mapping* zurückgeführt werden[Gin87, Gin88]. Mit einem ähnlichen Ansatz können im Apollo-System zwei unterschiedliche Betriebssysteme (Aegis und UNIX) allein über Bibliotheken auf wenige Betriebssystemaufrufe abgebildet werden.

5.3.3 Erweiterbarkeit durch Toolkit und Applikation

Bisher wurde die Erweiterbarkeit der Fenstersystemklassen nur dazu benutzt, sie im Rahmen einer Portierung an ein konkretes Fenstersystem anzubinden. Auf der anderen Seite müssen sie aber auch toolkit- und applikationsspezifischen Bedürfnissen angepaßt werden können.

D.h., es müssen gewissermaßen in „zwei Richtungen" Unterklassen gebildet werden können: zum einen auf der Seite der ET++-Bibliothek und darauf aufbauender Applikationen, zum anderen in der Portabilitätsschicht konkrete Realisierungen für verschiedene Fenstersysteme (vgl. Abb. 5.8).

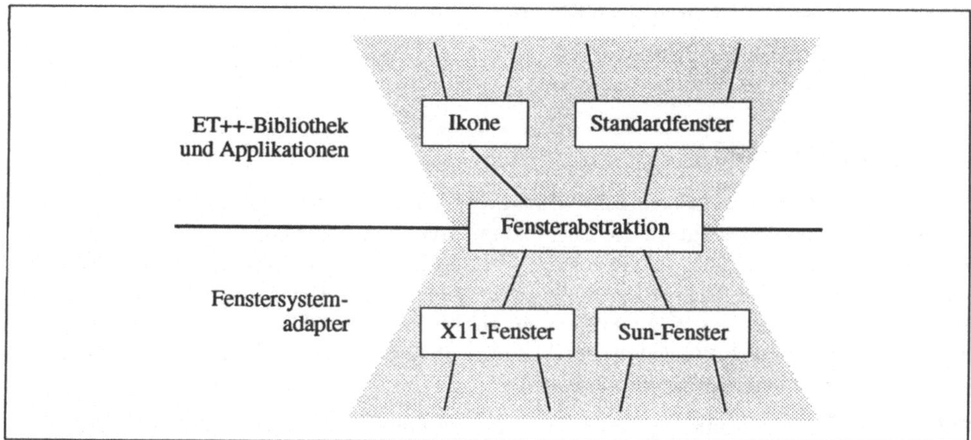

Abb. 5.8: Die zwei Ableitungsrichtungen von Fenstersystemklassen

Da die Implementierung dieser zwei orthogonalen Erweiterungen durch das Konzept der einfachen Vererbung nicht realisierbar ist, wurde die „Fenster-Abstraktion" aus Abbildung 5.8 in zwei Klassen zerlegt, die jeweils die Wurzeln einer Hierarchie bilden (vgl. Abb. 5.9).

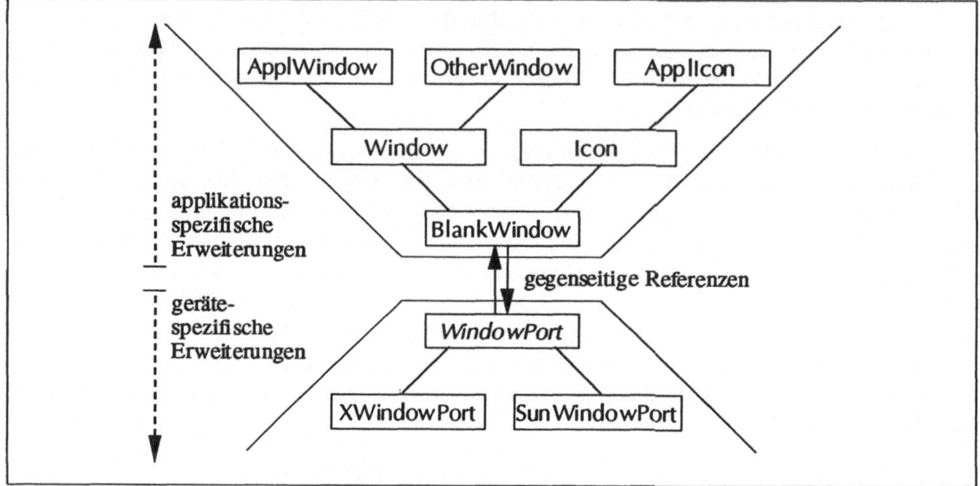

Abb. 5.9:   Beziehung zwischen BlankWindow und WindowPort

Der Klasse WindowPort der Portabilitätsschicht von ET++ wird dabei die Toolkit-Klasse BlankWindow zugeordnet. Beide Klassen besitzen gegenseitige Referenzen in Form von polymorphen Objektkomponenten. Die meisten Methoden von BlankWindow werden direkt auf die abstrakten Methoden des WindowPorts abgebildet. In objektorientierter Terminologie „delegiert" BlankWindow seine Methoden an WindowPort.

Dieses Prinzip wurde auf alle Fenstersystemklassen angewendet, für die abzusehen war, daß von ihnen Unterklassen gebildet werden sollten. Im einzelnen sind dies:

    – BlankWindow und WindowPort,
    – Bitmap und DevBitmap.

5.4 Grafikmodell

Da sich ET++ als Framework zur Entwicklung von „Applikationen mit grafischer Benutzungsschnittstelle" nicht unbedingt für die Entwicklung von allen „denkbaren grafischen Applikationen" eignen muß, konnte bei der Gestaltung des Grafikmodells die Entwicklung von hohen und einfach zu benutzenden Abstraktionen im Vordergrund stehen. Der direkte Zugang zu den u.U. sehr vielfältigen grafischen Möglichkeiten des zugrundeliegenden Fenstersystems sollte bewußt zugunsten sowohl einer einfacheren Applikationsentwicklung als auch einer verbesserten Portierbarkeit von ET++ eingeschränkt werden.

Auf der anderen Seite sollte die durch hohe Abstraktionen entstehende zusätzliche Indirektion aber keinen signifikanten negativen Einfluß auf die Leistungsfähigkeit von ET++-Applikationen ausüben.

Als Leitlinien für die Gestaltung des Grafikmodells diente zum einen Macintosh-Color-Quick-Draw und auf der anderen Seite PostScript bzw. Display-PostScript. Obwohl beide Systeme ursprünglich für die gewissermaßen entgegengesetzten Bereiche der Fenstersystem- und Druckerausgabe konzipiert wurden, haben sie sich heute einem gemeinsamen Ziel angenähert: die gleichzeitige Eignung sowohl für fenster- als auch druckerbasierte Ausgabemedien. Allerdings hat dieser historische Entwicklungsprozeß zu sehr großen, unüberschaubaren und z.T. inhomogenen Systemen geführt. Im Grafikmodell von ET++ wird deshalb versucht, das gleiche Ziel auf einfachere und homogenere Weise zu erreichen (Abb. 5.10).

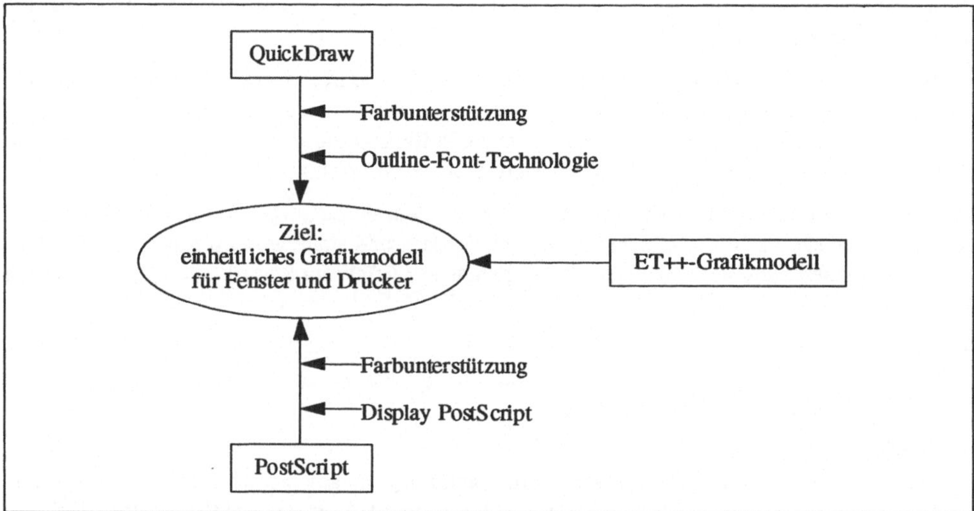

Abb. 5.10: Evolution von QuickDraw, PostScript und ET++

Die Ziele des Grafikmodells von ET++ lassen sich wie folgt zusammenstellen:

– hohe, einfach benutzbare Abstraktionen

– Unterstützung von fenster- und druckerbasierten Ausgabemedien

– einfache Portierbarkeit

– ausreichende Effizienz für interaktive Applikationen

Erreicht werden diese Ziele durch:

– Verwendung eines eingeschränkten Stencil/Paint-Modells

– Verzicht auf unportable Konzepte, wie z.B. Rasteroperationen

– objektorientierte Modellierung

Die folgenden Ausführungen motivieren die wichtigsten Entwurfsüberlegungen und illustrieren die konkrete Implementation.

5.4.1 Das Stencil/Paint-Modell von ET++

ET++ benutzt das Stencil/Paint-Modell, da dieses, wie in Abschnitt 2.4.3 erläutert wurde, durch fehlende Rasteroperationen die größte Unabhängigkeit von einem Ausgabemedium besitzt. Hierdurch wird die Applikationsentwicklung erleichtert, da nicht bei jeder Ausgabeoperation über eine Fallunterscheidung die Eigenschaften des aktuellen Ausgabemediums berücksichtigt werden müssen.

Auf der anderen Seite können durch diese Entscheidung in ET++-Applikationen keine logischen oder arithmetischen Rasteroperationen verwendet werden. Daß hierdurch keine signifikanten Einschränkungen auf die Effizienz und Vielfalt der grafischen Ausgaben entstehen, zeigen die folgenden Überlegungen.

Wird z.B. bei den Rasteroperationen aus Tabelle 2.1 der Quell-Operand src benutzt, um die Rasteroperation auf einen bestimmten Bereich einzuschränken, d.h. zu „maskieren", so kann dies im Stencil/Paint-Modell durch die entsprechende Definition einer Schablone erreicht werden. Beispiele sind hierfür die Operationen OR, ERASE, XOR und AND.

Da bei der Anwendung von Rasteroperationen meist nicht deren „logische Funktionalität", sondern der durch sie erzielte „grafische Effekt" im Vordergrund steht, wird im folgenden für sämtliche Operationen dargestellt, wie sich ein vergleichbarer Effekt im Stencil/Paint-Modell erzielen läßt.

- COPY
  kann durch eine Stencil-Operation mit rechteckiger Maske ersetzt werden. Das Quell-Bit-Map wird hierbei als „Paint" verwendet.

- ERASE
  dient zum selektiven „Löschen" eines Bildpunktbereichs auf monochromen Bildschirmen. Auf Farbbildschirmen kann dagegen nur gelöscht werden, indem der Bildpunktbereich mit der „Hintergrundfarbe" überzeichnet wird. Beide Fälle lassen sich im Stencil/Paint-Modell durch die Verwendung der Hintergrundfarbe als „Paint" erreichen.

- OR
  kann auf monochromen Bildschirmen als selektives Kopieren von gesetzten, d.h. meist schwarzen Bildpunkten betrachtet werden. Es wird deshalb häufig zur Darstellung von Text verwendet, da beim Kopieren des Bit-Maps eines „unterschnittenen[13]" Zeichens das zuvor kopierte Zeichen nicht zerstört werden darf. Im Stencil/Paint-Modell können die „gesetzten Bildpunkte" wiederum als Schablone aufgefaßt werden, durch die eine beliebige Farbe auf das Ausgabemedium aufgetragen wird.

- AND
  wird meist dazu benutzt, die gesetzten, d.h. schwarzen Bildpunkte vorhandener grafischer

---

[13] Der typographische Begriff der „Unterschneidung" bedeutet in diesem Zusammenhang, daß die rechteckigen Bitmaps zweier aufeinanderfolgender Zeichen eine Überlappung aufweisen müssen, um einen ansprechenden visuellen Abstand zu erzielen. Die Zeichenfolge „VA" ist hierfür ein Beispiel.

Objekte effizient durch ein Graumuster zu ersetzen, also gewissermaßen „auszudünnen".[14] Im Stencil/Paint-Modell läßt sich der gleiche Effekt erreichen, wenn bereits beim Zeichnen der ursprünglichen grafischen Objekte ein Grauwert oder Muster verwendet wird.

– XOR

ersetzt alle Farben eines Bildpunktbereichs durch „andere Farben". Auf monochromen Bildschirmen wird zwangsläufig Schwarz durch Weiß bzw. Weiß durch Schwarz ersetzt. Da unter dem Farbindexmodell die neuen Farben durch den Inhalt der Farbzellen mit komplementärem Index bestimmt werden, sind sie meist nicht vorherbestimmbar. XOR wird häufig zur visuellen und effizienten Hervorhebung verwendet. Da im reinen Stencil/Paint-Modell keine Emulation für XOR möglich ist, wird in ET++ eine spezielle „Overlay-Farbe" verwendet.

Diese Überlegungen haben deutlich gemacht, daß mit Ausnahme von XOR die Funktionalität aller Rasteroperationen auch im Stencil/Paint-Modell zur Verfügung steht. Von Nachteil ist, daß einige Emulationen bei der Verwendung der geringfügig aufwendigeren Stencil-Operation weniger effizient sind. Auf der anderen Seite sind aber im Gegensatz zur BitBlT-Funktion alle Emulationen ohne Einschränkung auch unter Farbe einsetzbar.

Grafikoperationen

Da als grafische Grundlage von ET++ das Stencil/Paint-Modell gewählt wurde, wäre es naheliegend gewesen, auch das verallgemeinerte *Schablonenkonzept* (siehe Abschnitt 2.4.3) aus PostScript zu übernehmen. Hiergegen sprechen jedoch die folgenden Gründe:

– die Allgemeinheit des Schablonenkonzepts wird in den von ET++ unterstützten Applikationstypen nur selten benötigt.

– eine effiziente Implementierung von Schablonen ist unter den für ET++ geltenden Randbedingungen (Portabilität, Server-Tauglichkeit) nur schwer möglich.

– der Aufwand, um aus einer allgemeinen Schablonenbeschreibung die sehr häufig auftretenden Formen Rechteck, Kreis, Oval und Linie erkennen und speziell optimieren zu können, ist zu hoch.

Stattdessen werden in ET++ wenige gewissermaßen „vordefinierte" Schablonen bereitgestellt (vgl. Abschnitt 4.5.1), die jeweils gefüllt oder umrahmt dargestellt werden können. Die Auswahl orientiert sich an den in Toolkits und Applikationen häufig verwendeten grafischen Elementen.

Ein ähnlicher Ansatz wurde inzwischen auch in Display-PostScript gewählt. Zum Beispiel wurde zum Zeichnen von Rechtecken ein neuer Operator eingeführt, dessen Implementierung ohne komplexe Parameteranalyse eine effiziente Benutzung der BitBlT-Operation erlaubt.

Da auch Polygone und Bézier-Splines zu den vordefinierten Schablonen zählen, und aus diesen beliebige geometrische Formen gebildet werden können, kann in ET++-Applikationen mit gewissem Aufwand und reduzierter Effizienz eine Emulation des Schablonenkonzepts erreicht werden.

---

14 Auf dem Macintosh werden auf diese Weise z.B. Menüeinträge als zur Zeit nicht auswählbar markiert.

Grafikoperationen statt Objekte

Wie bereits in Abschnitt 4.5 dargestellt wurde, basiert die Schnittstelle zur ET++-Grafikfunktionalität nicht auf grafischen Objekten, sondern auf einem Satz von Methoden der Klasse Port. Die folgenden Ausführungen erläutern die Gründe für diese Entscheidung.

Durch eine Grafikoperation wird eine geometrische Form (shape) gemäß bestimmter Attribute auf einem Ausgabemedium entweder gefüllt oder umrahmt dargestellt. D.h. eine Grafikoperation kann abstrakt als Quadrupel (Shape,Typ,Attribut,Medium) betrachtet werden. Tabelle 5.1 zeigt Beispiele für mögliche Werte.

Shape	Typ	Attribut	Medium
Rechteck			
Oval		Ink	Fenster
Linie	gefüllt	Strichdicke	Drucker
Polygon	umrahmt	Strichende-Form	Picture
„rundes" Rechteck		Zeichensatz	Metafile
Zeichen			

Tabelle 5.1: Beispiele für Parameter der Grafikoperationen

Für eine objektorientierte Modellierung der Grafikoperationen bieten sich folgende Alternativen an:

– wird die geometrische Grundform als Klasse modelliert, so können leicht neue Formen hinzugefügt werden. Die grafischen Attribute werden als Objektkomponenten repräsentiert und die Ausgabeoperationen durch die zwei Methoden Fill und Stroke. Über einen Parameter wird ihnen mitgeteilt, auf welchem Ausgabemedium die Darstellung erfolgen soll.
Ausgabeoperationen besitzen somit in C++ die Formen *shape*.Fill(*medium*) bzw. *shape*.Stroke(*medium*).
Problematisch ist an diesem Ansatz zum einen, daß für die Realisierung der Fill- und Stroke-Methoden eine statische Fallunterscheidung für alle Ausgabemedien vorgenommen werden muß. Hierdurch verschlechtert sich die Modularität, da die Implementierung der Ausgabeoperationen eines Mediums über mehrere Klassen verteilt ist. Zum anderen muß für jede Ausgabeoperation zunächst ein sie repräsentierendes Objekt erzeugt werden. Die Erzeugung und der Speicherplatzbedarf dieser häufig nur temporär benötigten Objekte kann bei komplexen Zeichnungen zu Effizienzeinbußen und Speicherengpässen führen.

– wird das Ausgabemedium durch eine Klasse modelliert, so können sehr einfach neue Medien hinzugefügt werden. Über Parameter werden den Methoden Fill und Stroke die geometrische Form und deren Attribute mitgeteilt. In dieser Variante besitzen Ausgabeoperationen die Formen *medium*.Fill(*shape,attr*) bzw. *medium*.Stroke(*shape,attr*).
Auch hierbei ergibt sich aus objektorientierter Sichtweise eine schlechte Modularisierung, da für die Implementierung von Fill und Stroke eine statische Fallunterscheidung für den Parameter *shape* erfolgen muß.

Da die Varianten vergleichbare Vor- und Nachteile besitzen, entsteht das Bedürfnis nach einer Kombination beider Lösungen. Die Entscheidung über die auszuführende Ausgabeoperation ist nicht nur entweder von *shape* oder *medium*, sondern von beiden gleichzeitig abhängig. Diese spezielle Form von Polymorphismus wird auch als *mehrfacher Polymorphismus* (*multiple polymorphism*) bezeichnet (vgl. Abb. 5.11).

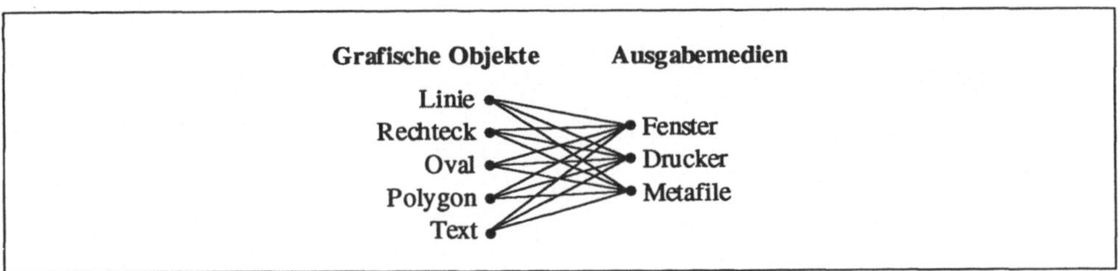

Abb. 5.11: Mehrfacher Polymorphismus

Da mit Ausnahme von *CommonLoops* [Bob86] die meisten objektorientierten Programmiersprachen (u.a. auch C++) mehrfachen Polymorphismus nicht unterstützen, schlägt Ingalls in [Ing86] vor, das Problem hierarchisch aufzuspalten.

In einer ersten Stufe wird zu einer polymorphen Variablen vom Typ Shape durch einfachen Polymorphismus die zugehörige Fill- bzw. Stroke-Methode ausgewählt. Als Parameter wird hier ein Zeiger auf ein Ausgabemedium (Port) übergeben. Da dieser Zeiger selbst wieder polymorph ist, wird in einer zweiten Stufe durch einen erneuten Methodenaufruf die konkrete Ausgabeoperation bestimmt.

Durch diese Struktur bleibt die Modularität vollständig erhalten, und es kann auf statische Fallunterscheidungen verzichtet werden. Das folgende Beispiel zeigt eine C++-Realisierung dieses Verfahrens:

```
class Shape {
        Ink *fillink, *strokeink;
        int linewidth;
public:
        virtual void Fill(Port *p);
        virtual void Stroke(Port *p);
};

class RectShape: public Shape {
        Rectangle bbox;
public:
        Fill(Port *p)
                { p->FillRect(bbox, fillink); }
        Stroke(Port *p)
                { p->StrokeRect(bbox, strokeink, linewidth); }
        // ...
};
```

```
class OvalShape: public Shape {
        Rectangle bbox;
public:
        Fill(Port *p)
                { p->FillOval(bbox, fillink); }
        Stroke(Port *p)
                { p->StrokeOval(bbox, strokeink, linewidth); }
        // ...
};

class Port {
public:
        void FillRect(Rectangle, Ink*);
        void FillOval(Rectangle, Ink*);
        void StrokeRect(Rectangle, Ink*, int);
        void StrokeOval(Rectangle, Ink*, int);
        // ...
}
```

Das beschriebene Verfahren besitzt außerdem die Eigenschaft, daß für grafische Operationen zwei Schnittstellen zur Verfügung stehen: zum einen eine objektbasierte „hohe" Schnittstelle mit eingeschränkter Effizienz, zum anderen eine auf Ausgabeoperationen basierende „tiefe", aber effiziente Schnittstelle.

Obwohl diese Struktur eine geeignete Lösung darstellt, existieren in ET++ nur die Klasse Port und davon abgeleitete Unterklassen. Die Realisierung der grafischen Objekte (Shape und Unterklassen) wird hingegen dem Entwickler überlassen.

Der wichtigste Grund hierfür ist die statische Typenprüfung von C++, die nur eine eingeschränkte Form von Polymorphismus erlaubt, da typkompatible Methodenprotokolle an die Vererbungshierarchie gebunden sind. Hieraus folgt, daß Klassen nur dann ein verträgliches Protokoll unterstützen, wenn dieses von einer gemeinsamen Oberklasse geerbt wurde. In Systemen mit dynamischer Typenprüfung (z.B. Smalltalk-80) wird die Verträglichkeit von Protokollen allein durch die Existenz der gleichen Methoden bestimmt, nicht aber durch die Stellung der Klassen innerhalb der Vererbungshierarchie.

Diese Einschränkung von C++ hat einen entscheidenden Einfluß auf die Erweiterbarkeit der oben skizzierten Klasse Shape und ihrer Unterklassen. Wären diese bereits feste Bestandteile von ET++, so könnte zwar jede von ihnen in einer Unterklasse erweitert werden, jedoch würde hierdurch keine Protokoll- bzw. Typenverträglichkeit erreicht werden, da ihre gemeinsame Oberklasse Shape nicht modifiziert werden kann. Abbildung 5.12 (links) veranschaulicht diese Problematik anhand einer Erweiterung der Klassen RectShape und OvalShape. Obwohl in myRectShape und myOvalShape die gleichen zusätzlichen Methoden definiert werden können, sind ihre Protokolle unverträglich, da die Methoden nicht bereits in Shape verankert wurden.

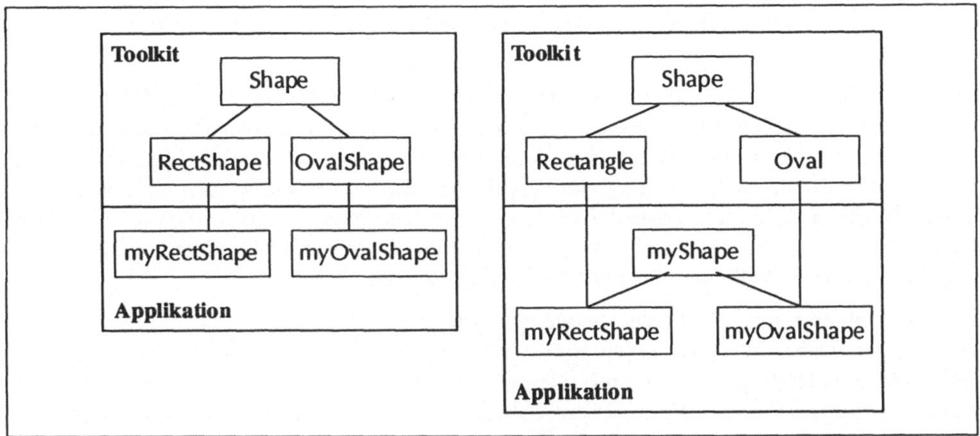

Abb. 5.12: Problematik der Erweiterung von Shape-Klassen

Lösen ließe sich dieses Problem nur durch die Verwendung der *mehrfachen Vererbung* (*multiple inheritance*). In einer Klasse myShape könnte ein zusätzliches Protokoll verankert werden, das dann in den Unterklassen myRectShape bzw. myOvalShape mit den Bibliotheksklassen Rect-Shape bzw. OvalShape vereinigt wird (Abb. 5.12, rechts). Da jedoch in ET++ die mehrfache Vererbung aus strukturellen Gründen nicht verwendet wird, kann diese Lösung nicht angewendet werden.

Auf der anderen Seite ist aber der implementatorische Aufwand für die Realisierung der Shape-Klassen gering, da z.B. ihre Ausgabe einfach an die Ausgabemedien delegiert werden kann.

Die Benutzung der Ausgabeoperationen der Port-Klassen kann außerdem vereinfacht werden, da die Verwaltung des Mediums ausschließlich von ET++ durch Setzen einer globalen Variablen port erfolgt. Hierdurch ist der Empfänger einer Ausgabeoperation immer bekannt, so daß diese durch Anwendung von C++-Inline-Funktionen auf die einfache Form GrStroke*Shape*(*attr*) bzw. GrFill*Shape*(*attr*) reduziert werden können.

Ink

Die Komponente „Paint" des Stencil/Paint-Modells wird in ET++ zum ersten Mal vollständig objektorientiert modelliert. Die Klasse Ink definiert ein abstraktes Protokoll für die unterschiedlichen Ausprägungen von „Paint", wie Farbe, Muster, Effekt usw.

Dieser Ansatz vereinfacht die Benutzung der Grafikoperationen erheblich, da mit einem einzigen polymorphen Ink-Wert alle Arten von „Paint" spezifiziert werden können. Soll z.B. in einer konkreten Applikation ein grafisches Objekt statt mit einer Farbe mit einem Muster gefüllt werden, so müssen nicht andere Grafikoperationen verwendet werden, sondern es kann ein einfacher Austausch von Ink-Objekten durchgeführt werden.

Von Vorteil ist dies besonders bei Applikationen, die sowohl auf Schwarzweiß- als auch auf Farbbildschirmen einsetzbar sein sollen. In [Sch86b] stellt Scheifler hierzu die folgende Forderung auf:

[...] applications should not need dual control paths to work on both monochrome and color displays.

Eine unzureichende Lösung für dieses Problem findet sich im NeWS-System. Hier wird zur Vermeidung des doppelten Kontrollflusses nur die Tatsache ausgenutzt, daß eine Farbe auf einem monochromen Bildschirmen durch ein Schwarzweißmuster angenähert wird. Dieses Verfahren ist zwar sinnvoll bei der Darstellung von Farbbildern, aber es versagt, wenn die Farbe z.B. zur Hervorhebung eines Textes verwendet wird, da infolge des Schwarzweißmusters der Text nicht mehr lesbar ist. Für die korrekte Behandlung dieses Problems in NeWS müßte bei der Darstellung des Textes eine Fallunterscheidung durchgeführt werden.

In ET++ muß eine solche Fallunterscheidung nur einmal zur Initialisierungszeit einer Applikation erfolgen. Dabei wird einer polymorphen Variablen vom Typ Ink entweder die gewünschte Farbe oder ein „Highlight"-Objekt zugewiesen. Beim nachfolgenden Zeichnen des Textes kann diese polymorphe Variable ohne weitere Fallunterscheidung verwendet werden, da über die dynamische Bindung die Auswahl des richtigen Ink-Objekts automatisch gewährleistet ist.

Eine weitere mächtige Abstraktion besitzt ET++ im Bereich der Farbmanipulation. Im Gegensatz zu den meisten Fenstersystemen werden bei der Benutzung des grafischen Modells von ET++ Konzepte wie

- Farbtabelle,
- Farbzelle,
- gemeinsam benutzte, nicht modifizierbare Farbe,
- private, d.h. modifizierbare Farbe

nicht sichtbar. Stattdessen existiert nur die einzige Abstraktion RGBColor:

```
class RGBColor : public Ink {
        short red, green, blue;
        short precision;
        Port *port;
        int value;
public:
        RGBColor(short r, short g, short b, short prec= cSharedColor);
        bool SetRGB(short r, short g, short b, short prec= cSharedColor);
        void InstallInPort(Port *p);
};
```

Jedes Objekt dieser Klasse spezifiziert durch die Komponenten red, green und blue zum einen die gewünschte Farbe und zum anderen einen Präzisionswert, durch den die maximal tolerierbare Abweichung in Form des pythagoreischen Abstands der RGB-Komponenten bestimmt wird. Die Komponente value enthält entweder einen Index auf eine Farbtabelle des Ausgabemediums port oder einen direkten Farbwert.

Wird bei der Erzeugung einer Farbe kein Präzisionswert angegeben, so wird automatisch ein Wert verwendet, der garantiert, daß im mit 216 Farben vordefinierten Teil der standardisierten ET++-Farbtabelle eine ähnliche Farbe benutzt werden kann (cSharedColor). Hiermit wird für Applikationen mit geringen „Farbbedürfnissen" erreicht, daß keine neuen Farbzellen der Farbtabelle angefordert werden müssen und somit keine Farbwechsel beim Verwalten der virtuellen Farbtabelle durch den Fenstermanager auftreten.

Obwohl die so definierten Farben auf nicht modifizierbare Farbzellen abgebildet werden, kann in ET++ der Wert und die Präzision einer RGBColor dynamisch durch die Methode SetRGB verändert werden. Eine solche Modifikation bewirkt dann bei der nächsten Benutzung der Farbe in einer Ausgabeoperation, daß ein neuer passender Eintrag in der Farbtabelle gesucht wird und dessen Index in der Komponente value gespeichert wird. Der Rückgabewert von SetRGB teilt der Applikation mit, ob eine Neuzuordnung des Farbindex value vorgenommen werden mußte und deshalb ein Neuzeichnen der betroffenen Objekte durchgeführt werden muß.

Wird als Präzisionswert ein kleinerer Wert als cSharedColor verwendet und existiert in der Farbtabelle innerhalb dieses Toleranzbereichs keine Farbe, so wird entweder ein neuer Eintrag angefordert oder, falls dies scheitert, eine *„synthetische Farbe"* durch das Konzept des *„Dithering"* erzeugt. Hierbei wird ein Halbtonmuster aus existierenden Farben so aufgebaut, daß bei der Betrachtung der Farbe aus größerem Abstand der gewünschte Farbeindruck entsteht.

Ist die Präzision einer Farbe auf dem Maximum, so wird ihr eine private Farbzelle zugeordnet. Wird der Wert dieser Farbe durch SetRGB geändert, so hat dies direkte Auswirkungen auf den Inhalt der zugehörigen Farbzelle und damit auch auf die Farbwerte von Bildpunkten mit entsprechendem Index auf dem Bildschirm. SetRGB liefert in diesem Fall den logischen Wert FALSE zurück, d.h. ein Neuzeichnen durch die Applikation ist nicht nötig.

5.4.2 Koordinaten und Koordinatensystem

Alle Positions- und Größenangaben erfolgen in ET++ normalerweise durch ganzzahlige 32-Bit-Werte als Fensterkoordinaten des zugrundeliegenden Fenstersystems. Dadurch sind ET++-Applikationen nicht unabhängig von der Auflösung des Ausgabemediums.

ET++-Ausgabemedien (Ports) unterstützen zwar die Skalierung aller grafischen Operationen, jedoch wird diese Funktionalität zur Zeit nur in bestimmten Teilbereichen des Toolkits verwendet (z.B. zum Drucken, s.u.).

Der Grund für diese Entwurfsentscheidung ergibt sich wieder aus dem Einsatzgebiet von ET++. In Applikationen mit grafischer Benutzungsschnittstelle sind die Anforderungen an Auflösungsunabhängigkeit und Existenz eines Weltkoordinatensystems geringer als in allgemeinen Grafikapplikationen. Stattdessen steht die exakte und effiziente Darstellung von Interaktionskomponenten im Vordergrund.

Würde im grafischen Modell von ET++ bereits auf unterster Stufe ein auf reellen Koordinaten basierendes, auflösungsunabhängiges Koordinatsystem existieren, so würden beim Skalieren Rundungsprobleme auftreten und dadurch das exakte Positionieren grafischer Objekte erschwert werden.

Das NeWS-System bestätigt den in ET++ verwendeten Ansatz. Obwohl NeWS beliebige Koordinatentransformationen unterstützt, wird standardmäßig eine 1-zu-1-Abbildung von Welt- auf Fensterkoordinaten benutzt, um damit allen Rundungsproblemen aus dem Weg zu gehen.

Als Entschärfung des Problems der Auflösungsabhängigkeit von ET++ kann die automatische Layout-Verwaltung (Abschnitt 5.6) betrachtet werden, da durch sie weitgehend auf die explizite Angabe von Koordinaten (Positionen) und Größen verzichtet werden kann.

Problematisch an diesem Ansatz ist die Ausgabe auf Geräten mit höherer Auflösung, z.B. Laserdrucker mit typischerweise 300 dpi. Obwohl diese hohe Auflösung bei der Umsetzung von

ET++-Grafikoperationen genutzt wird, ist die Positionierungs- und Ausdehnungsgenauigkeit auf die eines typischen Bildschirms (ca. 72 dpi) begrenzt. Zur Lösung dieses Problems werden in ET++ zur Zeit zwei unterschiedliche Verfahren eingesetzt.

– *Hinweise* (*hints*):
  Mit der Methode GiveHint der Klasse Port kann ein Ausgabetreiber, d.h. eine konkrete Unterklasse von Port mit Zusatzinformationen versorgt werden. Diese Information ist rein optional, kann also vom Treiber ohne Konsequenzen ignoriert werden bzw. muß auch von höheren Softwareschichten nicht bereitgestellt werden.
  Bei der hochauflösenden Ausgabe von Text werden mit diesem Verfahren zusätzliche Strukturinformationen in den Strom von Grafikoperationen eingefügt, durch die der Drucktreiber eine typographisch befriedigende Positionierung durchführen kann. Z.B. erzeugen die Textklassen Hinweise für den Anfang, die Länge und Formatierung (links-, rechtsbündig, zentriert) einer Zeile. Gelangen diese Hinweise an den Drucktreiber, so ignoriert er die ungenauen ganzzahligen Koordinaten eines Zeichens und berechnet stattdessen genauere Werte basierend auf der Strukturinformation und der exakten Zeichenbreite. Im Falle von PostScript erfolgt diese gewissermaßen „zweite" Formatierung sogar vollständig im Drucker und entlastet dadurch die Applikation. Gelangen diese Hinweise hingegen an ein Fenster (Klasse WindowPort), so werden sie vollständig ignoriert.

– *Skalierung*:
  Da die Abstraktion Port eine Skalierung erlaubt, können während der Ausgabe auf einen Drucker temporär alle grafischen Ausgaben um einen bestimmten Faktor (z.B. 4 für Laserdrucker mit 300 dpi) vergrößert werden. Gleichzeitig wird bei der Generierung der Druckerbefehle eine Verkleinerung um den gleichen Betrag vorgenommen. In PostScript kann dies z.B. einfach durch den Scale-Operator erreicht werden. Da für die ganzzahligen Koordinaten eine 32-Bit Darstellung gewählt wurde, ist auch bei der Ansteuerung von sehr hochauflösenden Lichtsatzanlagen (bis zu 2000 dpi) ein Überlauf bei der Aufwärtsskalierung ausgeschlossen.

5.4.3 Fonts

In den meisten Fenstersystemen erfolgt der Zugriff auf Zeichensätze (Fonts) durch Angabe eines Dateinamens. Da die Menge aller Fonts durch das System Font-Familie, Schnitt und Größe hierarchisch strukturiert werden kann, sind diese Attribute häufig im Dateinamen kodiert und erlauben somit, daß direkt, d.h. ohne Suche auf einen bestimmten Font zugegriffen werden kann. Außerdem erlauben die im Dateinamen kodierten Attribute auch eine Suche nach bestimmten Font-Teilmengen, ohne daß die Font-Dateien hierzu geöffnet und analysiert werden müssen.

Da dieses Verfahren umständlich und stark fenstersystemabhängig ist, wurde für ET++ eine Abstraktion entwickelt, die in objektorientierter Weise das hierarchische Font-System widerspiegelt und direkte Zugriffe und Abfragen effizient unterstützt (Abb. 5.13).

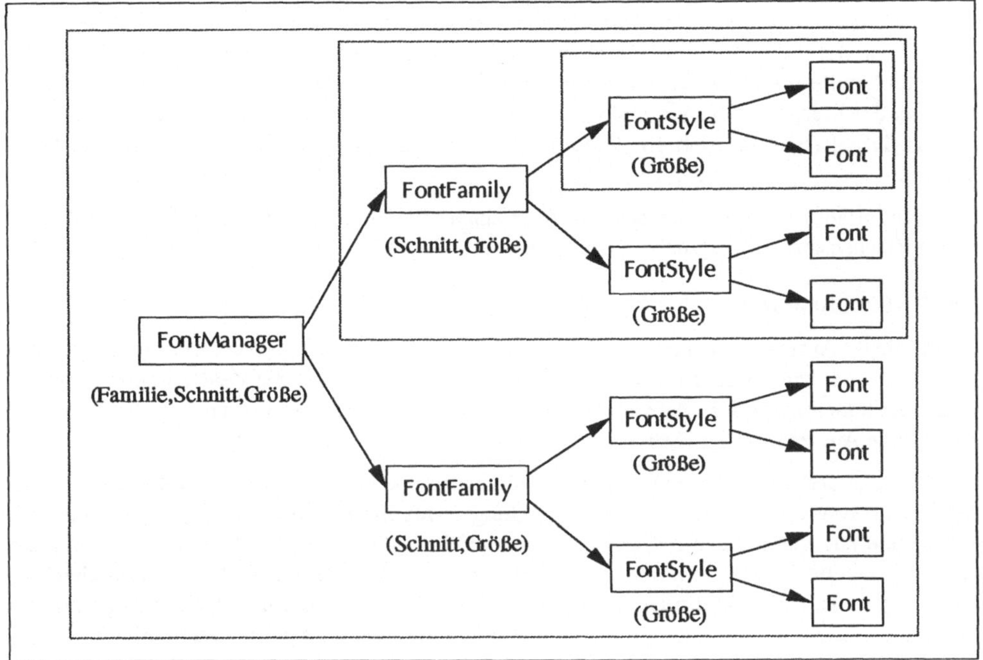

Abb. 5.13: Struktur der ET++ Font-Verwaltung

Auf der untersten Ebene existiert die abstrakte Klasse Font, die die Schnittstelle zu einem fenstersystemabhängigen Zeichensatz bildet und einen effizienten Zugriff auf die wichtigsten Font-Attribute erlaubt. In Unterklassen erfolgt auch hier wieder die Anbindung an ein konkretes Fenstersystem.

Alle unterschiedlichen Größen eines Fonts werden in einem Exemplar der Klasse FontStyle verwaltet. FontStyle repräsentiert dabei eine bestimmte stilistische Variation eines Fonts, enthält also z.B. alle Größen von Helvetica-Bold. Wird eine nicht vorhandene Größe verlangt, so erzeugt FontStyle automatisch einen synthetischen Font entweder durch Skalierung der Zeichen-Bit-Maps eines existierenden Fonts oder unter Verwendung einer Hüllkurvenbeschreibung. Da neuere Fenstersysteme eine Font-Skalierung bereits direkt unterstützen, kann die in ET++ durchgeführte Skalierung in fenstersystemspezifischen Unterklassen ausgeschaltet werden. Durch einen Iterator kann bestimmt werden, in welchen Schriftgrößen ein Font vorliegt bzw. welche Größen synthetisiert werden können.

Alle stilistischen Variationen eines Fonts, also z.B. Bold, Italic oder Outline werden durch Exemplare der Klasse FontFamily verwaltet. Ein Exemplar von FontFamily repräsentiert also eine konkrete Schriftart, z.B. Helvetica. Ähnlich wie bereits die Klasse FontStyle, so synthetisiert auch FontFamily neue Schnitte eines verlangten aber nicht vorhandenen Fonts. Auch hier existiert wieder ein Iterator, mit dem alle Schnitte aufgezählt werden können.

Alle Exemplare der Klasse FontFamily werden von der Klasse FontManager verwaltet. Auch ihre Aufgabe ist es, wieder einen schnellen Zugriff auf eine bestimmte Familie zu gewährleisten.

In einer fenstersystemspezifischen Unterklasse wird zur Initialisierungszeit aus den existierenden Fonts die hierarchische Struktur bestehend aus Fonts, FontStyles und FontFamilies aufgebaut. Die Schnittstelle vom FontManager wurde so gestaltet, daß Klienten normalerweise keine Kenntnis der Klassen FontStyle und FontFamily besitzen müssen, also zu einem angegebenen Attribut-Tripel (Familie, Schnitt, Größe) direkt das zugehörige Exemplar der Klasse Font erhalten.

Insgesamt erlaubt diese hierarchische Struktur einen effizienten und dennoch portablen Zugriff auf die Zeichensätze des zugrundeliegenden Fenstersystems.

5.4.4 Textausgabe

Die effiziente Ausgabe von Text oder Zeichenketten ist eine wichtige Anforderung an ein Fenstersystem und damit auch an das grafische Modell von ET++. Da die Zeichen eines Zeichensatzes fast immer durch Bit-Maps repräsentiert werden, wird die Ausgabe von Zeichenketten als wiederholte Anwendung der BitBlT-Operation (COPY bzw. OR) realisiert.

Die Effizienz der BitBlT-Operation entsteht üblicherweise dadurch, daß möglichst viele der zu ihrer Realisierung benötigten Fallunterscheidungen aus ihrer inneren Kopierschleife entfernt werden und nur einmal beim Initialisieren durchgeführt werden müssen. Je größer der durch die BitBlT-Operation behandelte Bereich ist, desto weniger fällt dieser initiale Aufwand ins Gewicht. Diese Eigenschaft trifft aber nicht auf die Ausgabe von Zeichen zu, da deren Bit-Maps normalerweise sehr klein sind (<16x16 Punkte) und somit die Initialisierung den Rest dominiert.

Aus diesem Grund besitzen die meisten Fenstersysteme spezielle Funktionen, mit denen mehrere Zeichen in einer einzigen Operation als sog. *Zeichenbündel* (*character batch*) ausgegeben werden können. Große Unterschiede existieren allerdings hinsichtlich der Situationen, in denen ein solches Zusammenfassen erfolgen kann. So unterstützt z.B. QuickDraw nur einfache Zeichenketten, d.h. horizontal aufeinanderfolgende Zeichen eines Zeichensatzes ohne Zwischenräume. X-Windows besitzt eine zusätzliche Funktion, mit der mehrere Zeichenketten mit Zwischenräumen und in unterschiedlichen Zeichensätzen ausgegeben werden können. Allerdings müssen auch hier die Zeichenketten horizontal nebeneinander liegen. SunWindows besitzt die flexibelste Funktion, da hier Zeichen aus unterschiedlichen Zeichensätzen an beliebiger Position (d.h. nicht nur horizontal) dargestellt werden können.

Unter serverbasierten Systemen entsteht durch die Zeichenbündelung außerdem ein geringerer Kommunikationsaufwand, da nicht für jedes einzelne Zeichen ein Datenblock übermittelt werden muß.

Damit ET++-Applikationen keine Kenntnisse über diese sehr unterschiedlichen Optimierungsmöglichkeiten besitzen müssen, wurde ein portabler Mechanismus entwickelt, der automatisch für jedes Fenstersystem Zeichenbündel maximaler Länge aufbaut. Abbildung 5.14 zeigt eine schematisierte Darstellung.

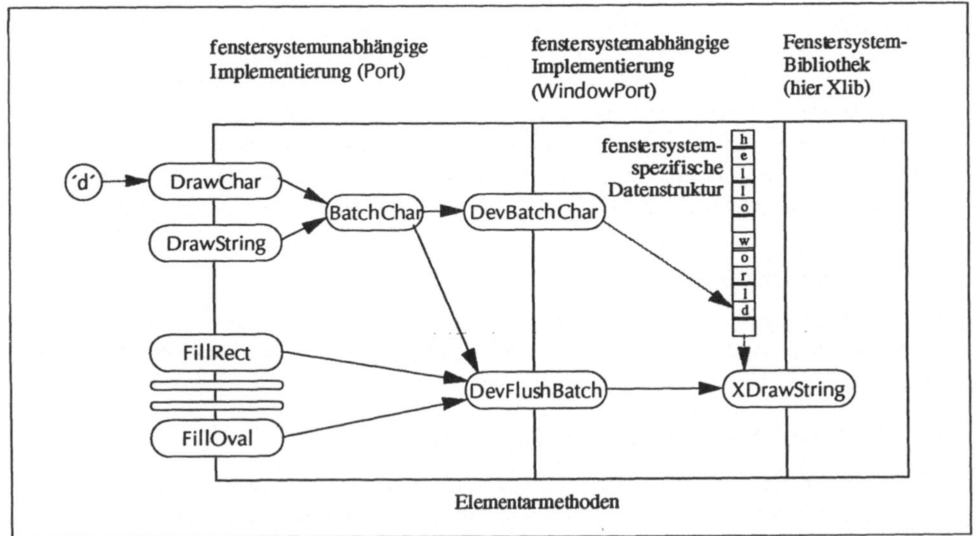

Abb. 5.14: Zusammenfassen von Zeichen

Die Implementierung dieses Mechanismus ist aufgeteilt in einen Ausgabe-Port-unabhängigen Teil in der Klasse Port und einen geräteabhängigen Teil in einer der Unterklassen von Port. Die Ausgabe von Zeichen in ET++ erfolgt durch die Ausgabeoperationen DrawChar oder Draw-String. Für jedes einzelne Zeichen wird dann die Port-interne Methode BatchChar aufgerufen, die den Ausgabe-Port-unabhängigen Kontrollfluß des Bündelns realisiert. Dazu leitet sie Zeichen und deren Attribute (Zeichensatz, Position, Ink) an die in Unterklassen überschriebene Methode DevBatchChar weiter. DevBatchChar fügt diese in eine fenstersystemspezifische Datenstruktur ein und teilt über einen Rückgabeparameter mit, ob das neue Zeichen zum letzten Zeichenbündel hinzugefügt werden konnte. Die Entscheidung hierüber erfolgt über die als Parameter übergebenen Zeichenattribute und ist außerdem von den Eigenschaften des Bündelungsmechanismus abhängig. Konnte das Zeichen nicht angefügt werden, so erzwingt BatchChar die Ausgabe des letzten Bündels durch den Aufruf der zweiten geräteabhängigen Methode DevFlushBatch. Anschließend wird durch erneuten Aufruf von DevBatchChar eine neue Bündelungs-Datenstruktur erzeugt.

Außerdem wird DevFlushBatch immer dann aufgerufen, wenn ein Strom von Zeichen durch eine andere Ausgabeoperation (z.B. FillRect) unterbrochen wird. In einem solchen Fall muß davon ausgegangen werden, daß nachfolgende Zeichen über dem eingeschobenen grafischen Objekt zu liegen kommen, und damit das letzte Zeichenbündel zuvor abgeschlossen werden muß.

Insgesamt wird durch dieses gegenüber Applikation und Toolkit vollkommen transparente Verfahren eine im Durchschnitt 400%ige Verlängerung von Zeichenbündeln erreicht und die Ausgabegeschwindigkeit spürbar erhöht.

Ein weiterer Vorteil der Bündelung einzelner Zeichen zu maximal großen Sequenzen ergibt sich aus der Tatsache, daß bereits in der Methode BatchChar das umhüllende Rechteck der Zeichenfolge bestimmt wird. Durch Kenntnis dieses Rechtecks kann die Ausgabe der Zeichen in

DevFlushBatch weiter optimiert werden, wenn z.B. Text mit einem Graumuster oder in einer Farbe dargestellt werden soll. Hierbei muß in ET++ eine Stencil-Operation verwendet werden, deren interne Realisierung aus bis zu fünf BitBlT-Operationen bestehen kann (vgl. Abschnitt 2.4.3). Würde die Stencil-Operation auf jedes Zeichen einzeln angewendet, so ergäben sich erhebliche Effizienzeinbußen. Da aber das umhüllende Rechteck bekannt ist, kann aus allen Zeichen eines Bündels zunächst eine entsprechend große, 1-Bit tiefe Maske erzeugt werden, die dann in einer einzigen Stencil-Operation auf den Bildschirm gebracht wird.

5.5 Fenster in ET++

Ziel dieses Abschnitts ist es, Entwurf und Implementierung der Fenstersystemfunktionalität in ET++ darzustellen. Zunächst werden die Schwächen heutiger Systeme diskutiert; anschließend hieraus das in ET++ verwendete Modell entwickelt.

5.5.1 Probleme herkömmlicher Fenstersysteme

Kennzeichnend für alle neueren Fenstersysteme (z.B. X11 oder NeWS) ist die explizite Unterstützung einer Fensterhierarchie, also die Möglichkeit, Fenster baumartig verwalten zu können. Obwohl eine solche Fensterhierarchie auf den ersten Blick als geeignete Grundlage zur Modellierung hierarchisch strukturierter Grafik bzw. Benutzungsoberflächen erscheint, wird durch die folgende kritische Betrachtung eine Reihe von Schwachpunkten deutlich.

Leichtgewichtigkeit

Ein erster Kritikpunkt ergibt sich aus der Frage der konkreten „Leichtgewichtigkeit" eines Fensters. So schreibt Scheifler z.B. in [Sch86b] für X-Windows:

> "The X server is designed explicitly to make windows inexpensive. Our goal was to make it reasonable to use windows for things as individual menu items, buttons, even individual items in forms and spreadsheets. As such, the server must deal efficiently with hundreds (though not necessarily thousands) of windows on the screen simultaneously. Experience with X has shown that many implementors find this capability extremely useful."

Es ist zwar richtig, daß Fenster unter X-Windows leichtgewichtiger sind als z.B. SunWindows-Fenster, da sie keine begrenzten Betriebssystemressourcen wie Dateideskriptoren benötigen. Nicht mehr ganz so leichtgewichtig erscheinen sie aber, wenn man ihre Speicherplatzbedürfnisse näher analysiert.

Betrachtet man z.B. eine Spreadsheet-Applikation, so stellt sich bei einer Implementierung unter X die Frage, ob jede Zelle durch ein X-Fenster repräsentiert werden soll. Ein relativ kleines Rechenblatt mit 128*64 Zellen würde bereits 8192 Windows benötigen. Eine Analyse des X-Quellcodes zeigt, daß die ein Fenster repräsentierende serverinterne Datenstruktur bereits in ihrer geräteunabhängigen Version ca. 200 Bytes belegt. Je nach verwendetem Bildschirm bzw. Bildschirm-Controller kommen hierzu dann noch mindestens 100 Bytes für gerätespezifische Informationen. Nicht berücksichtigt wurden bei dieser Zählung dynamische Datenstrukturen, wie z.B. Regionen (*regions*), auf die die Fensterdatenstruktur nur Referenzen enthält. Bei einer realistischen Annahme von 300 Bytes pro Fenster werden für das betrachtete Rechenblatt bereits 2.5 MByte für serverinterne Datenstrukturen benutzt.

Erweitert man nun diese Betrachtung noch um die Verwendung des Xt-Toolkits, so ergibt sich mit den 200 Bytes, die zusätzlich noch für ein Widget benötigt werden, ein gesamter Speicherplatzbedarf von (300+200)*8192 = 4.096 MByte. Diese Überschlagsrechnung macht deutlich, daß auch die als leichtgewichtig geltenden X-Fenster nicht zur Realisierung einer Spreadsheet-Zelle herangezogen werden sollten.

Auf der anderen Seite wird dem Entwickler durch die Verwendung eines X-Fensters pro Spreadsheet-Zelle die Verwaltung eines Clipping-Bereiches, eines eigenen Koordinatensystems und der Eingabeverteilung abgenommen. Außerdem können für Rahmen und Farbe jeder Zelle standardmäßig vorhandene Attribute verwendet werden. Durch die Schachtelbarkeit von X-Fenstern kann relativ leicht die Möglichkeit eines verschiebbaren Ausschnitts eines Rechenblatts realisiert werden.

Diese große „eingebaute" Funktionalität führt insgesamt zur Aufblähung der Fensterdatenstruktur in X. Die Eigenschaft, daß die meisten Attribute für alle Zellen gleiche Werte besitzen, kann nicht ausgenutzt werden, da keinerlei Eingriffe in die interne Struktur eines Fensters möglich sind.

Besonders deutlich wird dies beim Attribut des *Fensterrahmens* (*window border*). Ein solcher Rahmen wird benötigt, wenn ein grafisches Objekt von seiner Umgebung bzw. von seinem Hintergrund visuell abgegrenzt werden soll. Damit dies auf flexible Weise erfolgen kann, existieren z.B. in X11 die Attribute Breite, Farbe und Muster. Außerdem wird durch den Rahmen ein zusätzlicher Clipping-Bereich erforderlich, der den benutzbaren Inhalt eines Fensters von seinem Rahmen abgrenzt und ihm ein eigenes Koordinatensystem gibt. Durch diese Attribute ist der X-Server in der Lage, Fensterrahmen vollkommen unabhängig von der Applikation verwalten und zeichnen zu können.

Auf der anderen Seite ist aber die Flexibilität bei der Gestaltung des Rahmens für viele Anwendungen nicht ausreichend. Werden z.B. Knöpfe als Fenster implementiert, so kann der Fensterrahmen verwendet werden, falls die Look-and-Feel-Spezifikation eine rechteckige Form erlaubt. Ist eine ovale Form vorgeschrieben, so muß dies eigens implementiert werden.

Soll der Rahmen um eine Titelzeile ergänzt werden, so kann auch dies nicht mit den vorhandenen Fensterattributen erreicht werden. In einem solchen Fall wird eine Fensterhierarchie benötigt, indem ein Fenster den Rahmen und die Titelzeile und ein Unterfenster den benutzbaren Inhalt realisiert. Bei diesem Beispiel zeigt sich, daß vier verschachtelte Clipping-Bereiche entstehen (und vom Server berücksichtigt werden müssen), wo grundsätzlich zwei ausreichen würden. Der erste Clipping-Bereich grenzt das äußerste Fenster vom Bildschirm ab; der zweite Clipping-Bereich den Inhalt des Fensters von seinem Rahmen.

Abbildung 5.15 veranschaulicht dies grafisch. Die grauen Bereiche stellen die Rahmen zweier Fenster dar. Die schwarzen Linien kennzeichnen die vier Clipping-Bereiche. Benötigt werden aber nur die Bereiche 1 und 4.

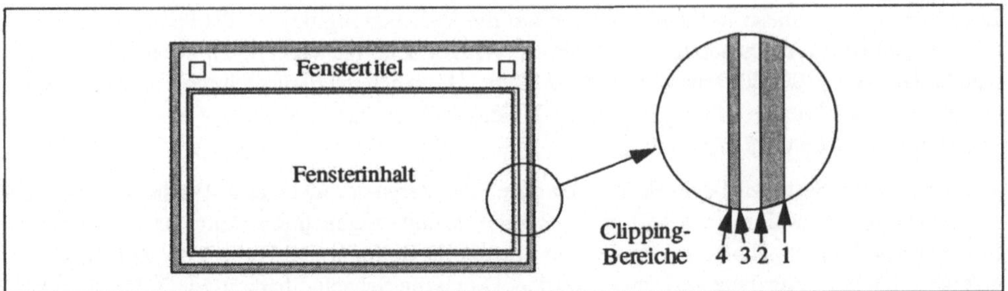

Abb. 5.15: Clipping-Bereiche eines Fensters

In vielen Fällen kann sogar ganz auf die Clipping-Funktionalität eines Fensters verzichtet werden. Ein anschauliches Beispiel findet sich in [Nye88]. Dort wird ein Popup-Menü als zweistufige Hierarchie von Fenstern realisiert, indem sowohl das Menü als auch jedes Menüelement durch ein Fenster repräsentiert wird. Als Motivation für ein solches Vorgehen wird auch hier wieder die Eigenschaft angegeben, daß ein Fenster ohne weitere Maßnahmen einen Rahmen zeichnen kann. Die Tatsache, daß ein Fenster einen Clipping-Bereich besitzt, ist dagegen vollkommen überflüssig, da normalerweise die Größe des Menüs bewußt so gewählt wird, daß sämtliche Elemente Platz finden, ohne jemals beschnitten werden zu müssen.

Insgesamt haben diese Beispiele deutlich gemacht, daß eine zu große Fensterfunktionalität zu beträchtlichem Ballast führt und dennoch für konkrete Anwendungen meist nicht flexibel genug ist. Ein Hinweis auf den Grund für eine solche Überfrachtung findet sich in [Nye88]:

> Xlib is powerful enough to write effective applications without additional programming tools ...

Datenstrukturduplizierung im Toolkit

Noch deutlicher wird die oben angesprochene Überfrachtung, wenn man die typische Anbindung eines Toolkits an das Fenstersystem betrachtet.

So ist z.B. im Xt-Toolkit mit jedem Widget ein X-Fenster assoziiert, so daß insgesamt eine *„Schattenhierarchie"* des vom Server verwalteten Fensterbaums entsteht (vgl. Abb. 5.16). Eine Untersuchung der Widget-Datenstruktur zeigt außerdem, daß 40% ihrer Objektkomponenten eine exakte Kopie von Attributen des zugeordneten Fensters darstellen. Durch diese Duplizierung kann für häufig benötigte Attribute, wie z.B. Position und Größe der Kommunikationsaufwand reduziert werden. Auf der anderen Seite erschwert aber die (bidirektionale) Aufrechterhaltung der Konsistenz beider Datenstrukturen die Implementierung von Xt erheblich.

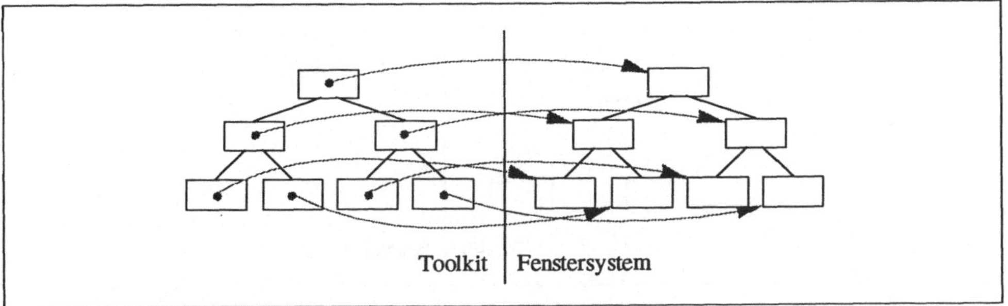

Abb. 5.16: Vollständige Abbildung von Widgets auf Fenster

Als Alternative zu dieser schwerfälligen Struktur findet man in Toolkits wie Xt und SunWindows das Konzept des „fensterlosen" Widget, das sog. *Gadget* (bzw. *region* in SunWindows*)*. Ein Widget kann mehrere Gadgets enthalten, die alle auf das gleiche Fenster im Server abgebildet werden (Abb. 5.17). Durch diese Abstraktion muß ein Widget nur noch dann verwendet werden, wenn tatsächlich eine Fensterfunktionalität erforderlich ist, und die damit verbundenen Kosten in Kauf genommen werden können. Da Gadgets aber sowohl in SunWindows als auch in Xt erst sehr spät aufgenommen wurden, sind sie nur schlecht integriert. Dies führt dazu, daß nicht jedes Widget durch ein Gadget ersetzt werden kann und der Entwickler diese Tatsache bereits sehr früh im Entwurfsprozeß berücksichtigen muß.

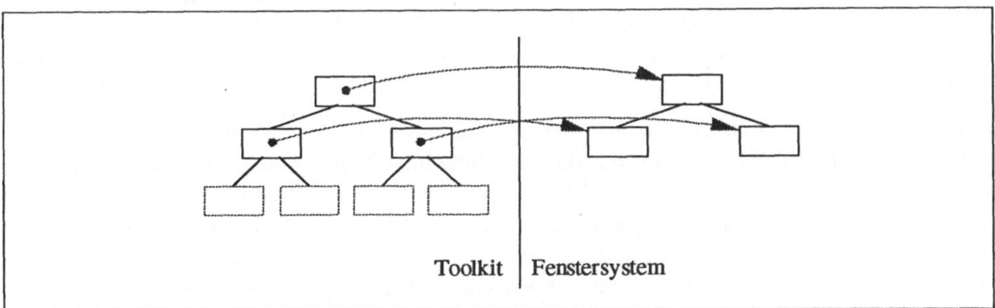

Abb. 5.17: Teilweise Abbildung von Widgets auf Fenster

Bei der letzten Variante werden im Toolkit alle inneren Knoten und Blätter durch Gadgets ersetzt. Nur noch die Wurzel stellt die Verbindung zu einem Fenster des Fenstersystems her (Abb. 5.18). Bei dieser Lösung wird der Datenstrukturduplizierung wirksam begegnet. Gleichzeitig wird aber auf einen großen Teil der üblicherweise in einem Fenstersystem vorgefundenen Funktionalität bewußt verzichtet.

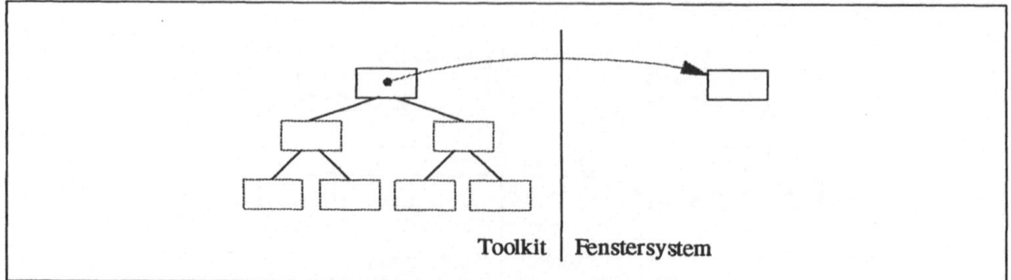

Abb. 5.18: Minimierte Abbildung von Widgets auf Fenster

Insgesamt machen die Überlegungen der beiden letzten Abschnitte deutlich, daß die in hierarchischen Fenstersystemen implementierte Funktionalität entweder zu hoch oder zu niedrig ist. Sie ist zu niedrig, da ein Fenstersystem nur mit einem aufbauenden Toolkit sinnvoll verwendet werden kann. Sie ist zu hoch, wenn man die letzte Lösungsvariante (Abb. 5.18) zugrundelegt.

5.5.2 ET++-Lösungsansatz

In ET++ wird die letzte Variante verwendet, da zum einen die Speicherplatzbedürfnisse minimiert werden können und zum anderen für die Implementierung der Gadgets im Toolkit ein objektorientierter Ansatz gewählt werden kann.

Das objektorientierte Konzept der Vererbung erlaubt die Realisierung einer gewissermaßen „abgestuften" Abstraktion, mit der sowohl einfache grafische Objekte als auch komplexe fensterähnliche Objekte mit jeweils angemessener Laufzeiteffizienz bei minimalem Speicherplatzbedarf repräsentiert werden können.

Die Grundidee hierbei ist es, eine abstrakte Klasse zu definieren, die die wesentlichen Eigenschaften eines grafischen Objektes als abstrakte Schnittstelle beschreibt, ohne jedoch diese bereits konkret implementieren und hierfür bereits zahlreiche Datenstrukturen (Objektkomponenten) festschreiben zu müssen. Objekte dieser Klasse erfüllen die Anforderung nach Leichtgewichtigkeit, da sie keinerlei Ressourcen in Anspruch nehmen. Auf der anderen Seite sind natürlich solche Objekte konkret nicht zu verwenden, da sie als Exemplare einer abstrakten Klasse nur Verhalten definieren, es aber nicht selbst implementieren. Erst in Unterklassen wird dann graduell die Funktionalität realisiert und werden die Datenstrukturen hinzugefügt, die für ein spezielles Verhalten unabdingbar sind. Die Eigenschaften, die typischerweise z.B. von einem Fenster verlangt werden, können so schrittweise nach einer Reihe von Vererbungen erreicht werden. Je feiner hierbei die Granularität ist, desto besser kann jeweils das für einen bestimmten Verwendungszweck geeignete grafische Objekt gefunden werden. Hierdurch kann erreicht werden, daß nie Objekte mit zu großer Funktionalität und damit verbundenen höheren Kosten eingesetzt werden müssen.

Seinen Niederschlag findet dieses Modell in den bereits in Abschnitt 4.6 eingeführten abstrakten Klassen:

- VObject
- Clipper
- CompositeVObject
- BlankWindow

Im folgenden werden die wichtigsten Entwurfsüberlegungen zu diesen Klassen dargestellt.

VObjects

In der abstrakten Klasse VObject wird das Protokoll für alle grafischen Objekte definiert. Im Gegensatz zu den Fenstern der bisher betrachteten hierarchischen Fenstersysteme konnten nur sehr wenige Attribute identifiziert werden, die in allen Unterklassen benötigt würden.

Der Grund hierfür ergibt sich direkt aus der Eigenschaft, daß ein hierarchisches Fenstersystem zwei grundsätzlich verschiedene Elemente besitzt. Die Blätter besitzen immer ein grafisches Erscheinungsbild, dessen konkrete Ausprägung durch eine Reihe von Attributen (z.B. Vorder- und Hintergrundfarbe) bestimmt wird. Auf der anderen Seite sind die inneren Knoten häufig nicht sichtbar, da sie nur Layout-Aufgaben wahrnehmen müssen. Statt Darstellungsattribute benötigen sie also Datenstrukturen zur Verwaltung von Unterbäumen.

Wegen dieser diametral entgegengesetzten Anforderungen muß die Entscheidung über konkrete Objektkomponenten den Unterklassen von VObject vorbehalten bleiben.

CompositeVObject

Die von VObject abgeleitete Klasse CompositeVObject stellt einen inneren Knoten in der Fensterhierarchie dar und besitzt deshalb eine Container-Datenstruktur als Objektkomponente.

Außerdem ist CompositeVObject ein Beispiel für das sehr mächtige, aber nicht objektorientierte Konzept der „Komposition" (vgl. 2.8.6), also des Zusammenfügens von einfacheren Teilen zu einem komplexen Ganzen. Das folgende „Gedankenexperiment" soll zeigen, daß Komposition häufig einfacher und gleichzeitig mächtiger ist als das ähnliche objektorientierte Konzept der *mehrfachen Vererbung* (*multiple inheritance*).

Sollen z.B. verschiedene VObjects mit einem Rahmen versehen werden, so müßte bei der Verwendung von Vererbung für jedes Objekt in einer Unterklasse durch Überschreibung dieser Rahmen gezeichnet werden. Diese Codeduplizierung kann mit dem Konzept der mehrfachen Vererbung reduziert werden, indem alle Unterklassen zusätzlich von einem Objekt „Rahmen" erben, statt diesen jeweils selbst zu zeichnen. Soll aber ein Objekt einen „doppelten" Rahmen erhalten, so zeigt sich, daß auch die mehrfache Vererbung ein zu limitiertes Konstruktionsprinzip darstellt, da nicht „zweimal" – also für jeden Rahmen einmal – von einer Oberklasse geerbt werden kann. Durch Komposition können hingegen beliebig viele „Rahmenobjekte" mit jedem anderen Interaktionselement dynamisch kombiniert werden. Damit führt die Komposition zu einer dem Problem besser angepaßten Strukturierung.

Clipper

Obwohl die Klasse Clipper keine Unterklasse von CompositeVObject ist, benutzt auch sie die
Komposition, um einen rechteckigen Ausschnitt eines beliebigen VObjects zu unterhalten.
Außerdem etabliert sie eine Koordinatentransformation für das in ihr enthaltene VObject. Diese
grundsätzlich unabhängigen Eigenschaften wurden in einer einzigen Klasse zusammengefaßt, da
sie fast immer gemeinsam zur Realisierung des Scrollings verwendet werden.

Im Gegensatz zu einem „echten" Fenster eines Fenstersystems wird eine korrekte Berücksichtigung des Clipping-Bereichs und der Koordinatentransformation nur durch Kooperation mit dem
Clipper sichergestellt. D.h. Zeichenoperationen dürfen nur dann erfolgen, wenn zuvor vom
Clipper das Ausgabe-Port richtig initialisiert wurde. Diese Kooperation wird aber vollständig
durch die Framework-Komponenten von ET++ sichergestellt, und bleibt damit dem Entwickler
verborgen.

BlankWindow

Die Klasse BlankWindow erweitert Clipper nur um die Verwaltung des Ausgabe-Ports der Fenstersystemschnittstelle. Die Funktionalität von BlankWindow ist vollkommen identisch mit der
Klasse Clipper. Als einziger implementatorischer Unterschied kann die explizite Verwaltung des
Clipping-Bereichs entfallen, da dieses bereits vom zugrundeliegenden Fenstersystem vorgenommen wird.

Abbildung 5.19 zeigt zum Abschluß ein Beispiel für eine aus den vier beschriebenen Klassen
aufgebaute abstrakte VObject-Hierarchie. In einer Applikation würden mit Ausnahme des
Clippers konkrete Unterklassen verwendet werden.

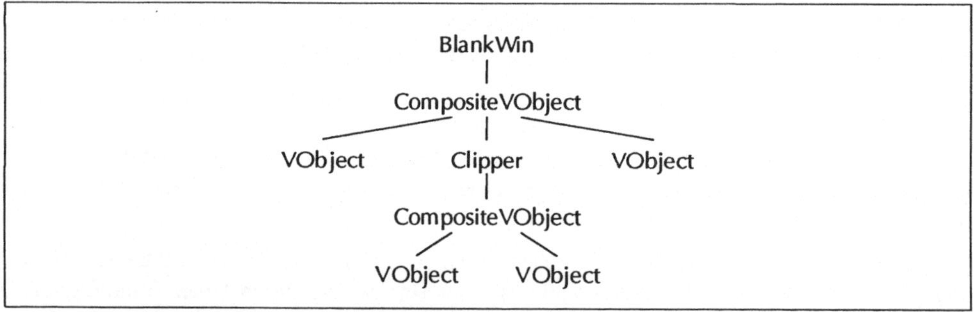

Abb. 5.19: Beispiel für eine „abstrakte" VObject-Hierarchie

5.6 Layout-Behandlung

Obwohl in hierarchischen Fenstersystemen Fenster rekursiv verschachtelt werden können, besitzen die meisten existierenden Systeme keine automatische Layout-Verwaltung. D.h. wird z.B.
die Größe eines äußeren Fensters verändert, so werden Position und Größe von Unterfenstern
nicht automatisch vom Fenstersystem angepaßt. Diese Aufgabe muß stattdessen vom Toolkit
übernommen werden.

Da in ET++ die Fensterhierarchie im Toolkit verwaltet wird, kann die Layout-Verwaltung direkt, d.h. ohne Kommunikation mit dem Fenstersystem durchgeführt werden. Dies erlaubt eine sehr effiziente und gleichzeitig flexible Implementierung.

Die in ET++ zur Layout-Verwaltung verwendete Strategie basiert auf einer „*rekursiven Hüll-rechteck-Berechnung*", wie sie z.B. in den Formel- bzw. Textformatier-Werkzeugen *Eqn* [Ker75] und $T_{E}X$ [Knu86, Knu86a] angewandt wird.

Grundlage dieses Verfahrens ist ein Baum, dessen Blätter grafische Komponenten, und dessen Knoten Layout-Operatoren repräsentieren. Zunächst wird rekursiv aufwärts, d.h. von den Blättern bis zur Wurzel das minimale Hüllrechteck des Baumes bestimmt. Aus dessen Größe wird anschließend rekursiv abwärts die aktuelle Größe und Position der Blätter und Knoten berechnet.

In ET++ wird dieses Verfahren in Unterklassen der abstrakten Basisklassen VObject und CompositeVObject realisiert. Unterklassen von VObject repräsentieren hierbei Blätter, Unterklassen von CompositeVObject Layout-Operatoren. Die Methoden des Layout-Protokolls werden in VObject definiert:

```
class VObject : public EvtHandler {
        Rectangle contentRect;
        bool hfixed, vfixed;
        // ...
public:
        // ...
        // Layout-Abfragen
        int Height();
        int Width();
        Point Extent();
        Point Origin();
        Rectangle ContentRect();
        virtual int Base()
            { return Height(); }
        virtual Metric GetMinSize()
            { return Metric(Extent(), Base()); }
        bool IsHFixed()
            { return hfixed; }
        bool IsVFixed()
            { return vfixed; }

        // Layout-Veränderungen
        virtual void SetExtent(Point e);
        virtual void SetOrigin(Point o);
        void SetContentRect(Rectangle r);
        void SetWidth(int w)
            { SetExtent(Point(w, Height())); }
        void SetHeight(int h)
            { SetExtent(Point(Width(), h))); }
};
```

Die Objektkomponente contentRect repräsentiert das Hüllrechteck, d.h. die Position und Aus-dehnung eines VObjects. Die Booleschen Objektkomponenten HFixed und VFixed geben an, ob die Größe des VObjects fest oder variabel ist. Mit den Methoden Height, Width, Extent, Get-MinSize, Origin, SetWidth, SetHeight, SetOrigin, SetExtent können einzelne Komponenten abgefragt bzw. gesetzt werden.

Müssen Unterklassen von VObjects, die Zeichenketten oder Texte enthalten (z.B. TextItems), im Rahmen einer Layout-Behandlung horizontal an der *Textbasislinie* ausgerichtet werden (Abb. 5.20), so reicht die Information über das Hüllrechteck hierzu nicht aus. Deshalb definiert die Klasse VObject eine dynamisch gebundene Methode Base, die in Unterklassen überschrieben werden kann, um die Höhe der Basislinie zu berechnen. Die Standardimplementierung von Base im VObject liefert die gesamte Höhe des VObjects zurück.

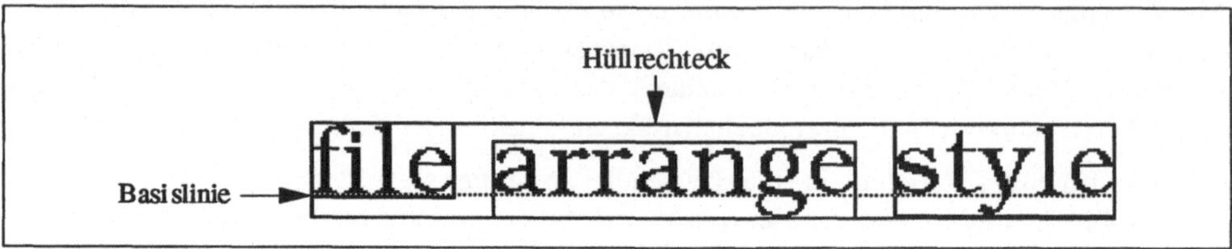

Abb. 5.20: Horizontale Ausrichtung von TextItems

Die Methode GetMinSize liefert die kleinste sinnvolle Größe für ein VObject. Häufig entspricht diese auch der sog. „natürlichen Größe", d.h. der Größe, die ein VObject annehmen soll, wenn es initial dargestellt wird. Da auf der abstrakten Stufe des VObjects keine Annahmen für eine solche „natürliche" Größe gemacht werden können, liefert GetMinSize die aktuelle Ausdehnung und Basishöhe. Da alle Layout-Methoden auf die Elementarmethoden Base, SetExtent, SetOrigin und GetMinSize zurückgeführt werden, bleibt der Aufwand zur Realisierung einer Layout-Klasse gering.

Für die Layout-Berechnung wird zunächst über GetMinSize rekursiv die minimale Ausdehnung einer VObject-Hierarchie bestimmt. Anschließend wird der hierbei erhaltene Wert durch den Aufruf von SetExtent rekursiv auf die Knoten und Blätter verteilt. Nachdem auf diese Weise die Größe aller VObjects bestimmt wurde, wird ihnen durch den rekursiven Aufruf von SetOrigin eine bestimmte Position zugewiesen. Wird einem VObject durch SetExtent eine größere Ausdehnung zugewiesen als dieses bei GetMinSize zurückgeliefert hat, so muß SetExtent diesen „Überhang" durch eine von zwei möglichen Strategien verteilen (Abb. 5.21). Sind die enthaltenen VObjects nicht in ihrer Breite oder Höhe fixiert (HFixed, VFixed), so kann ihnen der Überhang durch rekursiven Aufruf von SetExtent proportional zugewiesen werden (Abb. 5.21, rechts). Andernfalls muß der Überhang auf den zwischen den VObjects liegenden Platz (*gap*) verteilt werden (Abb. 5.21, links).

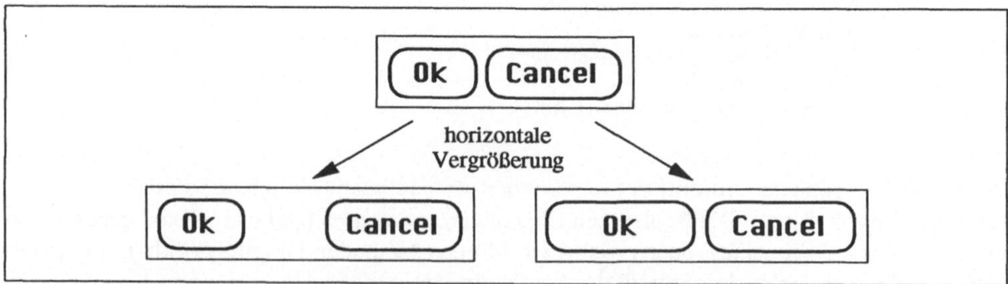

Abb. 5.21: Layout-Anpassung bei horizontaler Vergrößerung

5.7 Bildschirmaufdatierung

Eine der wichtigsten Forderungen an eine interaktive grafische Applikation ist es, daß der Bildschirm jederzeit eine aktuelle Darstellung des internen Modells der Applikation zeigt. Jede Veränderung dieses Modells muß sich möglichst schnell in einer Aufdatierung seiner visuellen Repräsentation widerspiegeln. Geschieht dies nicht oder zu spät, kann es dazu führen, daß der Endbenutzer aufgrund der Bildschirminformation weitere Aktionen auf den Daten ausführt, obwohl sich diese in ihrer internen Darstellung bereits in einem neuen Zustand befinden. Auf der anderen Seite darf aber auch nicht zu schnell und häufig aufdatiert werden, da sich sonst das Antwortverhalten einer Applikation so stark verschlechtert, daß der Benutzer durch Pausen gebremst wird.

Die „Kunst" bei der Entwicklung interaktiver grafischer Applikationen besteht deshalb u.a. darin, einen geeigneten Kompromiß zwischen beiden Anforderungen zu finden.

In den meisten Fenstersystemen bzw. Toolkits wird zwischen dem applikationsgesteuerten direkten Zeichnen und einem fenstersystemgesteuerten indirekten Zeichnen unterschieden. Ersteres erfolgt, wenn Änderungen der applikatorischen Daten zu einer – meist lokal begrenzten – Aufdatierung des Bildschirms führen müssen. Fenstersystemgesteuertes indirektes Zeichnen wird erforderlich, wenn z.B. durch Änderung der Fensteranordnung oder durch Verschiebung des Fensterinhalts Bereiche des Bildschirms neu gezeichnet werden müssen.

In vielen Toolkits und Applikationen führt dies dazu, daß das Zeichnen grafischer Objekte über die gesamte Applikation verstreut und teilweise dupliziert vorhanden ist. Zum einen muß eine Prozedur definiert werden, die vom Fenstersystem als „Rückruf" (*callback*) aufgerufen wird, um ein Fenster zu restaurieren. Zum anderen muß in jeder Prozedur, die eine Veränderung eines einzelnen Objekts bewirkt, dessen Erscheinungsbild auf dem Bildschirm entsprechend nachgeführt werden.

Bei einer lokalen Aufdatierung entsteht außerdem das Problem, daß die grafische Darstellung anderer, überlappender Objekte teilweise zerstört werden kann. Der Grund hierfür ergibt sich aus der Tatsache, daß der Bildschirm bzw. ein Fenster kein „strukturelles Gedächtnis" besitzt, also nur aus einzelnen Bildpunkten besteht. Werden die Bildpunkte eines Objekts verändert, also z.B. gelöscht, so werden auch die Bildpunkte der strukturell dahinterliegenden Objekte zerstört.

In ET++ wird zum ersten Mal ein vereinheitlichter Ansatz verwendet, bei dem alle Formen des Zeichnens auf das indirekte Konzept des Damage-Repair zurückgeführt werden. Das in anderen Toolkits eher als „notwendiges Übel" betrachtete Damage-Repair wird in ET++ zum einzigen Konzept erklärt und führt damit zu einer wesentlichen Vereinfachung.

Obwohl ein solcher Ansatz auch in herkömmlichen Toolkits und Applikationen angewendet werden könnte, wird er erst praktikabel, wenn eine geeignete Framework-Unterstützung vorhanden ist. In ET++ gibt es deshalb ein aus den folgenden Teilbereichen bestehendes *Aufdatierungs-Framework*:

– *Zeichnen*:
   Der Teilbereich des Zeichnens implementiert eine rekursive Aufrufstruktur für die Draw-Methoden einer Hierarchie von VObjects. Konzeptionell ergibt sich hierdurch für jedes Fenster eine Methode, mit der das Fenster – oder ein rechteckiger Teilbereich davon – neu

gezeichnet werden kann. Außerdem wird durch diese Methode die Funktionalität eines hierarchischen Fenstersystems implementiert. Gleichzeitig bildet dieses Framework auch die Grundlage für die Realisierung des geräteunabhängigen Druckens grafischer Objekte.

— *Invalidierung*:
Durch Invalidierung wird das grafische Erscheinungsbild einer Datenstruktur für ungültig erklärt.

— *Ausscheiden überflüssiger Grafikoperationen (rejecting)*:
Das Konzept des Rejectings reduziert bereits im Toolkit ohne weitere Unterstützung durch die Applikation die Zahl der grafischen Operationen, die tatsächlich zum Fenstersystem weitergeleitet werden müssen.

— *Double Buffering*:
Mit Double Buffering wird das durch die indirekte Fensterauffrischung hervorgerufene „Flackern" des Bildschirms eliminiert.

5.7.1 Zeichnen

Die Darstellung grafischer Objekte (VObjects) erfolgt in ET++ ausschließlich durch die Methoden Draw und DrawAll. Die folgende Beschreibung dieser Methoden für die wichtigsten Klassen (VObject, CompositeVObject und Clipper) soll deutlich machen, wie gering der Aufwand in ET++ ist, um die Funktionalität eines hierarchischen Fenstersystems zu realisieren.

Die folgende Sequenz zeigt den relevanten Ausschnitt der Definition und Implementierung der Klasse VObject:

```
    class VObject : public EvtHandler {
            Rectangle contentRect;
            // weitere Objektkomponenten
    public:
            VObject(Rectangle r)
                  { contentRect= r; }

            virtual void Draw(Rectangle visible)
                  { /* in Unterklassen zu überschreiben */ }

            void DrawAll(Rectangle visible)     // wird nie überschrieben
            {
                    Rectangle r= Intersect(contentRect, visible);
                    if (r.IsNotEmpty())
                            Draw(r);
            }
            // weitere Methoden
    };
```

Die virtuelle Methode Draw muß in Unterklassen überschrieben werden, um das entsprechende VObject auf dem Bildschirm darzustellen. Der Parameter visible bezeichnet den zu zeichnenden Bereich des VObjects. Besitzt das VObject einen komplexen Aufbau, so kann visible verwendet werden, um nur die wirklich benötigten Ausgabeoperationen auszuführen. Für einfache VObjects wird visible meist ignoriert.

Bei der konkreten Realisierung der Draw-Methode eines VObjects wird vorausgesetzt, daß alle Grafikfunktionen innerhalb des durch contentRect definierten Bereiches bleiben und daß in Ermangelung eines eigenen Koordinatensystems immer der aktuelle Ursprung des VObjects berücksichtigt wird. Beide Annahmen sind Ergebnis der in 5.5.2 motivierten Überlegung, daß nicht jedes Interaktionselement die volle Funktionalität eines Fensters besitzen muß. Außerdem bilden diese Vereinbarungen gewissermaßen den „Preis", der dafür gezahlt werden muß, daß VObjects „leichtgewichtig" sind. Mehrjährige Entwicklungserfahrung mit ET++ bestätigt, daß durch diese Annahmen keine ernsten Einschränkungen oder Probleme entstehen.

DrawAll ist ein sog. *Wrapper* für die Methode Draw. Immer dann, wenn ein VObject gezeichnet werden soll, wird nicht Draw, sondern DrawAll aufgerufen. DrawAll ermittelt zunächst die Schnittmenge der durch visible und die Größe des VObjects (contentRect) definierten Bereiche. Nur wenn die Schnittmenge nicht leer ist, wird die Draw-Methode aufgerufen. DrawAll faktorisiert also diesen Sichtbarkeitstest aus allen Draw-Methoden heraus, so daß sich die Implementierung neuer Unterklassen von VObject vereinfacht.

Eine Hierarchie von grafischen Objekten wird in ET++ durch die abstrakte Klasse Composite-VObject (vgl. Abschnitt 4.6.2) gebildet:

```
class CompositeVObject : public VObject {
    OrdCollection *list;
public:
    CompositeVObject(Collection *col)
        { list= col; }

    void Draw(Rectangle visible)
        { list->ForEach(VObject,DrawAll)(visible); }

    // weitere Methoden
};
```

Die Objektkomponente list vom Typ OrdCollection dient zur Aufnahme einer beliebigen Menge von vom CompositeVObject verwalteten VObjects. In der überschriebenen Methode Draw wird für jedes VObject in list der Wrapper DrawAll aufgerufen. Auf diese Weise werden nur die im Bereich des Rechtecks visible liegenden VObjects neu gezeichnet.

Mit der Klasse Clipper kann ein beliebiges VObject sowohl mit einem eigenen Koordinatensystem als auch einem Clipping-Bereich versehen werden:

```
class Clipper : public VObject {
    VObject *shownVObject;
    Point relOrigin;
public:
    Clipper(VObject *s)
        { shownVObject= s; }
    // ...
    void Draw(Rectangle visible);
        // Implementierung siehe unten

    Point Offset()
        { return GetOrigin() - relOrigin; }
    // ...
};
```

Die Objektkomponente shownVObject verweist auf das VObject, das durch den Clipper sichtbar sein soll. Der Clipper bildet einen der eigenen Größe entsprechenden Ausschnitt dieses VObjects ab. Die Position des Ausschnitts wird durch die Objektkomponente relOrigin definiert. Ist z.B. relOrigin = (0,0), so wird der linke obere Ausschnitt des shownVObject dargestellt. Für jede Koordinate c des shownVObject muß also die Transformation

$$c' = c + \text{GetOrigin}() - \text{relOrigin}$$

durchgeführt werden, um eine für den Clipper definierte Koordinate c' zu erhalten (Abb. 5.22). Zur Vereinfachung existiert hierzu die Methode Offset.

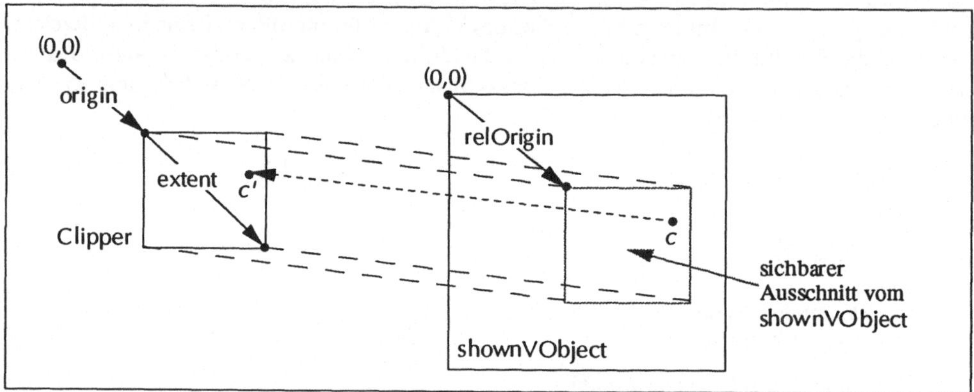

Abb. 5.22: Beziehung zwischen Clipper und seinem gezeigten VObject

Damit die durch einen Clipper gezeigten VObjects diese Transformation nicht selbst durchführen müssen, wird in der Methode Draw temporär das aktuelle Ausgabe-Port modifiziert:

```
void Clipper::Draw(Rectangle visible)
{
        Rectangle oldcliprect= GrGetClip();
        Point oldorigin= GrGetOrigin();
        GrSetClip(visible);
        GrSetOrigin(oldorigin - relOrigin);

        visible.origin+= Offset();
        shownVObject->DrawAll(visible);

        GrSetClip(oldcliprect);
        GrSetOrigin(oldorigin);
}
```

Zum einen wird der durch den Clipper definierte Clipping-Bereich gesetzt (GrSetClip), zum anderen die auf jede Grafikoperation anzuwendende Koordinatentransformation festgelegt (GrSetOrigin). Nach dem Aufruf der DrawAll-Methode des gezeigten VObjects werden beide Transformationen wieder auf ihre alten Werte zurückgesetzt.

Dieses Codebeispiel macht deutlich, daß Grafikoperationen nur dann das durch einen Clipper definierte „Teilfenster" respektieren, wenn zuvor der aktuelle Port entsprechend initialisiert oder, in ET++-Terminologie, auf diesen Port „fokussiert" wurde. Solange sich die Verwendung von Grafikoperation auf die oben beschriebene Draw-Hierarchie beschränkt, wird die Fokussierung automatisch von ET++ durchgeführt, tritt also in Applikationen nicht in Erscheinung.

Müssen hingegen außerhalb der Draw-Hierarchie Grafikoperationen aufgerufen werden, so muß zuvor immer durch Aufruf der VObject-Methode Focus fokussiert werden. Focus berechnet dabei ausgehend von einem beliebigen VObject rekursiv bis zur Wurzel der VObject-Hierarchie den aktuellen Clipping-Bereich und die Koordinatentransformation:

```
void VObject::Focus(Rectangle cliprect, Point origin)
{
        container->Focus(Intersect(contentRect, cliprect), origin);
}

void Clipper::Focus(Rectangle cliprect, Point origin)
{
        container->Focus(Intersect(contentRect, cliprect+Offset()), origin+Offset());
}

void BlankWin::Focus(Rectangle cliprect, Point origin)
{
        GrSetPort(port);
        GrSetClip(Intersect(contentRect, cliprect));
        GrSetOrigin(origin);
}
```

Tatsächlich wurde aber mit fortschreitender Weiterentwicklung von ET++ die Notwendigkeit nach expliziter Fokussierung immer geringer. Zum einen wurden in Applikationen typische Fokussierungs-Strukturen analysiert und dann als Frameworks in der Klassenbibliothek abgelegt. Klienten können in einer überschriebenen Methode Grafikoperationen aufrufen, für die ET++ automatisch die Fokussierung sicherstellt. Zum anderen ergibt sich eine weitere Entschärfung des Problems der Fokussierung durch das im nächsten Abschnitt beschriebene Konzept der *Invalidierung*.

5.7.2 Invalidieren

Beim „Invalidieren" werden Modifikationen eines grafischen Objekts auf die oben beschriebene Draw-Hierarchie zurückgeführt. Hierdurch kann das Zeichnen an einer einzigen Stelle zentralisiert werden.

Die Grundidee hierbei ist es, daß die Applikation, aber auch das Application-Framework selbst, nie direkt durch den Aufruf von Grafikoperationen zeichnet, sondern stattdessen dem Window-Port nur mitteilt, welche Objekte neu gezeichnet werden müssen. Stellt dann anschließend das Framework fest, daß vom Benutzer keine weiteren Eingaben vorliegen, die Applikation also insgesamt „idle" ist, so veranlaßt es ein Neuzeichnen aller zwischenzeitlich angesammelten Objekte, indem es ihnen eine entsprechende Aufforderung schickt.

Obwohl diese Beschreibung die abstrakte Wirkungsweise korrekt wiedergibt, läßt sich für eine konkrete Implementierung eine gegenüber der oben erwähnten Liste geeignetere Datenstruktur finden. Entscheidend hierbei ist, daß häufig nicht Objekte gesamthaft, sondern nur in Teilen neu gezeichnet werden müssen. Im Falle eines Textobjektes ist dies häufig zum Beispiel nur der einige wenige Zeichen umfassende Bereich. Deshalb werden statt der Objekte selbst nur die neu zu zeichnenden Bereiche in einer speziellen grafischen Datenstruktur, der sogenannten *Region*, angesammelt. Die Verwendung dieser Datenstruktur hat aber dann zur Folge, daß für das Neuzeichnen die Region zunächst wieder auf die zugehörigen Objekte abgebildet werden muß.

Dieses grundsätzlich aus der Macintosh-Toolbox oder MS-Windows bekannte Verfahren wird auch als *Invalidierungsverfahren* (*invalidation*) bezeichnet, da Fensterbereiche invalidiert, also als ungültig erklärt werden. Andere – speziell serverbasierte Fenstersysteme – unterstützen dieses Verfahren nicht explizit, sondern stellen höchstens Grundfunktionen zur Verfügung. In ET++ wird hingegen zum ersten Male das Invalidierungskonzept als einziges Verfahren zur Aufdatierung von Fenstern angewendet.

Ein Beispiel soll dies illustrieren: Angenommen wird hier ein einfacher grafischer Editor, der es erlaubt, grafische Objekte wie z.B. Kreise oder Rechtecke zu verschieben. Eine wichtige Annahme ist außerdem, daß sich die Objekte überlagern können. Abb. 5.23 zeigt links oben ein Fenster mit zwei grafischen Objekte *A* und *B* und links unten den Zustand, der nach einer Verschiebung von Objekt *A* erreicht werden soll.

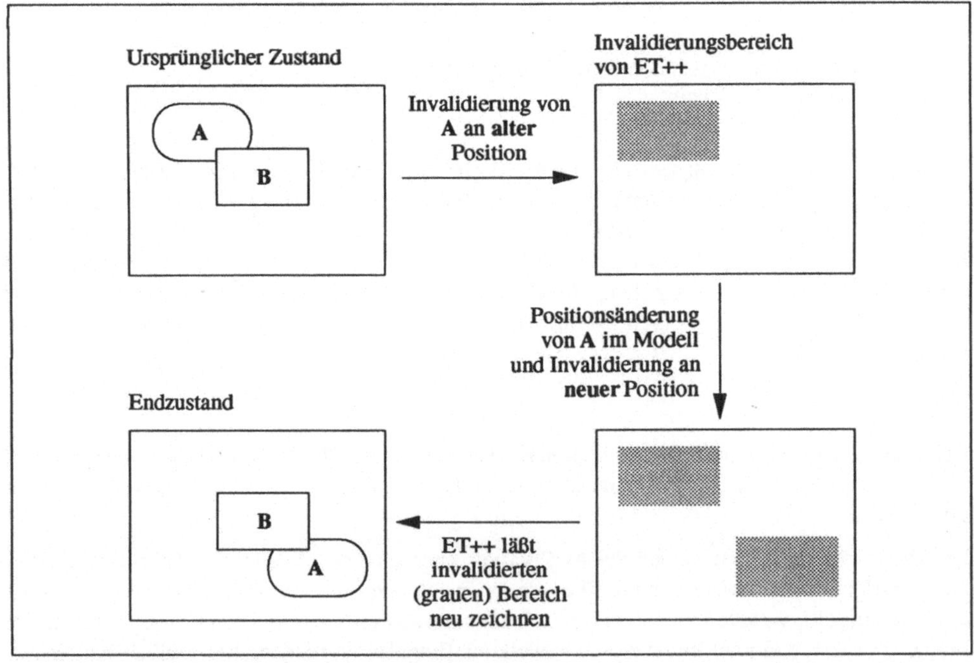

Abb. 5.23: Konzept der Invalidierung

Die Verschiebung könnte nun naiv so realisiert werden, daß zunächst das Objekt *A* an seiner alten Position gelöscht wird, indem es mit der Fensterhintergrundfarbe überzeichnet wird und dann anschließend an der neuen Position neu gezeichnet wird. Das Problem bei diesem Ansatz ist, daß das Objekt *B* teilweise das ursprüngliche Objekt *A* verdeckt, und somit ein einfaches Löschen von *A* auch ein Löschen eines Bereichs von *B* bewirken würde. Soll dies verhindert werden, so müßte *A* die Information darüber besitzen, daß es teilweise von *B* abgedeckt wird. Dieses Wissen kann und soll aber Objekt *A* nicht besitzen:

```
void Move(Point delta)
{
        Hintergrundfarbe zeichnen   // an alter Position löschen
        // an neuer Position darstellen
        origin += delta;
        alle unter und über mir befindlichen Objekte neu zeichnen
}
```

Fettkursiv hervorgehoben wurden die Teile, die Informationen darstellen, die nicht in den Verantwortungsbereich des Objektes fallen.

Mit Hilfe der Invalidierung kann dieses Problem elegant gelöst werden. Anstatt daß sich Objekt *A* selbst direkt löscht und neu zeichnet, teilt es nur ET++ durch eine Invalidierung mit, daß sowohl sein ursprünglicher als auch der neu eingenommene Bereich ungültig geworden ist. Das Framework läßt dann zu gegebener Zeit diese Bereiche neu zeichnen, indem es zunächst den gesamten invalidierten Bereich löscht, d.h. ihn auf die Farbe des Hintergrundes setzt und anschließend über die rekursive Draw-Methode des Fensters sowohl den Bereich von *A* als auch von *B* neu zeichnet. Dies bewirkt dann automatisch, daß *A* an seiner alten Stelle gelöscht und an der neuen auftaucht, gleichzeitig aber auch, daß der zuvor verdeckte Bereich von *B* wieder hergestellt wird:

```
void VObject::Move(Point delta)
{
        InvalidateRect(contentRect);  // an alter Position löschen
        contentRect.origin += delta;
        InvalidateRect(contentRect);  // an neuer Position darstellen
}
```

Das Beispiel macht deutlich, daß die Invalidierung gerade in einem objektorientierten System geeignet ist, die abgeschlossene Sicht von Objekten auch bei ihrer visuellen Darstellung aufrecht zu erhalten. Außerdem führt die Invalidierung auch zu einem optimierten Neuzeichnen, da aufeinanderfolgende Invalidierungen des gleichen Bereichs oder überlappender Bereiche zusammengefaßt werden und somit nur ein einziges Neuzeichnen auslösen.

Implementierung

Die Implementierung des Invalidierungskonzepts ist auf die Klassen VObject, Clipper, BlankWindow und WindowPort verteilt.

VObject definiert eine dynamisch gebundene Methode InvalidateRect, über die ein rechteckiger Ausschnitt des VObjects invalidiert wird. In der Default-Implementierung der Methode wird das als Parameter übergebene Rechteck zunächst mit der Fläche des VObjects geschnitten. Hierdurch werden überflüssig große Bereiche reduziert. Ist der resultierende Bereich nicht leer, so wird er über die Invalidierungsmethode des Vorgänger-VObjects (container) rekursiv zur Wurzel der VObject-Hierarchie hochgereicht:

```
void VObject::InvalidateRect(Rectangle r)
{
        r= r.Intersect(contentRect);
        if (r.IsNotEmpty())
                container->InvalidateRect(r);
}
```

In der Klasse Clipper wird InvalidateRect so überschrieben, daß zusätzlich eine Koordinatentransformation auf das Rechteck angewendet wird:

```
void Clipper::InvalidateRect(Rectangle r)
{
        VObject::InvalidateRect(r+Offset());
}
```

Die Klasse BlankWindow leitet den zu invalidierenden Bereich an das WindowPort weiter, das ihn in eine Liste von nichtüberlappenden Rechtecken einfügt:

```
void BlankWin::InvalidateRect(Rectangle r)
{
        windowport->InvalidateRect(r);
}
```

View Splitting

Aus der Indirektion der grafischen Ausgabe durch Invalidierung ergibt sich außerdem eine sehr einfache Realisierung des „View-Splittings" (vgl. Abschnitt 4.6.3), also der gleichzeitigen Darstellung unabhängiger Teilbereiche eines Views in unterschiedlichen Clippern.

Jede Invalidierung eines View-Teilbereichs wird automatisch von diesem an alle ihn darstellenden Clipper weitergeleitet, die ihn nach Anwendung der Clipper-Transformation wiederum an ihren Container weiterreichen, bis er schließlich dem zugehörigen WindowPort zur Invalidierungsregion hinzugefügt wird. Wird dann später ein Neuzeichnen ausgelöst, so wird ausgehend vom WindowPort die gesamte Hierarchie in umgekehrter Richtung durchlaufen. Werden dabei wieder die den View darstellenden Clipper erreicht, so fordern diese ihren dargestellten View auf, einen entsprechenden Bereich neuzuzeichnen. Auf diese Weise bewirkt die ursprünglich einmalige Invalidierung des Views später den wiederholten Aufruf der Draw-Methode desselben Views. Das folgende Beispiel zeigt die für das View-Splitting relevanten Teile der Klasse View:

```
class View: public VObject {
        Collection *clipperlist;
public:
        // ...

        void InstallInClipper(Clipper *list)
                { clipperlist->Add(clipper); }

        void InvalidateRect(Rectangle r)
                { clipperlist->ForEach(VObject,InvalidateRect)(r); }

        // ...
};
```

Durch die Abstraktion des Views kann die Applikation vollkommen von der Verwaltung gleichzeitig dargestellter Ausschnitte des Views befreit werden. Tatsächlich besitzt die Applikation sogar keinerlei Kenntnis davon, an welchen Stellen auf dem Bildschirm ein View sichtbar ist.

5.7.3 Ausscheiden überflüssiger Grafikoperationen

Da in ET++ der aktuelle Clipping-Bereich durch das Application-Framework verwaltet wird, lassen sich bereits frühzeitig alle Grafikoperationen ausscheiden, die vollständig außerhalb dieses Bereiches liegen (*rejecting*).

Eine solche Optimierung erscheint auf den ersten Blick überflüssig, da sie normalerweise bereits im zugrundeliegenden Fenstersystem erfolgt. Je nach Architektur des Fenstersystems müssen hierzu aber zunächst unterschiedlich starke Softwareschichten überwunden werden. Unter einem serverbasierten Fenstersystem entsteht außerdem ein beträchtlicher Kommunikations- und Prozeßwechselaufwand.

Als Beispiel sei hier das horizontale Scrollen in einem Texteditor angeführt. In diesem Fall muß ein schmaler vertikaler, also quer zu den Textzeilen verlaufender Bereich neu gezeichnet werden. Obwohl dies durch Neuzeichnen aller Textzeilen realisiert werden kann, ist dieser Ansatz normalerweise wenig effizient, da die meisten Zeichen innerhalb einer Zeile nicht sichtbar sind, aber dennoch an das Fenstersystem ausgegeben werden. Eine Optimierung könnte dadurch erreicht werden, daß wirklich nur die Zeichen einer Zeile ausgegeben werden, die sichtbar sind. Da das horizontale Scrollen aber insgesamt relativ selten verwendet wird, lohnt es nicht den algorithmischen Aufwand, diesen Fall speziell zu optimieren.

Durch das in ET++ verwendete Rejecting werden aber sehr frühzeitig, d.h. als erste Anweisung in den Grafikoperationen alle außerhalb des Clipping-Bereichs liegenden Zeichen ausgeschieden, führen also zu keinerlei Mehraufwand im Fenstersystem. Daß dann dort möglicherweise noch ein zweiter Sichtbarkeitstest durchgeführt wird, bedeutet keinen großen Effizienzverlust, da diese Zeichen dann auch garantiert gezeichnet werden müssen, und dies im Verhältnis zum Sichtbarkeitstest aufwendiger ist.

Konkrete Messungen an ET++ haben gezeigt, daß im Durchschnitt 50-60% aller Grafikoperationen ausgeschieden werden. Dieser hohe Wert ist um so erstaunlicher, wenn berücksichtigt wird, daß bereits in vielen Draw-Methoden des ET++-Toolkits anhand des als Parameter übergebenen Clipping-Bereichs eine solche Optimierung durchgeführt wird.

Angemerkt werden muß allerdings an dieser Stelle, daß eine solche Optimierung natürlich nur für die dem Application-Framework bekannten Clipping-Bereiche innerhalb eines Fensters durchgeführt werden kann. Wird also z.B. der Texteditor aus obigem Beispiel durch ein anderes Fenster teilweise verdeckt, so ist dieser verdeckte Bereich nur dem zugrundeliegenden Fenstersystem bekannt, und kann deshalb nicht vom Framework zu einer Optimierung herangezogen werden. In diesem Fall würden also auch solche Grafikoperationen an das Fenstersystem abgesetzt, die nicht sichtbar sind.

Von der Möglichkeit, auch diese Bereiche dem Framework mitzuteilen, wurde Abstand genommen, da zum einen viele Fenstersysteme diese Information nicht bereitstellen und zum anderen davon ausgegangen werden kann, daß sich die Hauptaktivität normalerweise in einem nicht verdeckten Fenster abspielt.

5.7.4 Double-Buffering

Der größte Nachteil des in ET++ verwendeten Invalidierungskonzeptes ist das starke „Flackern" des Bildschirms, das bei Auffrischung der invalidierten Bereiche auftritt. Hervorgerufen wird es durch das sequentielle Ausführen der Draw-Methoden aller im Invalidierungsbereich liegenden Objekte. Das unterste dieser Objekte – normalerweise das zugrundeliegende Fenster – setzt zunächst den Invalidierungsbereich auf seine Hintergrundfarbe (meist weiß), die stark zu allen anderen grafischen Objekten kontrastiert. Anschließend werden alle weiteren Objekte in anderen Farben schichtenweise darüber gezeichnet.

Eine auch in anderen Systemen häufig anzutreffende Lösung dieses Problems besteht darin, eine bestimmte Zahl von Grafikoperationen zunächst auf einem nichtsichtbaren Bit-Map auszuführen und dieses anschließend mit einer einzigen Operation ins Fenster zu kopieren. Dieses Verfahren wird als *Double-Buffering* bezeichnet.

Neben einer ruhigeren Bildschirmauffrischung kann hierdurch außerdem eine Beschleunigung der grafischen Ausgaben erreicht werden, da nicht mehr jede Grafikoperation einzeln gegen eine beliebig komplex geformte Fenster-Überlagerungsstruktur geclippt werden muß, sondern nur noch gegen einen immer rechteckigen Bereich. Erst wenn dieser mit einer BitBlT-Operation abschließend ins Fenster kopiert wird, wird u.U. ein komplexes Clipping erforderlich.

Der Hauptnachteil dieses Verfahrens ist der hohe Speicherplatzbedarf. Für jedes Fenster muß ein zusätzlicher gleich großer Bereich im Hauptspeicher reserviert werden. Im Gegensatz zu den Fenstern auf dem Bildschirm, die, da sie sich überlappen können, immer einen konstanten Platz benötigen, erfordern die nicht überlappenden Bereiche im Speicher bedeutend mehr Platz. Auf der anderen Seite können dann aber Auffrischungsanforderungen direkt aus dem Schatten-Bit-Map befriedigt werden.

Der Application-Framework-Ansatz von ET++ erlaubt nun eine Variante dieses Verfahrens, das die Speicherplatzanforderungen minimiert, ohne daß daraus Effizienzeinbußen resultieren. Die Grundidee hierbei ist, nur einen Bereich bereitzustellen, der von allen Windows gemeinsam als Schattenpuffer benutzt wird. Möglich wird dieses Vorgehen durch den indirekten Auffrischungs-Mechanismus, bei dem ET++ immer die Kontrolle darüber besitzt, wann etwas gezeichnet werden muß und wie groß die neu zu zeichnende Fläche ist.

Eine Folge von Grafikoperationen wird dabei vom Framework zu einer unteilbaren Operation geklammert und kann dadurch auf einem gemeinsam benutzten Schattenbereich ausgeführt werden. Da die benötigte Größe des Bereichs bereits zu Beginn der Operation bekannt ist, wird zunächst ein Puffer der entsprechenden Größe angefordert. War der zuletzt verwendete Puffer kleiner, so muß er entsprechend vergrößert werden. Dies bedeutet, daß nicht initial ein Speicherbereich maximaler Größe angelegt werden muß, sondern dieser dynamisch wachsen kann. Normalerweise ergibt sich somit eine Größe, die der maximalen Größe aller Fenster einer Applikation entspricht.

Im Falle einer serverbasierten Implementierung kann dieser Puffer sogar von allen Applikationen gemeinsam benutzt werden, wenn die Implementierung des Servers erlaubt, daß eine Folge von Grafikoperationen ununterbrechbar ausgeführt werden kann. In diesem Fall erreicht die Größe des Puffers die Umhüllende aller Fenster aller Applikationen, kann also nie die Größe des Bildschirms übersteigen.

Die Benutzung von Double-Buffering ist für Applikationen vollkommen transparent, d.h. sie müssen keine Veränderungen am Code vornehmen, wenn sie den Mechanismus verwenden wollen. Da Double-Buffering außerdem nur eine optionale Eigenschaft von ET++ darstellt, existiert keine spezielle Programmierschnittstelle, sondern es wird der in Abschnitt 5.4.2 eingeführte Hinweismechanismus verwendet:

```
void BlankWindow::ForceRedraw(Rectangle r)
{
        GrGiveHint(eHintDoubleBufferOn, &r);
        DrawAll(r);
        GrGiveHint(eHintDoubleBufferOff);
}
```

Obwohl der durch Double-Buffering bewirkte „Beruhigungseffekt" praktisch immer erwünscht ist, wurde in ET++ das Scrollen als ein Bereich erkannt, in dem eine solche Beruhigung störend wirkt. Werden die beim Scrollen aufgedeckten Bildschirmbereiche auch unter Double-Buffering gezeichnet, so ergibt sich zwar ein vollkommen ruhiges Bild, aber gleichzeitig geht der Eindruck einer fließenden Bewegung, wie sie für das Scrollen von Vorteil ist, verloren. Aus diesem Grunde wird in ET++ Double-Buffering während des Scrollens abgeschaltet.

5.7.5 Animation

Die bisher betrachteten Formen des Zeichnens hatten im wesentlichen statischen Charakter, d.h. dienten zur Visualisierung des statischen Zustands von applikatorischen Datenstrukturen. Zusätzlich muß in Applikationen mit direkter Manipulation aber die dynamische *visuelle Rückmeldung* (*feedback*) von Interaktionsvorgängen unterstützt werden. Diese sog. Animation soll dem Benutzer anzeigen, daß seine Aktion vom Programm verstanden wurde und er mit einer korrekten Ausführung seines Befehls rechnen kann.

Beispiele für Animationen sind:

- *Drücken eines Knopfes*
  Befindet sich die Maus innerhalb des Hüllrechtecks eines Knopfes, so wird dieser z.B. durch eine andere Farbe hervorgehoben. Wird der Bereich verlassen, so nimmt der Knopf wieder sein ursprüngliches Aussehen an.

- *interaktives Bestimmen von Größen*
  Mit der Maus wird z.B. ein Rechteck aufgespannt. Die Größe und Position des Rechtecks ändert sich bei jeder Mausbewegung (*Rubberbanding*).

- *Auswahl von Text*
  Bei gedrückter Maustaste werden die von der Maus überstrichenen Zeichen mit einer Farbe hinterlegt.

Die wichtigste Anforderung an eine Animation ist es, daß auf jede Interaktion des Endbenutzers die Applikation ohne Verzögerung mit einer visuellen Reaktion antworten muß. Erfolgen die Aktionen des Benutzers kontinuierlich, so müssen auch die Reaktionen des Systems einen „fließenden" Charakter besitzen. Ist dies nicht gegeben, so gerät die Interaktion des Endbenutzers „ins Stocken".

Die Konsequenz aus diesen Anforderungen ist es, daß für eine visuelle Rückkopplung nur hinreichend schnelle Mechanismen verwendet werden können, also ein vollständiges Neuzeichnen nicht immer möglich ist. Im folgenden wird ein Überblick über die wichtigsten Verfahren gegeben.

– *Invertierung durch XOR*
Bei der Verwendung der Rasterfunktion XOR Schwarzweißbildschirmen wird die Eigenschaft ausgenutzt, daß durch eine effiziente Operation existierende Bildpunkte invertiert werden können, d.h. nicht vollständig neu gezeichnet werden müssen. Dies erlaubt auch die dynamische Hervorhebung von komplexer Grafik. Außerdem liefert die zweite Anwendung der gleichen Operation wieder den ursprünglichen Zustand. Der durch die Invertierung erzielte visuelle Effekt ist für eine Hervorhebung meist ausreichend und kann z.B. für die oben erwähnten Beispiele verwendet werden. Auf die Nachteile dieses Verfahrens auf Farbbildschirmen wurde bereits in Abschnitt 5.4.1 hingewiesen.

– *Farbtabellenmodifikation*
Im Farbindexmodell (Abschnitt 2.2) führt die Verwendung von XOR nur dann zu brauchbaren Resultaten, wenn zuvor die Farbtabelle geeignet initialisiert wurde, z.B. indem jeder in einer Grafik verwendeten Farbe eine kontrastierende Farbe mit komplementärem Farbindex zugeordnet wurde.
Besonders effizient wird dieses Verfahren, wenn eine Rasteroperation auf einzelne Bits eines Bildpunktes beschränkt werden kann. In diesem Fall muß die Farbtabelle so initialisiert werden, daß sich der Index zueinander komplementärer Farben nur in einem Bit unterscheidet. Abbildung 5.24 illustriert dies für eine Farbtabelle der Größe acht.

Index		Farbtabelle (n=8)	
0	00	weiß	
0	01	rot	normale Farben
0	10	blau	
0	11	schwarz	
1	00	schwarz	
1	01	blau	inverse Farben
1	10	rot	
1	11	weiß	

Abb. 5.24: Animation durch Farbtabellenmodifikation

Nachteilig ist an diesem Verfahren zum einen, daß alle verwendeten Farben a priori bekannt und an bestimmten Positionen der Farbtabelle installiert sein müssen. Zum anderen werden die zur freien Verfügung stehenden Farbtabelleneinträge auf die Hälfte reduziert.

— Überlagerungstechniken
Bei den beiden letztgenannten Verfahren erfolgte die Animation durch temporäre und reversible Modifikation des Bildschirminhalts. Im Gegensatz dazu werden bei der Überlagerungstechnik animierte Objekte wiederholt gelöscht und neu gezeichnet. Da für das Löschen eines Objekts die darunterliegenden Objekte neu gezeichnet werden müßten, wird vor jeder temporären Veränderung des Bildschirms zunächst der ursprüngliche Zustand in einem Bit-Map gerettet. Das Löschen vereinfacht sich damit zu einem effizienten Zurückkopieren dieses Bit-Maps.
Obwohl dieses Verfahren weniger effizient ist als die zuvor genannten, kann es sowohl auf Schwarzweiß- als auch auf Farbbildschirmen eingesetzt werden. Außerdem erlaubt das wiederholte Neuzeichnen eine flexiblere visuelle Gestaltung der Animation.

Animation in ET++

Auch in ET++ wurde ursprünglich zur Animation ausschließlich das XOR-Verfahren angewendet (in Form der Overlay-Ink aus Abschnitt 4.5.2). Bei der Erweiterung von ET++ um Farbe wurde jedoch deutlich, daß das damit erforderlich werdende Konzept der Farbtabellenmodifikation zu einer drastischen Komplexitätssteigerung der Applikationsentwicklung führen würde.

Deshalb wird in ET++ heute ausschließlich eine Variante des Überlagerungsverfahrens verwendet. Das Neuzeichnen und Löschen von Objekten wird dabei über den Standardmechanismus des Invalidierens realisiert.

Im folgenden wird dieses Verfahren anhand der Outline-Methode von VObject illustriert. Ursprünglich diente Outline dazu, während einer Animation das umhüllende Rechteck des animierten Objekts darzustellen. Durch Überschreiben konnte Outline an die konkrete Form des Objekts angepaßt werden. Outline wird z.B. in den generischen Command-Objekten zum Verschieben oder zur Größenveränderung von VObjects verwendet. Das folgende Beispiel stellt die ursprüngliche (links) und die neue Version (rechts) einander gegenüber:

```
void VObject::Outline(Rectangle r)
{
      // ursprüngliche Implementierung    // neue Implementierung
      GrStrokeRect(r);                    SetContentRect(r);
}
```

Mit SetContentRect wird dem VObject eine Position und Größe zugewiesen und der alte und neue Bildschirmbereich invalidiert. Im Gegensatz zur ursprünglichen Implementierung ist Outline wirklich generisch, d.h. es muß nicht mehr in Unterklassen überschrieben werden, da die von SetContentRect durchgeführte Invalidierung auf die üblicherweise überschriebene Draw-Methode zurückgeführt wird.

Obwohl die Effizienz dieses einfachen Verfahrens geringer ist als die Verwendung von XOR, konnten für die meisten in ET++ verwendeten Animationen keine negativen Auswirkungen beobachtet werden. Einzige Ausnahme bilden Situationen, in denen ein Objekt vor einer großen Menge von anderen, möglicherweise komplexen Objekten animiert wird.

Da sich in diesen Fällen der Hintergrund nicht verändert, wurde eine optimierte Variante des zuvor beschriebenen Überlagerungsverfahrens realisiert. Hierbei wird der komplexe Hintergrund als Bit-Map in einem Objekt der Klasse ImageCache abgelegt:

```
class ImageCache : public Object {
        Bitmap *bm;                 //
        Rectangle viewrect;         // View-Koordinaten des Bereichs
        bool refresh;               // Muß Cache aufgefrischt werden?
public:
        ImageCache();
        ~ImageCache();
        bool Open(Rectangle r);
        void Close();
        void ForceRefresh();
};
```

Die sehr einfache Benutzung dieser Klasse soll am ET++-Interaktionsobjekt *ColorPicker* (Abb. 5.25) verdeutlicht werden. Der ColorPicker ist ein Dialog, mit dem eine Farbe entweder im HSV- oder im RGB-Farbmodell ausgewählt werden kann. Der Farbkreis zeigt die Dimensionen *Hue* und *Sättigung*, über den Schieberegler wird die Helligkeit eingestellt. Ein kleiner schwarzer Kreis zeigt im Farbkreis Hue und Sättigung der aktuellen Farbe an.

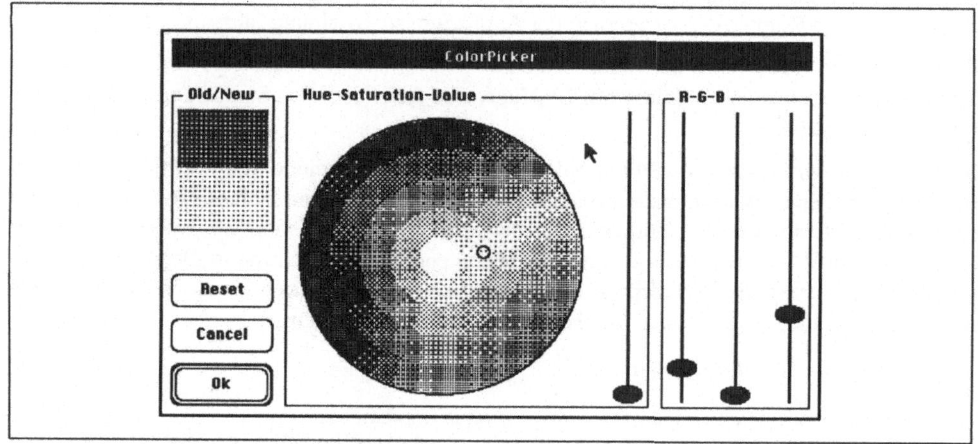

Abb. 5.25: ColorPicker

Da die Bewegung des Auswahlkreises durch Invalidierung erfolgt, müssen in der Draw-Methode des Farbkreises (ColorWheel) jedesmal alle dahinterliegenden Kreissegmente neugezeichnet werden. Ohne spezielle Maßnahmen würde hierbei die Reaktionsgeschwindigkeit stark reduziert, da das Zeichnen von Kreissegmenten unter den meisten Fenstersystemen eine aufwendige Operation darstellt. Durch die Verwendung des ImageCaches kann dieses Problem folgendermaßen gelöst werden:

```
class ColorWheel: public VObject {
        // ...
        ImageCache cache;                                               ①
        // ...
public:
        // ...
        void Draw(Rectangle r) {
                if (cache.Open(r)) {                                    ②
                        for ( alle Kreise )
                                for ( alle Segmente )
                                        Zeichne Kreissegment in der entsprechenden Farbe
                        cache.Close();                                  ③
                }
                Zeichne Marker
        };
        // ...
};
```

Zunächst wird das ColorWheel um eine Exemplarkomponente cache vom Typ ImageCache erweitert ①. In der Draw-Methode wird die ursprüngliche Anweisungsfolge zum Zeichnen des Hintergrundes durch die Open- und Close-Methoden von cache geklammert. Open testet, ob der ImageCache bereits eine aktuelle Version des Hintergrunds in der benötigten Größe enthält ②. Ist dies der Fall, so wird das Zeichnen übersprungen und stattdessen der benötigte Bereich des Bit-Maps auf den Bildschirm kopiert. Andernfalls wird die Anweisungsfolge zum Zeichnen des Hintergrundes ausgeführt und am Schluß durch die Methode Close ins Bit-Map kopiert ③.

Die Realisierung dieses Verfahrens ist sehr einfach, da aufgrund des im Abschnitt 5.7.4 erläuterten Prinzips des Double-Buffering alle grafischen Ausgaben nicht direkt zum Bildschirm, sondern zunächst in ein Bit-Map geleitet werden. Damit kann der zu speichernde Hintergrund durch eine einfache BitBlT-Operation in den ImageCache kopiert werden. Insbesondere muß der Fall nicht behandelt werden, daß ein Fenster durch ein anderes Fenster ganz oder teilweise verdeckt ist und somit nicht vollständig kopiert werden kann.

Als wichtigste Hilfsinformation zur Verwaltung des Caches wird die Größe und Position des Caches im View-Koordinatensystem verwendet (viewRect). Hierdurch ist sichergestellt, daß auch bei Koordinatentransformationen, z.B. beim Scrolling eindeutig erkannt werden kann, ob der Inhalt des Caches noch gültig ist. Zusätzlich kann der Cache auch durch die Methode Force-Refresh invalidiert werden, wenn sich z.B. die Datenstruktur des Hintergrunds ändert.

Bemerkenswert ist an diesem Verfahren, daß existierender Code nicht für die Verwendung des ImageCaches umstrukturiert werden muß. Werden die Zeilen ①, ② und ③ entfernt, so ergibt sich wieder die ursprüngliche Variante. Außerdem minimiert der ImageCache die Speicherplatzbedürfnisse einer Applikation, da er nur für die aufwendigen Bereiche eines Hintergrunds verwendet werden muß.

5.8 Ereignisbehandlung

Im Gegensatz zu den bisher dargestellten rein fenstersystembasierten Konzepten besitzt die Ereignisbehandlung eine zusätzliche Abhängigkeit vom Betriebssystem, da bestimmte Ereignistypen – z.B. Timeout-Ereignisse – von diesem erzeugt werden, aber konzeptionell als Fensterereignisse behandelt werden müssen. Um auch hier die Portabilität zu gewährleisten, müssen die unabhängigen Komponenten Fenster- und Betriebssystem durch abstrakte Schnittstellen geeignet voneinander entkoppelt werden. Hierdurch wird es möglich, daß unterschiedliche Fenstersysteme mit unterschiedlichen Betriebssystemen beliebig kombiniert werden können.

Konkret realisiert ist diese Überlegung in den abstrakten Klassen WindowSystem und System. Alle vom WindowSystem benötigten Systemdienste werden über die abstrakte Schnittstelle von System benutzt. Unterklassen von System bilden diese Dienste auf das zugrundeliegende Betriebssystem ab (Abb. 5.26). Auch diese Struktur basiert auf dem in Abschnitt 5.4.1 eingeführten Konzept des mehrfachen Polymorphismus.

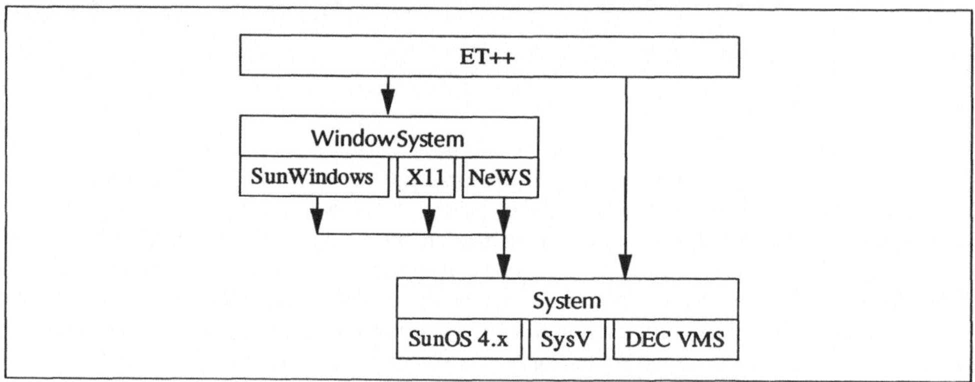

Abb. 5.26: Beziehung zwischen Fenster- und Betriebssystem

Die im Rahmen der Ereignisverarbeitung relevante Funktionalität der Klasse System besteht in der abstrakten Realisierung der zentralen Ereignisschleife. System verwaltet dazu Exemplare vom Typ SysEvtHandler und ruft deren dynamisch gebundene Methode Notify auf, wenn das entsprechende Ereignis eingetreten ist:

```
class SysEvtHandler : public Object {
public:
        SysEvtHandler();
        virtual void Notify(...);
};
```

Durch Überschreiben von Notify in Unterklassen können Klienten auf das Eintreten eines Ereignisses reagieren. Über Methoden der abstrakten Schnittstelle von System werden SysEvtHandler in ereignistypspezifischen Listen (OrdCollection) installiert:

```
class System : public Object {
        OrdCollection      *inputHandler, *outputHandler, *signalHandler,
                           *asyncSignalHandler, *timeoutHandler;
public:
        System();
        // ...
        void AddInputHandler(SysEvtHandler*);
        void AddOutputHandler(SysEvtHandler*);
        void AddSignalHandler(SysEvtHandler*);
        void AddAsyncSignalHandler(SysEvtHandler*);
        void AddTimeoutHandler(SysEvtHandler*);

        virtual void EventLoop();
};
```

System unterstützt die gleichen Ereignistypen wie der Notifier in SunView (vgl. 3.4.1), also z.B. Dateideskriptoren, synchrone und asynchrone Softwareunterbrechungen und Intervallzeitgeber.

Die Methode EventLoop ist die abstrakte Schnittstelle für die zentrale Ereignisschleife. Sie wird direkt von der Methode Run der Klasse Application aufgerufen. Da die konkrete Implementierung der Verteilung von Systemereignissen vom verwendeten Betriebssystem abhängig ist, muß EventLoop in einer Unterklasse überschrieben werden. Unter einem BSD-Unix erfolgt die Realisierung z.B. durch den Betriebssystemaufruf *Select*, unter System-V durch *Poll*.

Da die Klassen WindowSystem und WindowPort beides Unterklassen von SysEvtHandler sind, können Fenstersystemereignisse durch Überschreiben von Notify von der zentralen Ereignisschleife an die mit BlankWindow beginnende VObject-Hierarchie weitergeleitet werden. Dies führt insgesamt zu der in Abb. 5.27 dargestellten Struktur.

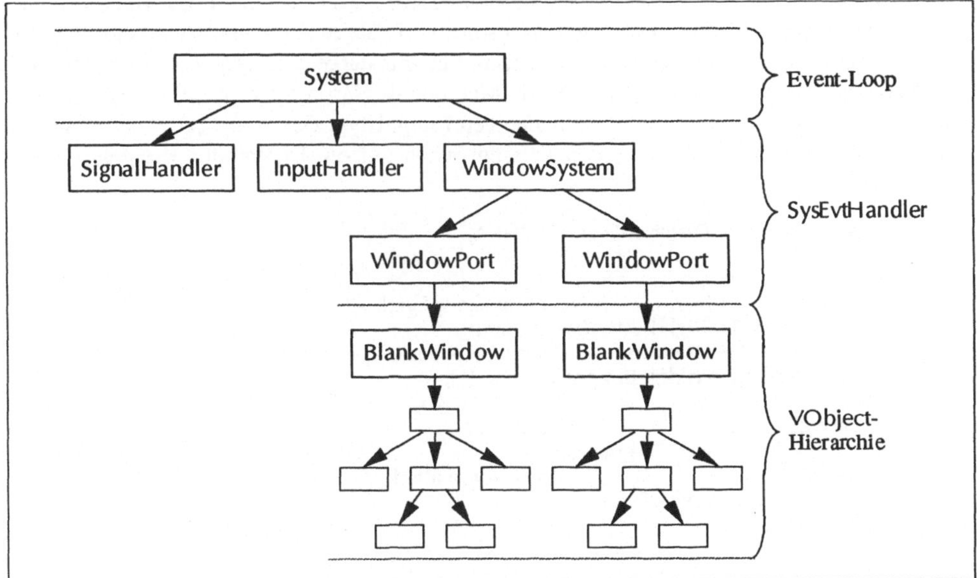

Abb. 5.27: Struktur der ET++-Ereignisverteilung

5.8.1 Eingabeverarbeitung der VObject-Hierarchie

Die Eingabeverteilung in ET++ entspricht im wesentlichen der eines herkömmlichen hierarchischen Fenstersystems. D.h. Ereignisse werden von der Wurzel der Hierarchie ausgehend so lange rekursiv weitergereicht, bis ein Blatt erreicht wird, das die Mausposition enthält. Da die Fensterhierarchie in ET++ innerhalb der Toolbox verwaltet wird, besitzt ET++ eine sehr viel größere Flexibilität, um die standardmäßige Ereignisverarbeitung strukturiert ändern zu können. Im folgenden wird dargestellt, welcher geringe Implementierungsaufwand für die Ereignisverteilung erforderlich ist. In einem ersten Schritt wird gezeigt, wie Ereignisse in einer VObject-Hierarchie verteilt werden.

Obwohl Ereignisse vom WindowPort zunächst an die Klasse BlankWindow, also die Wurzel der VObject-Hierarchie gelangen, beginnt die Darstellung der Ereignisverteilung mit der abstrakten Klasse VObject.

VObject besitzt eine Methode Input, die typischerweise von seinem Vorgänger (container), also einem anderen VObject aufgerufen wird, um Eingaben zu übergeben. Der Vorgänger muß dabei nicht überprüfen, ob die Ereignisse im Hüllrechteck des VObjects liegen. Dieser Test wird erst in der Methode Input durchgeführt, da er zum Verantwortungsbereich des betroffenen VObjects gehört:

```
Command *VObject::Input(Token t)
{
        if (ContainsPoint(t.Pos))
                return DispatchEvents(t);
        return gNoConsume;
}
```

Fällt das Ereignis nicht in den Bereich des VObjects, so wird dies dem Aufrufer von Input über einen entsprechenden Rückgabewert (gNoConsume) mitgeteilt. Andernfalls wird die zweite an der Ereignisverteilung beteiligte Methode DispatchEvents aufgerufen und dort in Abhängigkeit vom Typ des Ereignisses eine entsprechende Methode der Form Do*XXX* aufgerufen. „XXX" bezeichnet hier und im folgenden einen beliebigen Ereignistyp. Der Präfix „Do" deutet an, daß diese Methoden überschrieben werden müssen, wenn auf ein bestimmtes Ereignis reagiert werden soll:

```
Command *VObject::DispatchEvents(Token t)
{
        switch (t.Code) {
        case eEvtRightButton:   // rechter Mausknopf gedrückt
                return DoRightButtonCommand(t);
        case eEvtMiddleButton:      // mittlerer Mausknopf gedrückt
                return DoMiddleButtonCommand(t);
        ...
        case eEvtAscii:             // Taste gedrückt
                return DoKeyCommand(t);
        default:                        // nichts von alledem
                return DoOtherEvent(t);
        }
}
```

Das durch die beiden Methoden definierte Verfahren macht deutlich, daß es sich bei VObjects offensichtlich um Blätter im VObject-Baum handelt, also hier noch keine Funktionalität vorhanden ist, um innerhalb des Baumes Ereignisse an Unterbäume weiterleiten zu können. Hierzu muß die Unterklasse CompositeVObject betrachtet werden, die eine Menge von VObjects verwaltet und selbst wieder ein VObject repräsentiert.

In CompositeVObject wird die Methode DispatchEvents so überschrieben, daß für alle im CompositeVObject enthaltenen VObjects überprüft wird, ob sie das Ereignis konsumieren wollen oder nicht. Will kein VObject das Ereignis konsumieren, so wird die von VObject geerbte Implementierung von DispatchEvents aufgerufen, d.h. in diesem Fall verhält sich das CompositeVObject vollkommen analog zum „einfachen" VObject:

```
Command *CompositeVObject::DispatchEvents(Token t)
{
        Command *cmd;
        RevIter next(list);               // ein Iterator für VObjects
        VObject *v;

        while (v= (VObject*) next()) {
            cmd= v->Input(lp, t)
            if (cmd != gNoConsume)         // aktuelles VObject konsumiert Event
                  return cmd;              // Baum-Durchlauf terminiert
        }
        return VObject::DispatchEvents(t);
}
```

Es wird nun deutlich, warum die Ereignisverteilung auf die zwei Methoden Input und DispatchEvents verteilt ist. Die Methode Input faktorisiert als *Wrapper* die in jedem Falle durchzuführenden Tests heraus und implementiert sie einmal und an zentraler Stelle in der abstrakten Klasse VObject.

Die Klasse Clipper überschreibt DispatchEvents, da zum einen alle Ereignisse an das vom Clipper dargestellte VObject geleitet werden müssen, und zum anderen hierbei die Clipper-Koordinatentransformation durchgeführt werden muß:

```
Command *Clipper::DispatchEvents(Token t)
{
        t.Pos-= Offset();
        return shownVObject->Input(t);
}
```

Der Übergang aller Ereignisse vom Fenstersystem zur VObject-Hierarchie erfolgt in der Methode Notify der fenstersystemspezifischen Unterklasse des WindowPorts. Hierbei muß das Ereignis zunächst abgeholt und dann in ein Objekt der Klasse Token umgewandelt werden. Anschließend wird es durch Aufruf von DispatchEvents an das zugehörige BlankWindow weitergeleitet:

```
void XxxWindowPort::Notify()
{
        Token t;
        t=    ...    // Ereignis vom Fenstersystem lesen und in Token umwandeln
        blankwin->DispatchEvents(t);
}
```

Die bisherigen Darstellungen zeigten, wie Ereignisse vom Fenstersystem bis zu einem Blatt in der VObject-Hierarchie gelangen. Üblicherweise ist in einem herkömmlichen Fenstersystem aber auch der umgekehrte Weg definiert. D.h. behandelt ein VObject ein Ereignis nicht, so wird es in der Hierarchie wieder hochgeleitet, bis es das Wurzelfenster erreicht und dort entweder konsumiert oder vernichtet wird (Abb. 5.28). Dieses Verhalten wird in ET++ durch eine spezielle Standardimplementierung der oben erwähnten DoXXX-Methoden erreicht.

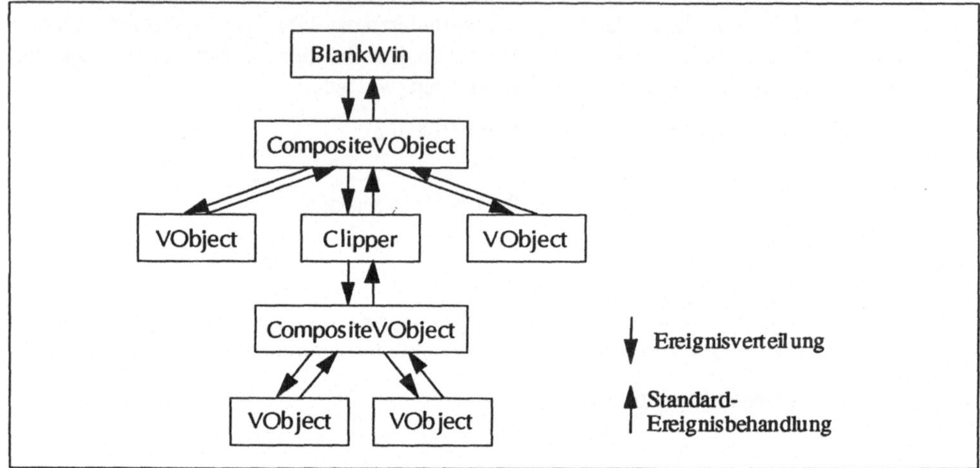

Abb. 5.28: Ereignisbehandlung und -verteilung

Da jedes VObject seinen Vorgänger kennt (Objektkomponente container) kann eine DoXXX-Methode die entsprechende DoXXX-Methode des Vorgängers aufrufen, um diesem ein nicht konsumiertes Ereignis weiterzuleiten:

```
Command *VObject::DoXXX(Token t)
{
        if (container)
                return container->DoXXX(t);
        return gNoChanges;
}
```

Wird also eine DoXXX-Methode einer Unterklasse von VObject nicht überschrieben, so gelangt das Ereignis automatisch zum Vorgänger, der ggf. darauf reagieren kann. Wird andererseits DoXXX überschrieben, so kann es erforderlich sein, daß nur in Abhängigkeit eines bestimmten Zustands auf ein Ereignis reagiert werden soll. Dies wird elegant erreicht, indem die geerbte Methode DoXXX aufgerufen wird:

```
Command *SubClassOfVObject::DoXXX(Token t)
{
        if ( bestimmter Zustand ) {
                Aktion ausführen;
                return ...;
        }
        return VObject::DoXXX(t);
}
```

Auch lassen sich so Ereignisse sehr flexibel „umleiten". Soll z.B. in einem VObject auf ein bestimmtes Ereignis reagiert werden, das auch im Vorgänger bereits behandelt wird, so würde dies nicht mehr zur Verfügung stehen. Wird aber eine Methode DoYYY so definiert, daß sie das Ereignis gewissermaßen unter „neuem Namen" an den Vorgänger weiterleitet, so steht dann die ursprünglich durch das Ereignis XXX erreichte Funktionalität neu unter dem Ereignis YYY zur Verfügung:

```
// DoXXX des Vorgängers wird unsichtbar
Command *SubClassOfVObject::DoXXX(Token t)
{
        Aktion ausführen;
        return ...;
}

// macht DoXXX des Vorgängers als DoYYY wieder zugänglich
Command *SubClassOfVObject::DoYYY(Token t)
{
        return VObject::DoXXX(t);
}
```

Die bisher in diesem Kapitel vorgestellten Methoden realisieren die gesamte Ereignisverteilung von ET++. Auch hier wird, wie bereits bei der Darstellung der Ausgabebehandlung im Kapitel 5.5 deutlich, daß die Verlagerung der Ereignisverteilung aus dem Fenstersystem in den Toolkit keine wesentliche Aufblähung bewirkt.

Da die Realisierung der Ereignisverteilung in ET++ sehr einfach ist, soll nun der Frage nachgegangen werden, ob sich hiermit die gleiche Funktionalität erreichen läßt wie in herkömmlichen Fenstersystemen. Insbesondere wird begründet, warum in ET++ auf das Konzept der Ereignismaske verzichtet werden kann.

Ein Bereich, in dem sich der hier vorgeschlagene Ansatz sehr stark von anderen Systemen unterscheidet, ist die Art und Weise, wie eine Applikation ihr Interesse an einer bestimmten Art von Ereignissen ausdrückt. In existierenden Fenstersystemen geschieht dies ohne Ausnahme, aber mit gewissen Variationen, indem für ein Fenster die Menge von Ereignissen angegeben wird, an denen in der Applikation ein Interesse besteht. Diese Menge kann dynamisch, d.h. z.B. in Abhängigkeit von bestimmten Zuständen der Applikation modifiziert werden. Ereignisse, an denen kein Interesse besteht, werden entweder vernichtet oder bei einer hierarchischen Struktur der Fenster solange entlang dieser Hierarchie nach oben geleitet, bis sich ein Interessent findet.

Da in ET++ sowohl die Fensterhierarchie als auch die Ereignisverteilung vollständig im Toolkit verwaltet wird, ist es nur schwer möglich, dem Fenstersystem mitzuteilen, an welchen Ereignissen Interesse besteht. Jeder durch ET++ innerhalb eines realen Fensters implementierte Unterbereich kann Interesse an unterschiedlichsten Ereignissen besitzen. Somit muß eine ET++-Applikation alle möglichen Ereignisse eines Fensters erhalten, so daß eine Operation zur Spezifizierung interessierender Ereignistypen entfallen kann.

Auf den ersten Blick erscheint dieser Ansatz als ineffizient, da eine Applikation auch über Ereignisse informiert wird, die keinen „Abnehmer", d.h. kein interessiertes grafisches Objekt finden. Praktische Erfahrungen mit ET++-Applikationen haben aber gezeigt, daß hierdurch keine Leistungseinbußen entstehen.

Auf der anderen Seite müssen aber auch die positiven Konsequenzen dieses Ansatzes betrachtet werden. Einer Applikation werden standardmäßig alle möglichen Ereignisse geliefert. Das Application-Framework übernimmt automatisch deren Verteilung auf die grafischen Objekte. Für jedes VObject wird nur durch Überschreiben einer entsprechenden DoXXX-Methode definiert, welche Ereignisse von Bedeutung sind, d.h. auf welche Ereignisse reagiert werden muß. Wird eine Methode nicht überschrieben, werden Ereignisse automatisch entlang der Ereigniskette an den unmittelbaren Vorgänger weitergeleitet. Durch Überschreiben können Ereignisse ganz gezielt an andere Empfänger gesendet werden. Außerdem können aber auch Ereignisse bereits vor ihrer Verteilung auf Unterobjekte „abgefangen" werden, um z.B. bestimmte Modi zu realisieren.

Eine typische Anwendung hierfür ist z.B. die Unterhaltung eines sog. *aktiven Einfügepunktes*. Hierunter wird ein editierbarer Text verstanden, in den auch dann Zeichen eingefügt werden können, wenn sich die Maus über einem anderen grafischen Objekt befindet.

Das folgende Beispiel zeigt, wie in dem den augenblicklich aktiven Text kontrollierenden Objekt – z.B. eine Unterklasse von CompositeVObject – die Methode DispatchEvents überschrieben wird:

```
class TextController: public CompositeVObject {
    // ...
    class EditableText *activetext;
    // ...
public:
    // ...
    Command *DispatchEvents(Token t)
    {
        if ( activetext && t.IsAscii() )
            return activetext->Input(t);
        return CompositeVObject::DispatchEvents(t);
    }
    // ...
};
```

Eine solche Flexibilität ist in einem Fenstersystem wie z.B. X11 aus den im folgenden erläuterten Gründen nur mit viel höherem Aufwand zu erreichen. Da in X zwischen der „Bekundung" eines Interesses an einem Ereignis und seiner Behandlung unterschieden wird, muß zunächst immer eine Ereignismaske explizit gesetzt und anschließend auf das entsprechende Ereignis reagiert werden. Aufgrund der Asynchronität des X-Fenstersystems kann der Fall eintreten, daß selbst nach dem Sperren eines bestimmten Ereignistyps ein solches Ereignis immer noch eintreten kann, da es sich bereits in der Ereigniswarteschlange der Applikation befand. Eine Applikation muß für diesen Fall Vorkehrungen treffen, indem sie solche Ereignisse nach dem Setzen der Maske selbst liest und vernichtet oder sie bei späterem Auftreten ausfiltert. Die letzte Variante bedeutet aber wieder eine Duplizierung von Datenstrukturen, da die Ereignismaske sowohl als Fensterattribut im Server als auch in der Applikation selbst vorhanden sein muß. Die Widget-Datenstruktur des Xt-Toolkits bestätigt diese Überlegungen, da sie eine Kopie der Ereignismaske enthält.

Das Konzept eines aktiven Einfügepunktes kann im X-Fenstersystem nicht bereits im Server erfolgen, da die Ereignisverteilung im Server immer streng hierarchisch erfolgt. Müssen also Ereignisse im oben beschriebenen Sinne abgefangen werden, so ist dies nur durch das explizite Setzen der Ereignismaske aller beteiligten Fenster oder durch Erzeugung eines unsichtbaren Überlagerungsfensters zu erreichen. Dieses Verfahren ist aber nicht nur umständlich, sondern birgt auch wieder die oben beschriebenen Synchronisationsprobleme in sich.

Eine letzte Variante besteht darin, auf die Fensterhierarchie im Server zu verzichten und statt-dessen alle Ereignisse direkt zum Klienten zu übermitteln, um dann dort die entsprechende Ver-teilung und Behandlung vorzunehmen. Diese Lösung würde aber dem in ET++ verwendeten Ansatz entsprechen und außerdem belegen, daß die Ereignisbehandlung im Framework konzep-tionell am einfachsten ist.

5.8.2 Probleme der invertierten Programmstruktur

Da in ET++ nach einer ersten Initialisierungsphase alle Aktionen ereignisgesteuert in den Notify-Methoden der SysEvtHandler stattfinden, entsteht das Problem, wie z.B. ein WindowPort (eine Unterklasse von SysEvtHandler) als Ergebnis einer Interaktion freigegeben werden kann, ohne daß man sich hierbei „den Boden unter den Füßen wegzieht", d.h. ein Objekt entfernt, während noch eine Methode (Notify) ausgeführt wird. Ohne spezielle Maßnahmen führt dies zu sehr schwer lokalisierbaren Fehlern.

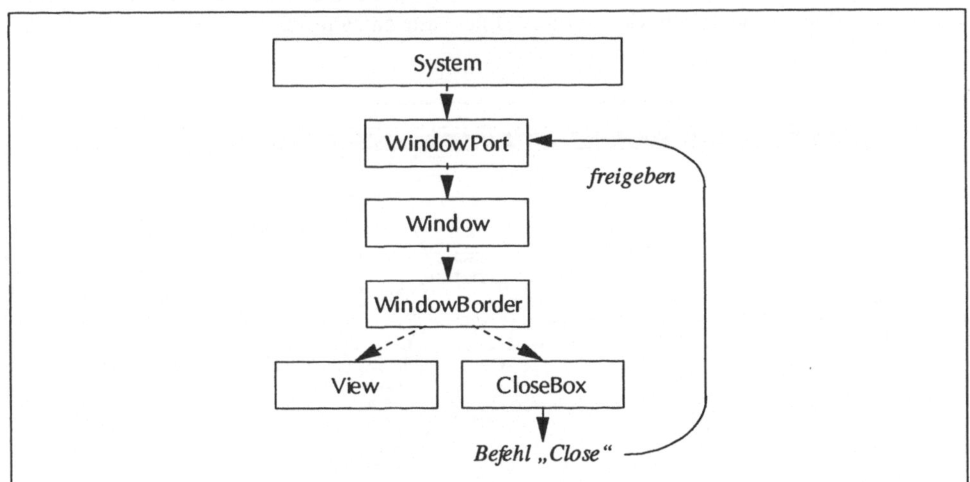

Abb. 5.29: Kontrollfluß bei invertierter Programmstruktur

Ein typisches Beispiel hierfür ist das Schließen eines Fensters durch das Interaktionselement „*CloseBox*". Eine CloseBox ist ein Button, in dessen Methode DoLeftButtonDownCommand das zugrundeliegende Fenster geschlossen und anschließend freigegeben wird. Da CloseBox eine Komponente des zu schließenden Fensters darstellt, wird auch sie freigegeben. Somit wird während der Ausführung von DoLeftButtonDownCommand das zugehörige Objekt gelöscht, so daß alle folgenden Anweisungen potentiell zu einem Fehlerabbruch der Applikation führen können (Abb. 5.29).

Dieses Problem wird in ET++ durch zwei Mechanismen gelöst. Zum einen wird durch die robusten Iteratoren (vgl. Abschnitt 4.4.1) sichergestellt, daß das Entfernen von SysEvtHandlern aus den von System verwalteten Listen verzögert, d.h. erst am Ende einer Iteration erfolgt. Zum anderen werden alle SysEvtHandler bzw. deren Unterklassen nicht direkt freigegeben, sondern in eine von System verwaltete Liste eingetragen. System löscht alle Elemente dieser Liste am Ende der zentralen Eingabeschleife, d.h. außerhalb der Ereignisbehandlung. Hierdurch wird gewährleistet, daß SysEvtHandler nicht innerhalb ihrer eigenen Notify-Methode gelöscht werden.

5.8.3 Darstellung des Ereignisflusses im Objektstruktur-Browser

Da der Ereignisfluß ausschließlich im Application-Framework und nicht im Fenstersystem realisiert wird, ist es möglich, ihn durch die in ET++ vorhandene Programmierumgebung (eine detaillierte Beschreibung findet sich in [Gam89, Gam91]) zu visualisieren. Ausgenutzt wird hierbei die Eigenschaft des in der Klasse VObject definierten abstrakten Protokolls. Jedes VObject stellt die Methode GetContainer zur Verfügung, über die das Vorgänger-VObject festgestellt werden kann. Außerdem erbt VObject von der Klasse Object die Methode GetParts, mit der alle Unterkomponenten eines zusammengesetzten Objekts aufgezählt werden können.

Aufbauend auf diesen Methoden wurde ein Werkzeug entwickelt, das eine vollständige ET++-Applikation als Graphen visualisiert. Diese Darstellung wird dabei ausschließlich durch die Methode GetParts definiert. Z.B. liefert GetParts für die Klasse Application alle von dieser verwalteten Dokumente, für ein CompositeVObject alle enthaltenen Folge-VObjects (vgl. Abb. 5.30).

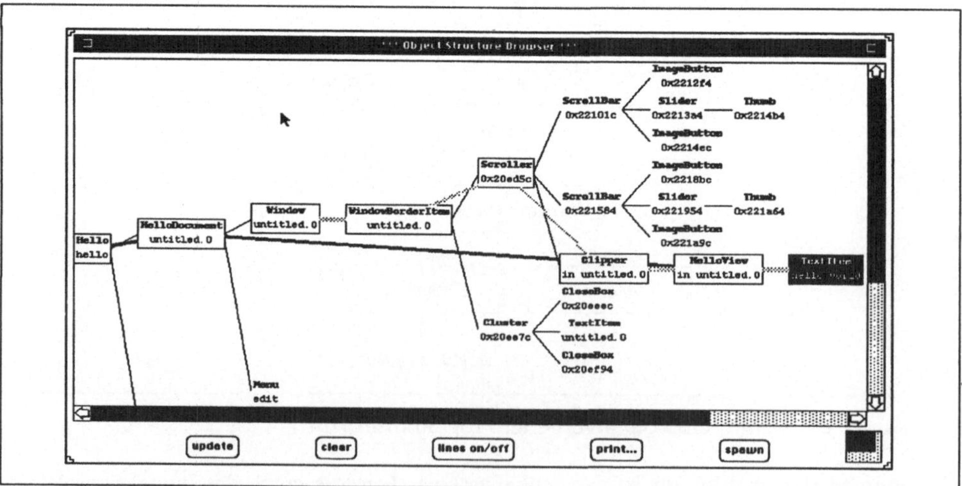

Abb. 5.30: Objektstruktur-Browser

Für jeden Knoten im Baum können über Menübefehle Zeiger auf andere Objekte abgefragt und visualisiert werden. Die möglichen Abfragen sind kontextsensitiv in Abhängigkeit vom ausgewählten Objekt, da unterschiedliche Klassen unterschiedliche Abfragemethoden definieren. So zeigen Exemplare der Klasse Object alle von ihnen abhängigen Objekte, visualisieren also das Konzept der Change-Propagation (vgl. Abschnitt 4.2). VObjects hingegen erlauben die Visualisierung der bereits erwähnten Container-Beziehung. Abb. 5.30 zeigt dies anhand der „Hello World"-Applikation aus Kapitel 4.7.1.

Durch dieses Hilfsmittel kann zum ersten Mal in sehr anschaulicher Weise der Ereignisfluß einer Applikation dargestellt werden. Da außerdem die Visualisierung nicht auf einer statischen Analyse, sondern auf Auswertung einer Methode beruht, können auch dynamische Veränderungen im Ereignisfluß verfolgt werden.

5.8.4 Mechanismen zum blockierenden Lesen

Neben der nicht modalen, ereignisgetriebenen Steuerung einer Applikation ist für bestimmte Interaktionsvorgänge auch eine modale Eingabeverarbeitung erforderlich. Ein typisches Beispiel hierfür ist das Verfolgen der Maus bei gedrückter Maustaste. In diesem Fall startet das Drücken der Taste eine lokale Schleife, in der weitere Ereignisse solange gelesen und verarbeitet werden, bis die Maustaste wieder losgelassen wird.

Im folgenden wird am Beispiel der ET++-Klasse Button dargestellt, welche Abstraktionen für die modale Eingabeverarbeitung entwickelt wurden. Wird auf einen Knopf mit der Maus geklickt, so muß dieser visuell hervorgehoben werden, solange sich die Mausposition im Hüllrechteck des Buttons befindet. Wird der Mausknopf losgelassen, so soll nur dann eine Reaktion ausgelöst werden, wenn sich die Maus zuletzt innerhalb des Bereichs des Buttons befand.

Die übliche Vorgehensweise wird nun mit den bisher bekannten ET++-Konzepten gezeigt:

```
class Button: public VObject {
    // ...
public:
    // ...
    Command *DoLeftButtonDown(Token t)
    {
        do {
                if ( Mausposition in Button )
                        Button hervorheben
                else
                        Button nicht hervorheben
                t= GetEvent();
        } while (t.Code != eEvtLeftButtonUp);
        if ( Mausposition in Button )
                gewünschte Aktion ausführen
        return ...;
    }
    // ...
};
```

In der Klasse Button wird die Methode DoLeftButtonDown überschrieben, um ereignisgetrieben auf das Niederdrücken der Maustaste reagieren zu können. Innerhalb von DoLeftButton-

Down werden dann durch die Methode GetEvent der Klasse WindowPort alle folgenden Ereignisse gelesen, bis die Maustaste wieder losgelassen wird.

Da diese Anweisungsfolge immer wieder benötigt wird, wurde sie vollständig herausfaktorisiert und befindet sich nun an einer einzigen Stelle in der Klasse VObject :

```
Command *VObject::TrackMouse(Command *cmd, Token t)
{
        cmd->DoTrackMouse(eTrackPress, t.Pos);
        do {          // solange die Maustaste gedrückt wird
            t= GetEvent();
            if ( Maus hat sich bewegt )
                    cmd->DoTrackMouse(eTrackMove, t.Pos);
        } while (t.Code != eEvtLeftButtonUp);
        cmd->DoTrackMouse(eTrackRelease, t.Pos);
        return cmd;
}
```

Da die in Methode DoLeftButtonDown kursiv dargestellten Anweisungen a priori nicht bekannt sind, werden sie durch den Aufruf der dynamisch gebundenen Methode DoTrackMouse an ein Command-Objekt (vgl. Abschnitt 4.7) delegiert. Dieses Delegieren ist erforderlich, um mit der gleichen Tracking-Sequenz unterschiedliche Aktionen ausführen zu können. Wäre DoTrackMouse eine Methode von VObject, so könnte durch ihr Überschreiben nur eine einzige Aktion für ein VObject realisiert werden. Beim hier gewählten Ansatz können durch als Parameter übergebene Command-Objekte unterschiedliche Aktionen ausgeführt werden. Das folgende Beispiel zeigt die resultierende Implementierung:

```
Command *Button::DoLeftButtonDown(Token t)
{
        return TrackMouse(new ButtonTracker(this));
};

void ButtonTracker::DoTrackMouse(TrackPhase tp, Point lp)
{
        switch (tp) {
        case eTrackMove:
                if ( Mausposition (lp) in Button )
                        Button hervorheben
                else
                        Button nicht hervorheben
                break;
        case eTrackRelease:
                if ( Mausposition (lp) in Button )
                        Aktion ausführen
                break;
        }
}
```

Obwohl der Aufwand für diese Implementierung im Vergleich mit der ursprünglichen Methode DoLeftButtonDown zunächst größer erscheint, kann nun die herausfaktorisierte Methode TrackMouse an zentraler Stelle um zusätzliche Funktionalität angereichert werden, ohne daß Klienten hiervon betroffen werden.

Ein Beispiel hierfür ist das Konzept des sog. *Auto-Scrollings*. Unter diesem Begriff wird in ET++ ein automatisches Scrolling verstanden, das dann einsetzt, wenn beim Tracking die Maus über den sichtbaren Rand eines Clippers hinausbewegt wird. Dies ist z.B. dann nützlich, wenn ein grafisches Objekt über eine größere Entfernung verschoben werden soll und die Zielposition nicht im sichtbaren Ausschnitt des Clippers liegt. Zur Realisierung dieses Mechanismus wurde die Methode TrackMouse folgendermaßen erweitert:

```
Command *VObject::TrackMouse(Command *cmd, Token t)
{
        cmd->DoTrackMouse(eTrackPress, t.Pos);
        do {
                t= GetEvent();
                if ( Maus hat sich bewegt )
                        cmd->DoTrackMouse(eTrackMove, t.Pos);
                if ( Maus außerhalb sichtbarem Bereich ) {
                        Clipper *clp= FindClipper();  // nächsten Clipper suchen
                        delta= ... // Abstand der Maus zum sichtbaren Bereich des Clippers;
                        clp->Scroll(delta);
                }
        } while (t.Code != eEvtLeftButtonUp);
        cmd->DoTrackMouse(eTrackRelease, t.Pos);
        return cmd;
}
```

Wann immer ein Klient das durch TrackMouse standardisierte Tracking benutzt, erhält er ohne weiteres Zutun das Auto-Scrolling-Verhalten. Tatsächlich wurde nach der Einführung dieser Funktion gewissermaßen „zufällig" festgestellt, daß Menüs mit vielen Einträgen automatisch zu scrollen beginnen, wenn die Maus den unteren Rand überstreicht. Dem Autor ist kein System bekannt, wo ein solches durchaus gewünschtes Verhalten automatisch, d.h. ohne eine spezielle Implementierung erreicht werden konnte.

Dieses Beispiel macht deutlich, welche Möglichkeiten sich ergeben, wenn der Kontrollfluß an einer Stelle in der Klassenbibliothek definiert ist und nicht über Applikationen und Toolkit verstreut wird.

GetEvent

Bereits im letzten Abschnitt wurde die Methode GetEvent eingeführt. Mit ihr können alle in einem Fenster, d.h. in einem Exemplar von WindowPort auftretenden Ereignisse gelesen werden. Im Unterschied zu anderen Fenstersystemen besitzt diese Funktion einen Timeout-Parameter, über den das Verhalten von einem Blockieren kontinuierlich bis zu einem verzögerungsfreien Pollen eingestellt werden kann.

Diese Zusammenfassung von zwei Mechanismen – dem Lesen eines Ereignisses und dem Erzeugen eines Timeouts – erlaubt die einfache Realisierung von bestimmten Mechanismen, die in anderen Fenstersystemen nur mit erheblich größerem Aufwand zu erreichen sind.

Hauptanwendung findet diese Funktionalität von GetEvent in der Realisierung eines *Auto-Repeat*-Verhaltens der Methode TrackMouse. Dieses Verhalten ist z.B. erforderlich, wenn das Drücken eines Buttons auch dann Aktionen auslösen soll, wenn die Maus nicht bewegt wird und somit auch keine Ereignisse generiert werden. Ein anderes Beispiel ist auch wieder das automatische Scrollen. Immer dann, wenn bei gedrücktem Mausknopf der Rahmen eines Clippers überschritten wird, muß auch dann ein Auto-Scrolling durchgeführt werden, wenn die Maus „bewegungslos" außerhalb des Clippers stehen bleibt. Da in diesem Fall keine Mausereignisse erzeugt werden, kann der Timeout-Mechanismus von GetEvent sehr einfach zur Erzeugung synthetischer Ereignisse mit genau definiertem zeitlichem Abstand eingesetzt werden.

Realisiert wird diese Funktionalität durch geeignete Wahl des Timeout-Parameters von GetEvent. Immer dann, wenn kein Ereignis vorliegt, aber die maximal zu wartende Zeit erreicht wird, liefert GetEvent ein sog. *Timeout-Ereignis* zurück, das zur Auslösung der gewünschten Aktion verwendet werden kann.

Obwohl auch in anderen Fenstersystemen zwischen einem blockierenden und einem nicht blockierenden Lesen von Ereignissen gewählt werden kann, erfordert es erheblichen Aufwand, wenn das Pollen mit einer zeitlich genau definierten Wiederholfrequenz erfolgen soll. Dies ist aber dann sehr wichtig, wenn z.B. das oben beschriebene Scrolling auf unterschiedlich leistungsstarken Rechnern in einer rechnerunabhängigen Weise implementiert werden soll.

Typisches Beispiel hierfür ist der Macintosh. War die durch verzögerungsfreies Pollen erreichte Scroll-Geschwindigkeit auf ersten Macintosh-Computern noch der menschlichen Aufnahmegeschwindigkeit angepaßt, so ist sie auf den neueren und sehr viel schnelleren Systemen häufig viel zu hoch, um noch sinnvoll benutzt werden zu können. Dieses Problem hätte durch Verwendung des beschriebenen Timeout-Verfahrens vermieden werden können.

Eine weitere Anwendung der Timeout-Eigenschaft von GetEvent findet sich in der Realisierung der Editieroperationen der Textklassen. Obwohl auch diese grundsätzlich ereignisgetrieben sind, also bei Auftreten eines Tastaturereignisses die Methode DoKeyCommand aufgerufen wird, kann anschließend durch GetEvent versucht werden, weitere unmittelbar folgende Tastaturereignisse zu lesen, um hierdurch nicht nur jeweils einzelne Zeichen, sondern ganze Folgen von Zeichen verarbeiten zu können. Die Motivation für dieses Vorauslesen (*read ahead* bzw. *type ahead*) ergibt sich aus den teilweise relativ komplexen Formatieroperationen, die beim Einfügen von Zeichen ablaufen müssen. Würden diese für jedes eingegebene Zeichen ausgeführt, so könnte sich die Aufdatierung des Bildschirms zeitlich immer weiter von den aktuell eingegebenen Zeichen entfernen, also „hinterherhinken".

Auf der anderen Seite ist es aber auch nicht unbedingt erforderlich, daß nach jedem eingegebenen Zeichen sofort der Bildschirm aufdatiert wird. Es reicht häufig aus, daß dies erst nach einer Reihe von z.B. 10 Zeichen oder einer kurzen Eingabepause erfolgt. Obwohl dann der Bildschirm nicht zu jedem Zeitpunkt das konkrete Aussehen des Textes widerspiegelt, läßt sich so sehr einfach das interaktive Verhalten verbessern.

Erreicht wird dies, indem GetEvent mit einem bestimmten Timeout-Wert (z.B. 200 ms) aufgerufen wird. Auf diese Weise wird versucht, ein folgendes Zeichen zu lesen ohne hierbei jedoch länger als 200 ms zu blockieren. Obwohl diese kurze Verzögerung nicht spürbar ist, reicht sie aus, schnell hintereinander eintreffende Zeichen in einen Puffer lesen und gesamthaft zu verarbeiten. Das folgende Beispiel zeigt die leicht vereinfachte Realisierung dieses Konzepts:

```
Command *TextView::DoKeyCommand(char c, Event e)
{
        const int cMaxBatch= 10;
        char buf[cMaxBatch];              // „typeahead" Puffer

        buf[0]= c;                        // 1. Zeichen einfügen
        for (int i= 1; i < cMaxBatch; i++) {
                e= GetEvent(200);         // nicht länger als 200 ms warten
                if (e.IsIdle())           // Timeout aufgetreten
                        break;            // Schleife verlassen
                if (! e.IsAscii()) {      // kein Ascii-Zeichen
                        PushBackToken(e);// Ereignis nicht konsumieren
                        break;            // Schleife verlassen
                }
                buf[i]= e.CharCode();     // Zeichen merken
        }
        return new TypingCommand(this, buf, i);        // alle Zeichen in Text einfügen
}
```

5.9 Der ET++-Fenstermanager

Im Gegensatz zu serverbasierten Fenstersystemen wie z.B. X und NeWS wurde in ET++ der Fenstermanager, d.h. die Benutzungsschnittstelle für Fenstermanipulationen (vgl. Abschnitt 2.5) in den Toolkit integriert. ET++ unterstützt also keinen externen Fenstermanager. Die Gründe hierfür sind:

— *geringer Implementierungsaufwand:*
 Der Implementierungsaufwand für den Fenstermanager innerhalb von ET++ beläuft sich auf ca. 30 Zeilen Code. Diese geringe Zahl ist im wesentlichen auf die generische Funktionalität der grafischen Objekte zurückzuführen. So existieren z.B. standardisierte Command-Objekte, mit denen VObjects und damit auch Exemplare der Unterklasse BlankWindow interaktiv verschoben und in ihrer Größe verändert werden können.
 In BlankWindow mußte hierzu lediglich die Implementierung der Methode SetContentRect auf die Elementarmethode DevResizeWindow des WindowPorts abgebildet werden. Außerdem wurde eine weitere Elementarmethode eingeführt, mit der das Clipping eines Fensters temporär aufgehoben werden kann. Dies ist erforderlich, da beim interaktiven Verschieben eines Fensters das zur Animation verwendete Hüllrechteck auch außerhalb des Fensters gezeichnet werden muß.

— *Austauschbarkeit der Fenstermanager-Benutzungsschnittstelle ist fragwürdig:*
 Die Austauschbarkeit der Fenstermanager-Benutzungsschnittstelle wurde für das ET++-Projekt als nicht wichtig erachtet. Ausschlaggebend hierfür ist die Überlegung, daß das Look-and-Feel einer Applikation sowohl durch die Fenstermanager- als auch die applikationsspezifische Benutzungsschnittstelle definiert wird, also beide aufeinander abgestimmt sein müssen. Da ET++ kein UIMS ist, also auch die applikationsspezifische Benutzungsschnittstelle nicht ausgetauscht werden kann, muß auch die Benutzungsschnittstelle des Fenstermanagers nicht austauschbar sein.
 Diese Sichtweise ist bei kommerziellen ET++-Anwendern umstritten, da der Markt zur Zeit nach Applikationen verlangt, die sich an gewisse Standards (z.B. *OSF-Motif*) halten. Leider

wird hierbei vergessen, daß eine Applikation noch nicht dann Motif-konform ist, wenn das Aussehen der Fensterrahmen diesem Standard entspricht.

— *generische Screendump-Funktionalität:*
Da alle grafischen Teile eines Fensters unter der Kontrolle von ET++ gezeichnet werden, konnte sehr leicht eine generische Screendump-Funktionalität realisiert werden. Hierzu wurde der in 4.3 eingeführte Druckmechanismus so erweitert, daß durch eine bestimmte Tastenkombination das WindowPort des BlankWindows jederzeit gegen einen vom Benutzer wählbaren PrinterPort ausgetauscht wird. Durch anschließendes Invalidieren des gesamten Fensters wird dieses z.B. auf einem hochauflösenden PostScript-Laserdrucker ausgedruckt. Im Gegensatz zu allen bekannten Systemen, die nur eine Bit-Map-Darstellung erlauben, können damit ET++-Fenster als qualitativ sehr viel höherwertigere PostScript-Grafik ausgegeben werden (z.B. für Dokumentationszwecke).

Neben der Realisierung der Benutzungsschnittstelle von Fenstermanipulationen verwaltet der Fenstermanager üblicherweise Ikonen, d.h. grafische Stellvertreterobjekte für (geschlossene) Fenster, Dokumente oder Applikationen. Da in ET++ Ikonen als „normale" Fenster betrachtet werden, muß von der abstrakten Fenstersystemschnittstelle keine spezielle Funktionalität bereitgestellt werden.

Die Klasse Icon implementiert die Funktionalität von Ikonen als Unterklasse von BlankWindow in ca. 20 Zeilen Code. Im Gegensatz zu anderen Fenstermanagern kann in ET++ das Erscheinungsbild und das interaktive Verhalten einer Ikone mit den gleichen Mechanismen gestaltet werden wie normale Fenster.

Neben einem minimalen Implementierungsaufwand und einer großen Gestaltungsflexibilität ist der wichtigste Vorteil einer Implementierung der Ikonen im Toolkit, daß deren Verwaltung vollständig ins Application-Framework eingebettet werden kann.

So ist in ET++ im Gegensatz zu anderen Fenstermanagern nicht mit jedem Fenster grundsätzlich eine Ikone assoziiert. Stattdessen erfolgt, diese Zuordnung nach dem Verwendungszweck des Fensters. Es ist z.B. nicht sinnvoll einen nicht modalen Finde-/Ersetze-Dialog im geschlossenen Zustand durch eine Ikone zu repräsentieren. Besitzen mehrere unterschiedliche Applikationen solche Dialoge, so kann dann bei einem von Ikonen gefüllten Bildschirm nicht mehr einfach festgestellt werden, welche Ikone zu welcher Applikation bzw. welchem Dokument gehört. Es ist dann sehr viel sinnvoller, den Dialog zu schließen und anschließend über ein Menu wieder zu öffnen. Das Menu wird hierbei immer in einem Fenster einer Applikation (also deren Kontext) benutzt, so daß der zugehörige Dialog auch immer der richtigen Applikation zugeordnet werden kann.

In anderen Fällen kann eine Ikone einer ganzen Fenstergruppe zugeordnet werden. Als Fenstergruppe werden in ET++ z.B. alle Fenster eines Dokuments betrachtet. Jedes Fenster zeigt einen bestimmten Aspekt der Daten einer Applikation. Das erste erzeugte Fenster ist der „Gruppenführer" (*group leader*), also das Hauptfenster einer Gruppe. Wird das Hauptfenster geschlossen, so werden auch alle Nebenfenster geschlossen und insgesamt durch eine einzige Ikone repräsentiert. Ein Anklicken dieser Ikone öffnet alle Fenster in ihrer ursprünglichen Überlagerungsstruktur. Wird hingegen nur ein Nebenfenster geschlossen, so bleiben die anderen Fenster des gleichen Dokuments unberührt. Abbildung 5.31 zeigt die in ET++ vordefinierten Fenstergruppen.

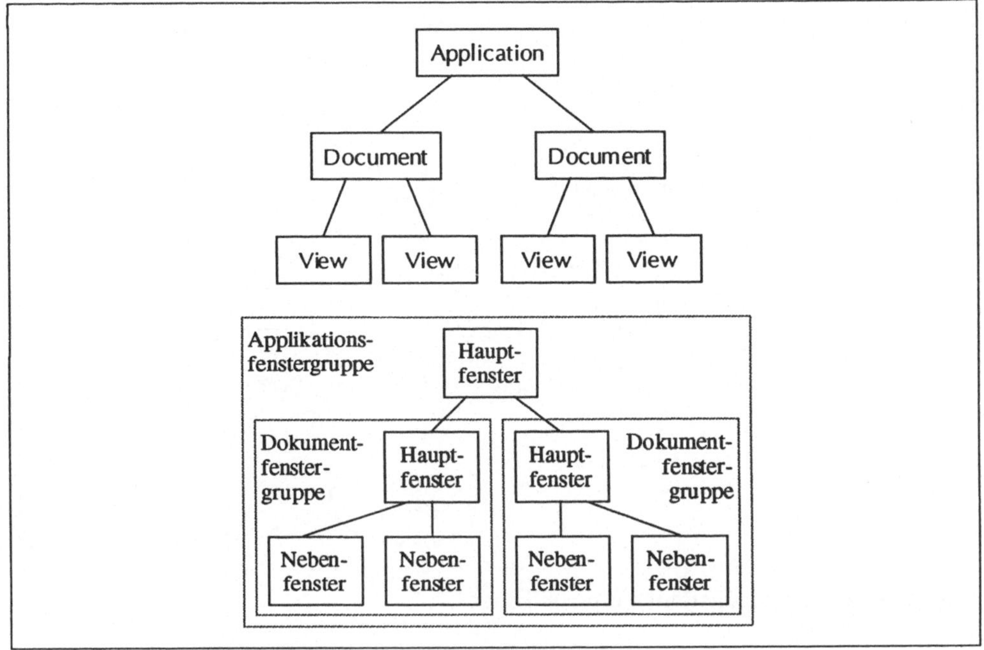

Abb. 5.31: Applikations- und Fenstergruppenstruktur

Diese Beispiele haben deutlich gemacht, daß die Zuordnung zwischen Fenster und Ikone eine genaue Kenntnis der Applikationsstruktur voraussetzt und deshalb nicht bereits durch das zugrundeliegende Fenstersystem oder einen externen Fenstermanager vorgenommen werden kann. Bestätigt wird diese Aussage durch die OSF/Motif- und OpenWindows-Fenstermanager. Obwohl beide gewisse im ICCCM (vgl. Abschnitt 3.6.2) definierte Ikonen-Verwaltungsmechanismen unterstützen, konnte hierauf nicht die für ET++ geforderte Funktionalität realisiert werden.

5.10 Desktop-Manager-Unterstützung

Obwohl in ET++ die Komponente des Desktop-Managers (vgl. Abschnitt 2.6) zur Zeit nur als erster Prototyp vorhanden ist, existiert hierfür bereits ein universeller und portabler Interapplikations-Kommunikationsmechanismus (*Inter Application Communication, IAC*). Durch diesen Mechanismus wird jede ET++-Applikation gleichzeitig zu einem Klienten und einem Server, d.h. sie kann nicht nur anderen Applikationen Meldungen übermitteln, sondern andere Applikationen können von ihr bestimmte Dienstleistungen beziehen (Abb. 5.32).

IAC wurde so ins Framework integriert, daß viele der standardmäßig implementierten Menübefehle der Klassen Application, Document, View und Window auch von anderen ET++-Applikationen genutzt werden können. Außerdem existiert ein einfaches UNIX-Programm, mit dem beliebige Meldungen an ET++-Applikationen geschickt werden können. Wird dieses in ein

UNIX-Shell-Skript eingebettet, kann eine einfache Form von *Skripting* realisiert werden. Der oben erwähnte Desktop-Manager ist eine „normale" ET++-Applikation.

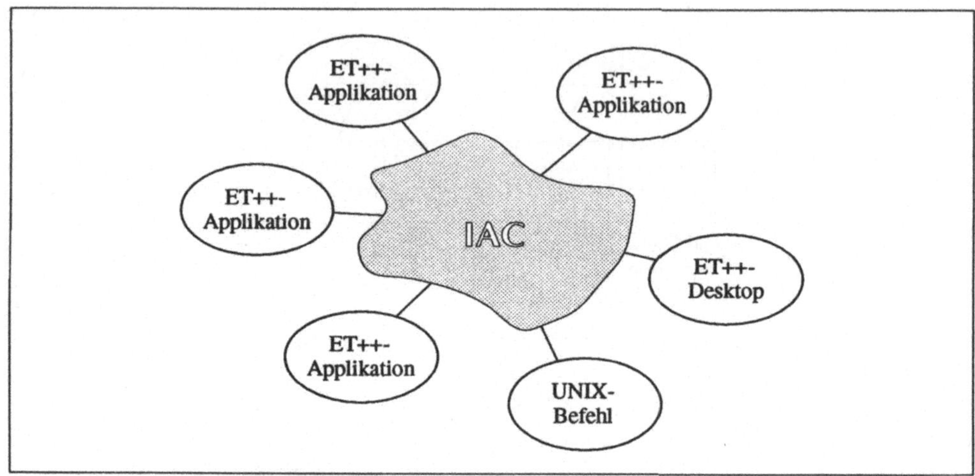

Abb. 5.32: Interapplikations-Kommunikation

Die zur Zeit wichtigste Anwendung von IAC ist die Verwaltung der Zwischenablage (*clipboard*), d.h. die Realisierung der Copy-/Paste-Funktionalität. Diese Art der Implementierung steht im Gegensatz zu herkömmlichen Fenstersystemen, bei denen häufig ein allgemeiner Kommunikationsmechanismus auf einem limitierten Copy-/Paste-Konzept aufgebaut wird.

Als Konsequenz hieraus besitzt IAC eine eigenständige Implementierung, d.h. es baut nicht auf den Kommunikationsmechanismen des zugrundeliegenden Fenstersystems auf.

Zentrale Komponente von IAC ist ein Kommunikationsprozeß (*IAC-Server*), der jede gestartete ET++-Applikation registriert, eine Verbindung zu ihr unterhält und Meldungen vermittelt. Damit bei der Übertragung von Daten keine hardwareabhängigen Datenformate berücksichtigt werden müssen, ist eine Meldung eine beliebig lange ASCII-Zeichenkette. Den Anfang der Kette bildet die auch wieder im ASCII-Zeichensatz dargestellte Länge und Zieladresse. Da nur diese beiden Felder vom Server interpretiert werden, ist dieser vollkommen unabhängig von Inhalt und Bedeutung der übertragenen Daten und muß nicht bei klientenseitigen Änderungen oder Erweiterungen modifiziert werden.

Im Klienten, d.h. in einer ET++-Applikation wird von der Klasse Application zur Initialisierungszeit ein Exemplar der Klasse IAC erzeugt:

```
class IAC : public EvtHandler {
// ...
public:
        void Talk(ClientId to, char *msg, int msglength, char *retmsg, int *retmsglen);
        virtual void ExtCommand(ClientId from, char *msg, int msglength,
                                          char *retmsg, int *retmsglen);
};
```

IAC nimmt dabei Kontakt mit einem existierenden IAC-Server auf oder startet diesen. Anschließend kann über die Methode Talk synchron entweder mit einem anderen Klienten kommuniziert oder aber ein Broadcast abgesetzt werden. Die Identifikation des Klienten (Parameter ClientId) muß dabei zuvor durch einen anderen Broadcast in Erfahrung gebracht werden. Auf die Antwort eines Empfängers kann über die Parameter retmsg und retmsglen zugegriffen werden.

Im Empfänger der Meldung wird die dynamisch gebundene Methode ExtCommand aufgerufen und Absender, Meldung und ihre Länge als Parameter übergeben. Der Empfänger muß die Meldung interpretieren und die gewünschte Funktion ausführen. Deren Resultat kann über retmsg und retmsglen an den Absender zurückgeschickt werden.

Standardmäßig wird in ET++ der Aufruf von ExtCommand an eine Methode gleichen Namens der Klasse Application delegiert. Dort erfolgt eine erste Analyse der Meldung. Für an Application gerichtete Anfragen werden in einer Fallunterscheidung die entsprechenden Methoden aufgerufen. Document- bzw. View- oder Window-spezifische Methoden werden hierarchisch an die Methoden der entsprechenden Klassen weitergeleitet. Abbildung 5.33 zeigt die standardisierte IAC-Struktur einer ET++-Applikation.

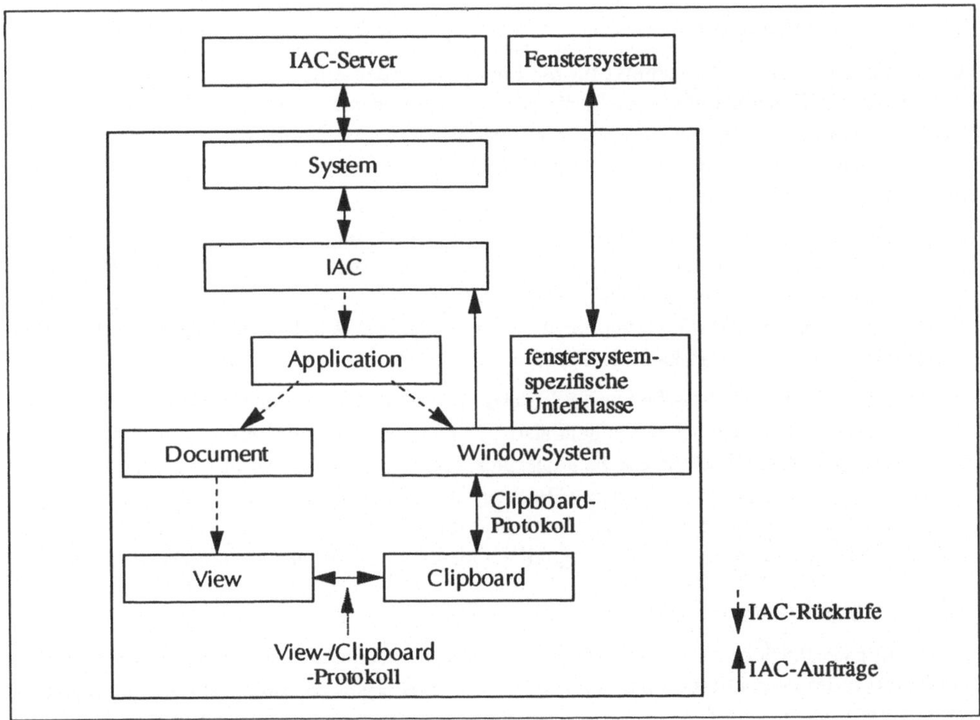

Abb. 5.33: IAC-Struktur von ET++

Für die Verwaltung der Zwischenablage sind spezielle Maßnahmen erforderlich, da auch mit Nicht-ET++-Applikationen kommuniziert werden muß. Dazu filtert bereits Application alle Zwischenablage-Anfragen anderer Applikationen aus dem Meldungsstrom aus und schickt diese an WindowSystem. WindowSystem koordiniert die Verwaltung sowohl dieser Anfragen als auch der des zugrundeliegenden Fenstersystems und delegiert sie über ein standardisiertes Protokoll an die Klasse ClipBoard (Abb. 5.33).

Für die eigentliche Übertragung der Zwischenablage wird der Aktivierungs-/Passivierungs-Mechanismus der Klasse Object verwendet (vgl. Abschnitt 4.2). Hierdurch können Applikationen beliebige Objektstrukturen in maschinenunabhängiger Weise austauschen, ohne daß jeweils spezielle Formate definiert und interpretiert werden müssen. Da außerdem der Aktivierungs-/Passivierungs-Mechanismus das dynamische Laden des ausführbaren Codes einer Klasse unterstützt, können über die Zwischenablage auch solche Objekte übermittelt werden, deren Klassen in der Zielapplikation zunächst noch unbekannt sind.

5.11   Portierungserfahrungen

Nachdem in den vorangegangenen Abschnitten Entwurfs- und Implementierungsaspekte der fenstersystemrelevanten Bereiche von ET++ dargestellt worden sind, werden nun die wichtigsten Erfahrungen bei der Portierung der Fenstersystemschnittstelle zusammengefaßt.

5.11.1   SunWindows

Da SunWindows der Ausgangspunkt für die Entwicklung der Fenstersystemschnittstelle bildete, kann in diesem Zusammenhang eigentlich nicht von einer „Portierung" gesprochen werden. Stattdessen wurde die Struktur der ursprünglichen SunWindows-Implementierung im Zuge einer Portierung auf andere Fenstersysteme immer wieder modifiziert, um schließlich zu einer portablen Architektur zu gelangen.

Der größte Aufwand der Implementierung wurde für die Emulation des grafischen Modells von ET++ erforderlich, da sich die Funktionalität von SunWindows in diesem Bereich auf sehr niedrigem Niveau bewegt. Trotz dieser Emulation ist aber die Geschwindigkeit der grafischen Operationen höher als die aller folgenden Portierungen, da bei SunWindows als bibliotheksbasiertem Fenstersystem kein Kommunikationsmehraufwand entsteht.

Bei der Abbildung der ET++-Fensterfunktionalität wurde deutlich, daß SunWindows-Fenster keine „Leichtgewichtsobjekte" darstellen, also z.B. nicht schnell geöffnet bzw. geschlossen werden können und deshalb nicht zur Realisierung von ET++-Popup-Menüs geeignet sind. Zur Lösung dieses Problems benutzen Popup-Fenster temporär den gesamten Bildschirm unter Umgehung der Fensterhierarchie. Deshalb muß das Clipping auf den Bereich des Popup-Fensters explizit und bei gleichzeitiger Blockierung aller anderen Applikationen durchgeführt werden.

5.11.2   SunWindows-Server

Die wichtigste Portierung der abstrakten Fenstersystemschnittstelle stellt die serverbasierte SunWindows-Implementierung dar. Ziel dieser Portierung war es, die prinzipielle Eignung der zuvor nur auf einem bibliotheksbasierten Fenstersystem implementierten Schnittstelle unter einer serverbasierten Implementierung zu überprüfen und gegebenenfalls anzupassen.

Grundidee dieser Portierung war, das existierende SunWindows-Subsystem von Toolkit und Application-Framework zu trennen und in einen Server-Prozeß zu verlagern. Durch diesen Ansatz konnte der Portierungsaufwand auf die Implementierung des „entfernten Prozeduraufrufs" [Bir84] (*Remote Procedure Call, RPC*) reduziert werden. Im Klienten wurden die Elementarmethoden der Fenstersystemschnittstelle in sog. *Client-Stubs* und deren Parameter durch *Marshalling* in Nachrichtenblöcke fester Länge umgewandelt. Der Server-Prozeß setzt die eintreffenden Nachrichten wieder in Methodenaufrufe der abstrakten Fenstersystemschnittstelle um. Abbildung 5.34 zeigt die prinzipielle Struktur dieser ersten serverbasierten Implementierung.

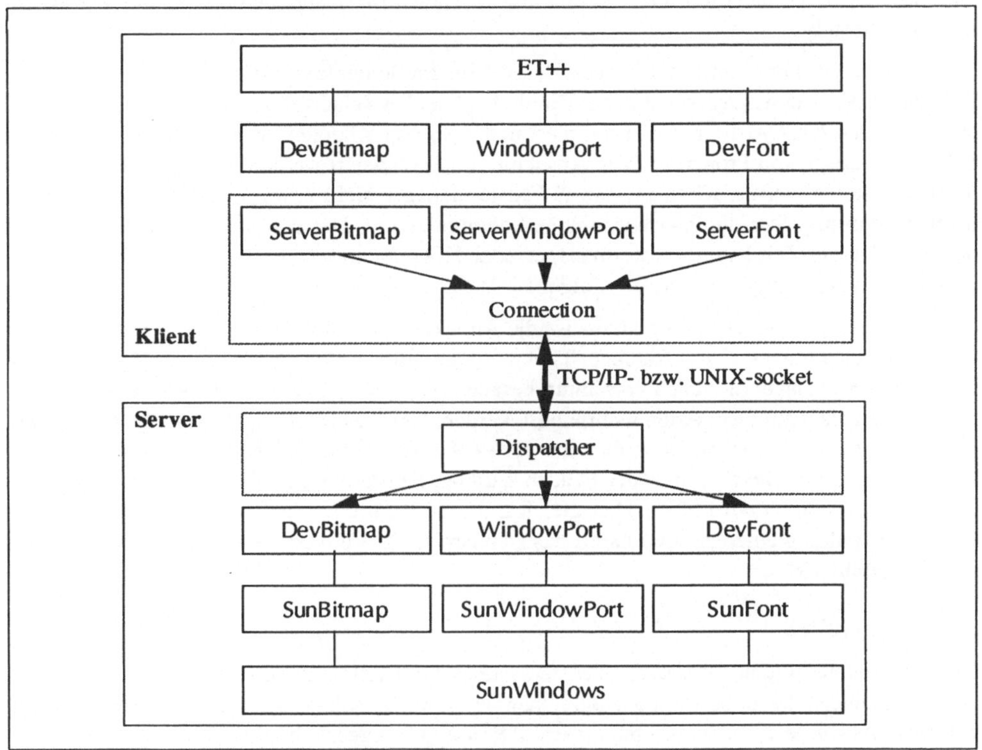

Abb. 5.34: Struktur der SunWindows-Server-Implementierung

Durch die Wiederverwendung der SunWindows-Implementierung konnte auf die aufwendige Realisierung eines vollständigen serverbasierten Fenstersystems verzichtet werden und stattdessen größeres Augenmerk dem Entwurf der abstrakten Schnittstelle geschenkt werden. Die gesamte Implementierung besteht aus ca. 700 Zeilen Code; 300 Zeilen auf Klientenseite und 400 Zeilen für den Server. Ohne Vorgriff auf die im folgenden dargestellten Portierungen kann bereits an dieser Stelle gesagt werden, daß keine der anderen serverbasierten Portierungen an die Leistungsfähigkeit dieses ersten Prototyps heranreicht.

Insbesondere konnte nachgewiesen werden, daß der in ET++ gewählte Ansatz, alle Ereignisse „ungefragt" zum Klienten zu schicken, auch in einer serverbasierten Implementierung zu keinen spürbaren Effizienzverlusten führt. Das gleiche gilt auch für die klientenseitige Fensterverwaltung.

5.11.3   X-Windows

Nach diesen ersten positiven Erfahrungen mit einer serverbasierten Version von ET++ wurde eine Portierung auf den Release 3 von X11 durchgeführt. Diese Portierung ist die kürzeste von allen, da die Funktionalität von X11 eine Obermenge von ET++ darstellt. Da aber von den in Xlib vorhandenen Bibliotheksfunktionen nur ca. 20% für die Portierung verwendet wurden, wird die These bestätigt, daß die Funktionalität von X11 auch für anspruchsvolle Toolkits (wie z.B. ET++) zu hoch ist.

Die größten Probleme und damit auch der größte Implementierungsaufwand entstanden im Bereich des Fenstermanagers und in der Einbindung der Zwischenablageverwaltung. Beides wird in X11 in den ICCCM-Richtlinien definiert und muß von Klienten im wesentlichen durch das Setzen und Lesen von Properties (vgl. Abschnitt 3.6.2) realisiert werden. Erfolgt dies nicht bzw. nicht korrekt, so werden Klienten vom X-Fenstermanager nicht richtig behandelt bzw. können nicht gegenseitig über die Zwischenablage kommunizieren. Das eigentliche Problem entsteht dadurch, daß zur Zeit kaum Fenstermanager oder X-Applikationen existieren, die die ICCCM-Richtlinien vollständig und korrekt befolgen.

X-Fenstermanager umgeben normalerweise die Applikationsfenster eines Klienten mit einem von ihnen verwalteten Fenster, das Rahmen, Titel und Interaktionselemente enthält. Da der integrierte ET++-Fenstermanager dies auch vornimmt, besaßen ET++-Fenster zunächst zwei Fensterrahmen und konnten auch auf zwei Arten manipuliert werden. Um dies zu vermeiden, mußte ein Mechanismus eingeführt werden, über den der ET++-Toolkit entscheiden kann, ob ein externer Fenstermanager existiert. Ist dies der Fall, so wird die Fenstermanager-Funktionalität von ET++ unterdrückt. Dadurch wird ET++ aber gleichzeitig die Kontrolle über die Ikonen- und Fenstergruppenverwaltung entzogen und damit das standardisierte Verhalten von ET++-Applikationen stark eingeschränkt.

5.11.4   NeWS

Die Implementierung der abstrakten Fenstersystemschnittstelle unter dem NeWS Fenstersystem ist interessanterweise in bestimmten Bereichen durch relativ schwerwiegende Probleme gekennzeichnet und wurde deshalb auch nur als erster Prototyp fertiggestellt.

Keine Probleme ergaben sich zunächst für die Realisierung der grafischen Ausgabeoperationen, da sich das in ET++ verwendete Stencil/Paint-Modell zwangsläufig mit minimalem Aufwand auf die NeWS zugrundeliegende Sprache PostScript abbilden läßt. Ganz im Gegenteil bestand häufig sogar die Gefahr, den in PostScript angebotenen grafischen Möglichkeiten zu erliegen und diese in stärkerem Maße direkt in ET++ zugänglich zu machen. Der Aufwand ihrer Emulation unter anderen Fenstersystemen ließ den Autor hiervon Abstand nehmen.

Probleme tauchten dort auf, wo sich die Grundphilosophien von ET++ und NeWS zu stark unterscheiden. Im Unterschied zu allen bekannten Fenstersystemen findet sich in NeWS keinerlei direkte Unterstützung mehrerer Fenster auf Klientenseite. D.h. es lassen sich zwar relativ einfach mehrere Fenster im Server durch nebenläufige Prozesse realisieren, aber deren Kommunikation mit dem Klienten bleibt vollständig dem Entwickler überlassen.

Im einzelnen bedeutet dies z.B., daß für jede an den Server abgesetzte grafische Operation eine eindeutige Kennung mitgesendet werden muß, damit im Server die Ausgabe in das richtige

Fenster erfolgt. Umgekehrt muß für alle Ereignisse, die im Server für die Fenster einer Applikation gesammelt werden, eine Identifikation zum Klienten zurückgesandt werden, damit dieser die Verteilung auf die WindowPorts durchführen kann. Abb. 5.35 illustriert die resultierende Struktur.

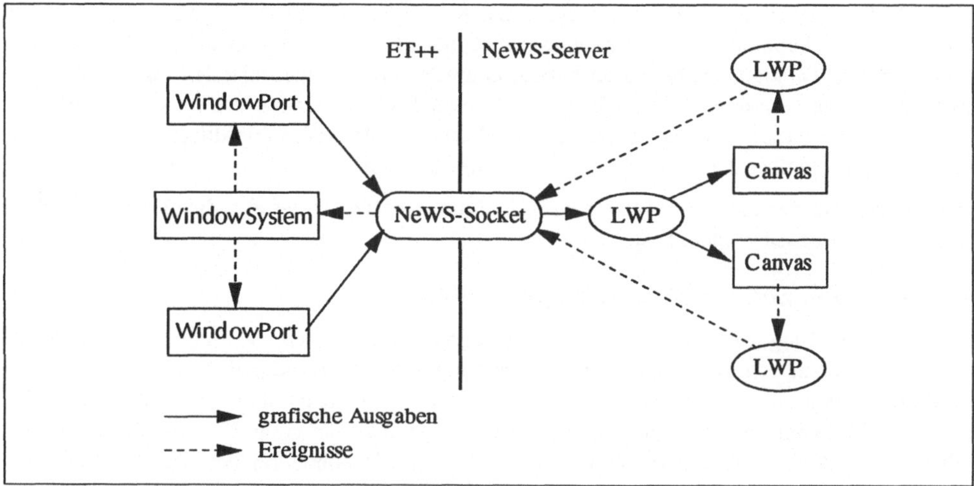

Abb. 5.35: Struktur der NeWS-Portierung

Die Implementierung von ET++ unter NeWS ist deshalb durch zwei Extreme gekennzeichnet: Auf der Ausgabeseite beschränkt sich die Implementierung auf sehr wenig Code, auf der Eingabeseite müssen hingegen die komplexen Multiplexer-Mechanismen implementiert werden, die sonst typischerweise feste Bestandteile eines Fenstersystems darstellen.

Daß diese Mechanismen fehlen, ist bei Betrachtung der NeWS zugrundeliegenden Philosophie durchaus verständlich: Von unter NeWS entwickelten Applikationen wird normalerweise erwartet, daß alle Benutzungsoberflächenaspekte einer Applikation in PostScript entwickelt und in den Server geladen werden. Im Server ist dann aber ein Multiplexen nicht mehr nötig, da jedes Fenster durch einen Prozeß repräsentiert wird, der automatisch nur die eigenen Ereignisse erhält. Die Kommunikation mit der Klientenseite erfolgt dann nur noch über speziell definierte applikationsspezifische Ereignisse, bei denen die Frage, für welches Fenster sie bestimmt sind, nur noch eine untergeordnete Rolle spielt.

Obwohl die NeWS-Implementierung nur als Prototyp betrachtet werden kann, können doch bereits Aussagen über die Leistungsfähigkeit gemacht werden. Auch hierbei muß wieder die Eingabe- von der Ausgabeseite getrennt werden: Die Geschwindigkeit grafischer Ausgaben liegt in der gleichen Größenordnung wie die von X11. Auf der Eingabeseite zeigt sich hingegen ein dramatischer Geschwindigkeitsverlust. Dieser tritt weniger bei einfachen Animationen (z.B. Rubberbanding) auf, sondern eher bei komplexen Operationen, wie z.B. dem Öffnen eines Popup-Menüs. Obwohl die Implementierung weiter optimiert werden könnte, wurde deutlich, daß entweder ET++ andere Anforderungen an ein Fenstersystem stellt als sie NeWS liefern kann, oder umgekehrt formuliert, daß NeWS eine andere Benutzung durch Applikationen erwartet, als sie ET++ realisiert.

5.12   Problembereiche

Obwohl die meisten der in ET++ verwendeten Konzepte, Mechanismen und Abstraktionen sowohl bei der Applikationsentwicklung als auch bei der Portierung auf andere Systeme ihre grundsätzliche Tauglichkeit bewiesen haben, konnten einige Schwachstellen und Problembereiche identifiziert werden. Für manche gibt es bereits Teillösungen, andere werden in zukünftigen Versionen von ET++ behoben werden, wieder andere erfordern allerdings neue Methoden und Konzepte, die über die Ziele von ET++ weit hinausgehen.

Im folgenden werden die Problembereiche und Lösungsansätze dargestellt, die einen unmittelbaren Bezug zum Fenstersystem besitzen.

5.12.1   Look-and-Feel-Unverträglichkeiten

Da die Entwicklung von ET++ zu einer Zeit begonnen wurde, als die Begriffe „Motif" und „OpenLook" noch unbekannt waren, besitzt es heute ein eigenständiges, eher dem Macintosh verwandtes Look-and-Feel. Obwohl der Autor davon überzeugt ist, daß kein OSF/Motif- oder OpenLook-Anhänger bei der Benutzung einer ET++-Applikation große Umstellungsschwierigkeiten haben würde, ist dies nicht die Meinung vieler – häufig kommerzieller – Anwender.

Obwohl es relativ leicht möglich wäre, ET++ an einen der beiden Standards anzupassen, wurde bisher davon abgesehen, da zur Zeit noch unklar ist, welcher der beiden Standards sich durchsetzen wird. Die im OI-Toolkit (Abschnitt 3.6.5) gewählte Lösung, beide Standards zu unterstützen, steht im Widerspruch zu ET++, da hierdurch die flexible Erweiterbarkeit eingeschränkt werden müßte und damit gleichzeitig der objektorientierte Ansatz in Frage gestellt würde.

Es ist deshalb geplant, schrittweise die unverzichtbaren Konzepte beider Welten in ET++ aufzunehmen und ein mit beiden Standards verträgliches Look-and-Feel zu erreichen.

5.12.2   Fehlendes Ressourcenkonzept

Im Gegensatz zu anderen Fenstersystemen und Toolkits gibt es zur Zeit noch kein allgemeines Ressourcenkonzept, d.h. es besteht nicht die Möglichkeit, die fenstersystemspezifischen Ressourcen einer ET++-Applikation, wie z.B. Farben, Zeichensätze oder Bit-Maps, von der Applikation getrennt in Ressourcendateien oder einer globalen Ressourcendatenbank zu verwalten.

Der Grund hierfür liegt in dem Bestreben, nicht nur fenstersystemspezifische Ressourcen, sondern alle ET++-Objekte auf diese Art verwalten zu können, d.h. ET++ um das Konzept der *Persistenz* zu erweitern. Da in diesem Bereich die Forschung zur Zeit noch intensiv nach praktikablen Lösungen sucht, gibt es nur erste Ideen für eine mögliche Realisierung.

Als Grundlage könnte auch hier wieder der allgemeine Aktivierungs- und Passivierungs-Mechanismus aller ET++-Objekte verwendet werden. Ungelöst ist aber noch die Versionsverwaltung und die über Zeit und Raum eindeutige Identifikation globaler Objekte.

Obwohl die Persistenz von Objekten auf den ersten Blick unabhängig vom zugrundeliegenden Fenstersystem erscheint, lassen sich bei genauerer Analyse bestimmte positive Einflüsse auf das

Fenstersystem erkennen. Als Beispiel sei hier die Verwaltung von Bit-Maps genannt. Im jetzigen System enthält jede Applikation die Bit-Maps, die z.B. zur Realisierung von Interaktionselementen gebraucht werden, immer wieder neu. Viele dieser Bit-Maps sind dadurch identisch in jeder Applikation vorhanden. Unter einem serverbasierten Fenstersystem werden diese identischen Bit-Maps immer wieder neu in den Server geladen und belegen dort einen nicht unerheblichen Speicherplatz. Unter der Voraussetzung persistenter Objekte mit global eindeutiger Identifikation könnte diese Duplizierung vermieden werden, und mehrere Applikationen könnten gleiche Bit-Maps gemeinsam benutzen.

5.12.3 Applikationsgröße

Ein großes Problem von ET++ ist die erhebliche Größe von Applikationen. Tabelle 5.2 gibt einen Überblick über die Quellcode- und Objektcodegröße der „Hello-World"-Applikation in unterschiedlichen Fenstersystemen und Toolkits.

Fensterumgebung	Quellcode (Zeilen)	Objektcode (KByte)
Macintosh	200	16
SunWindows	114	400
X11 [Ros88a]	150	40
X11 + Xt	61	100
NeWS	90	k.A.[15]
ET++	44	800

Tabelle 5.2: Quell- und Objektcodevergleich von „Hello World"

Es wird deutlich, daß ET++ alle anderen Systeme bei weitem „in den Schatten stellt". Die Gründe hierfür liegen zum einen in der Verwendung des objektorientierten Konstruktionsprinzips und zum anderen in der Art der Implementierung der Programmiersprache C++.

Durch den objektorientierten Ansatz wird nicht nur die Wiederverwendbarkeit von Softwarekomponenten gefördert, sondern auch die Aufblähung von Objektcode bewirkt. Da fast alle ET++-Klassen mehrere Basisklassen besitzen, bewirkt die Benutzung einer Klasse in einer Applikation, daß auch sämtliche Basisklassen vorhanden sein müssen. Verschärft wird diese Problematik durch die Application-Framework-Konzepte von ET++, da hierdurch einzelne Toolkit-Komponenten bereits standardmäßig zu einem Ganzen integriert werden.

Besonders deutlich wird dies, wenn für das Binden (Linken) einer ET++-Applikation nicht eine UNIX-Bibliothek aller ET++-Komponenten, sondern stattdessen nur eine einzige „vorgebundene" und weiterhin relozierbare Version der Komponenten verwendet wird. In diesem Fall steigt die Größe der Hello-World-Applikation nur um ca. 10%, was umgekehrt darauf schließen läßt, daß bei der Verwendung einer Bibliothek nur ca. 10% von ET++ **nicht** verwendet werden. Aus diesem Grund wird zum Binden einer ET++-Applikation im Normalfall keine Bibliothek ver-

---

15 Bei der NeWS-Version von "Hello World" handelt es sich um ein reines PostScript-Programm, das in den Server geladen wird. Es benutzt zwar dort NeWS-Standardbibliotheken, allerdings läßt sich die Größe dieser Bibliotheken nicht messen.

wendet, da der hierfür benötigte ca. 10-mal so hohe Zeitaufwand in keinem Verhältnis zur erreichbaren Größenreduktion steht.

Auf der anderen Seite werden viele der in einer Applikation vorhandenen Komponenten bei einer typischen Benutzung nicht oder nur in sehr geringen Teilen (wenige Methoden) jemals ausgeführt. Viele Methoden können sogar nie erreicht werden, da sie durch gezieltes Überschreiben bewußt ausgeschaltet wurden. Daß durch eine rein statische Analyse dieser „tote Code" nicht eliminiert werden kann, zeigen die folgenden C++-spezifischen Untersuchungen.

C++ realisiert das Konzept der dynamischen Bindung, indem es in eine Tabelle zu jeder Klasse die Adressen der dynamisch gebundenen Methoden einträgt. Jedes Objekt einer Klasse besitzt einen Verweis auf die zugehörige Tabelle. Für den Aufruf einer dynamisch gebundenen Methode wird vom C++-Übersetzer ein Zugriff auf den bereits zur Übersetzungszeit bekannten Eintrag in die Methodentabelle des Exemplars generiert. Abb. 5.36 veranschaulicht dies grafisch.

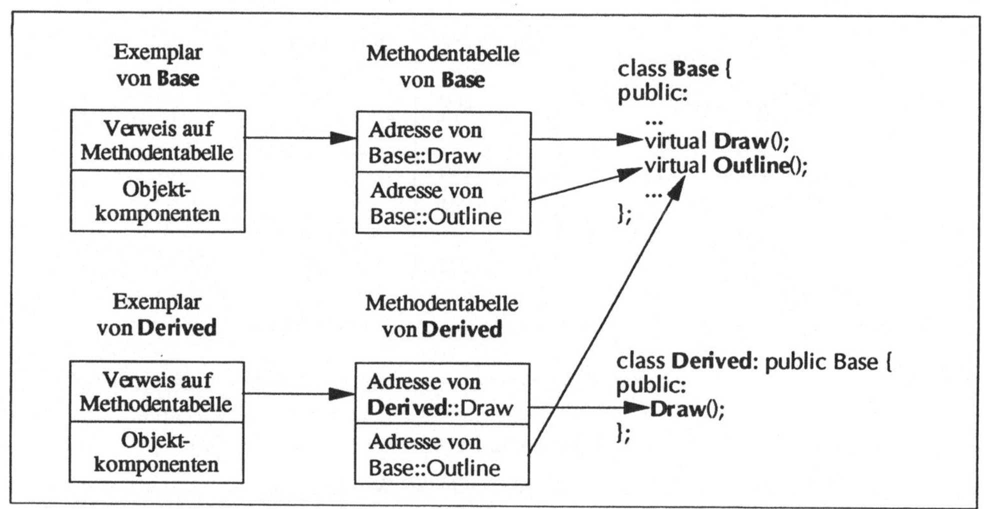

Abb. 5.36: Realisierung der dynamischen Bindung in C++

Die Abbildung macht deutlich, daß über die Methodentabelle Referenzen auf alle dynamisch gebundenen Methoden bereits statisch existieren. Es ist deshalb nicht sinnvoll, jede Methode als unabhängige Bibliothekskomponente zu betrachten, da beim Binden einer Applikation wieder alle Methoden benötigt werden und insgesamt keine Reduktion der Programmgröße, sondern nur eine Erhöhung des Bindeaufwands erreicht wird.

Grundsätzlich lösen lassen sich diese Probleme nur durch das Konzept des *verzögerten Ladens und Binden* (*demand loading and linking*) – nicht zu verwechseln mit der dynamischen Bindung – wie es z.B. im SunOS 4.x realisiert ist [Gin87]. Hierbei werden Bibliothekskomponenten erst dann zur Laufzeit eines Programms geladen und eingebunden, wenn sie zum ersten Mal referenziert werden. Damit der dann erforderliche Bindeaufwand reduziert werden kann, generiert bereits der Compiler für alle externen Referenzen sog. Bindetabellen und führt somit eine zusätzliche Indirektion ein. Zusammen mit den in C++ verwendeten Methodentabellen entsteht hierdurch ein (unnötiger) Effizienzverlust. Außerdem erfordert das Laufzeitsystem von C++, daß Klassen in bestimmter Weise initialisiert werden müssen. Da dies im SunOS zur Zeit nicht möglich ist, kann das verzögerte Laden und Binden für ET++ nicht verwendet werden.

Um doch zu einer Lösung dieses Problems zu gelangen, wurde deshalb ein eigener Linker in ET++ integriert. Er ist eine Weiterentwicklung des dld-Systems [Ho91] der *Free-Software-Foundation* (*gnu*) und erlaubt das dynamische Laden und Binden von einzelnen C++-Klassen bzw. ganzen Subsystemen. Er wird zur Zeit eingesetzt, um relativ selten benötigte Subsysteme, wie z.B. die Programmierumgebung oder den ColorPicker bei Bedarf, d.h. beim ersten Zugriff einbinden zu können.

Außerdem wurde mit ihm eine „generische Applikation" entwickelt, die nur die ET++-Bibliothek enthält und der als Argument der Name einer Unterklasse von Application angegeben werden kann. Die Applikation lädt sowohl diese als auch weitere benötigte Klassen, löst Referenzen auf und ruft schließlich die Run-Methode auf, um die eigentliche Applikation zu starten. Bei Anwendung dieses Verfahrens reduziert sich der Objektcode von „Hello-World" auf ca. 5 kByte und ist damit allen anderen Systeme aus Tabelle 5.2 überlegen. Gleichzeitig macht dieses Verfahren deutlich, daß existierende Betriebssystemsoftware noch nicht in der Lage ist, große objektorientierte Systeme angemessen zu unterstützen.

6 Zusammenfassung und Ausblick

6.1 Zusammenfassung

Im ersten Teil wurde zunächst der Problemraum von Fensterumgebungen in von konkreten Systemen abstrahierender Weise aufgespannt. Die Darstellung erstreckte sich von den hardware-nahen Bereichen über Fensterkonzepte bis hin zu Toolkits und deren applikatorischer Schnittstelle. Ausführlich wurde die Bedeutung der objektorientierten Softwareentwicklung dargestellt.

Aufbauend auf diesen Grundlagen wurden die charakteristischen Eigenschaften von relevanten Fensterumgebungen detaillierter betrachtet. Es wurde deutlich gemacht, daß herkömmliche Fenstersysteme und Toolkits eine Vielzahl von sehr unterschiedlichen Konzepten und Mechanismen aufweisen. Außerdem schlägt sich die Architektur des zugrundeliegenden Fenstersystems in einem unterschiedlichen Abstraktionsgrad der Fenstersystem- bzw. Toolkit-Schnittstelle nieder. Beides erschwert die Entwicklung von portablen Applikationen und Toolkits.

Der zentrale Teil der Arbeit beginnt mit einer einführenden Beschreibung des Application-Frameworks ET++. Durch den bewußten Verzicht auf entwurfs- und implementierungstechnische Einzelheiten wurde ET++ so dargestellt, wie es sich dem Applikationsentwickler präsentiert. Insbesondere wurde gezeigt, inwieweit durch Framework-Konzepte die üblichen Problembereiche bei der Entwicklung interaktiver grafischer Applikationen entschärft werden können, indem der komplexitätstragende Kontrollfluß ein für allemal in die Bibliothek verlagert wird.

Nach der ET++-Einführung wurden wichtige Entwurfsüberlegungen und Implementierungskonzepte der fenstersystemrelevanten Aspekte von ET++ dargestellt. Zunächst wurde diskutiert, wie durch eine Portabilitätsschicht zwischen Toolkit und Fenstersystem eine universelle Portierbarkeit für ET++ erreicht werden kann. Anschließend wurde dargelegt, welchen Einfluß die Architektur des zugrundeliegenden Fenstersystems auf die Verwendung einer Portabilitätsschicht besitzt.

Aufbauend auf diesen strukturellen Überlegungen wurde die objektorientierte Architektur der Portabilitätsschicht von ET++ vorgestellt. Es wurde deutlich gemacht, wie durch objektorientierte Prinzipien eine Standardimplementierung großer Bereiche der Portabilitätsschicht erreicht werden kann, die sich für die Anbindung an ein konkretes Fenstersystem schrittweise optimieren läßt.

Nach diesen allgemeinen Überlegungen zur Architektur der Portabilitätsschicht wurde das in ET++ verwendete Grafikmodell beschrieben. Es wurde gezeigt, daß ein einheitliches Stencil/Paint-Modell eine geeignete Grundlage für die Entwicklung portabler Applikationen mit grafischer Benutzungsoberfläche darstellt. Durch die Einführung der objektorientierten Abstraktion *Ink* können Farben, Grauwerte, Muster und spezielle grafische Effekte durch ein einziges Konzept benutzt werden. Insgesamt erlaubt das ET++-Farbmodell die Entwicklung von Applikationen, die sowohl auf Schwarzweiß- als auch auf Farbbildschirmen ohne aufwendige Fallunterscheidungen implementiert werden können.

Nach einer kritischen Betrachtung der in herkömmlichen Fenstersystemen verwendeten Fensterabstraktionen wurde anschließend gezeigt, wie in ET++ die Funktionalität eines hierarchischen Fenstersystems durch VObjects allein im Toolkit nachgebildet werden kann. Da VObjects im Gegensatz zu anderen Systemen nicht mit einem „realen" Fenster im Fenstersystem assoziiert werden, und damit einen um zwei Größenordnungen geringeren Speicherplatz benötigen, können sie zum ersten Mal als „Leichtgewichtsfenster" bezeichnet werden. In zahlreichen zu VObject existierenden Unterklassen werden die verschiedenen Spielarten von Fenstern realisiert. Applikationen bezahlen hierdurch nur für die Funktionalität, die sie wirklich benötigen. Diese Eigenschaft steht in krassem Gegensatz zu allen bestehenden Fenstersystemen, bei denen im – nicht erweiterbaren – Fensterobjekt bereits die insgesamt erforderliche Funktionalität festgeschrieben werden muß.

Daß mit dieser Funktionsverlagerung vom Fenstersystem in den Toolkit keine wesentliche Aufblähung verbunden ist, wurde am Beispiel der Bereiche Layout-Verwaltung, Bildschirmaufdatierung und Ereignisbehandlung verdeutlicht. Es konnte sogar gezeigt werden, daß diese Verlagerung nicht nur zu einer Effizienzsteigerung führt, sondern durch die objektorientierte Implementierung auch eine Flexibilitätserhöhung erreicht wird.

Als Grundlage für die Integration von interaktiven Applikationen unter einer gemeinsamen Arbeitsumgebung wurde ein portables Kommunikationskonzept vorgestellt, das erheblich über die Möglichkeiten existierender Systeme hinausgeht, da es nicht nur den Bereich der Zwischenablageverwaltung abdeckt, sondern auch die Ausführung von Befehlen durch andere Applikationen erlaubt. In diesem Bereich wurde wieder deutlich, wie durch das Konzept des Application-Frameworks für jede Applikation automatisch ein standardisiertes Verhalten erreicht wird. Durch den in ET++ verwendeten Aktivierungs-/Passivierungs-Mechanismus können beliebige Objekte zwischen Applikationen ausgetauscht werden, ohne daß jeweils spezielle Nachrichtenformate festgelegt werden müssen.

6.2 Konsequenzen

Zusammenfassend lassen sich die folgenden Konsequenzen ziehen:

- *Application-Framework statt Toolkit*
  Obwohl Toolkits eine Grundlage der Applikationsentwicklung bilden, reduzieren sie den Entwicklungsaufwand nur zum Teil, da ihre Komponenten immer noch zu einer vollständigen

Applikation zusammengesetzt werden müssen. Im Gegensatz dazu implementieren Application-Frameworks bereits „zusammengesetzte" Applikationen, die durch objektorientierte Konzepte in strukturierter Weise an konkrete Anforderungen angepaßt werden können. Neben einer erheblichen Entwicklungsvereinfachung fördern Application-Frameworks ein standardisiertes Verhalten von Applikationen.

– *Application-Frameworks dürfen nicht an konkrete Fenstersysteme gekoppelt werden*
Anspruchsvolle Application-Frameworks (und Toolkits) müssen nicht für ein spezielles Fenstersystem entwickelt werden, sondern können ohne Einschränkung der Funktionalität auf einer abstrakten und sehr schmalen Fenstersystemschnittstelle aufgebaut werden. Hierdurch kann eine hohe Portabilität erreicht werden.

– *Die Entwicklung von Fenstersystemen muß sich an Toolkits und Application-Frameworks orientieren*
Es muß verhindert werden, daß Fenstersysteme die gleichen oder ähnliche Mechanismen implementieren, die typischerweise auch in Toolkits oder Application-Frameworks benötigt werden. Hierdurch kann sowohl die Komplexität des Fenstersystems reduziert als auch einer zu engen Kopplung von Toolkit und Fenstersystem vorgebeugt werden. Die Verlagerung von Fenstersystemkonzepten in den Toolkit bewirkt keine große Aufblähung, sondern öffnet sie gegenüber einer erhöhten Anpaßbarkeit.

– *Architektur von Fenstersystemen*
Die Architektur von Fenstersystemen sollte sich an neueren Entwicklungen im Bereich von Mikro-Kern-Betriebssystemen orientieren, d.h. nur wenige, aber essentielle Konzepte bereitstellen. Höhere Konzepte können in Bibliotheken und Frameworks realisiert werden und sind dadurch offener gegenüber Erweiterungen und Anpassungen.

– *Abstraktes Grafikmodell*
Das Grafikmodell sollte sich nicht mehr an geräteabhängigen Konzepten orientieren, sondern höhere Abstraktionen bereitstellen. Obwohl diese häufig etwas ineffizienter sind, vereinfachen sie die Entwicklung von portablen grafischen Applikationen erheblich. Außerdem wird die Ineffizienz durch immer leistungsfähigere Hardware ausgeglichen.

– *Allgemeines Kommunikationskonzept*
Moderne Applikationen benötigen z.B. zur Unterstützung eines Desktop-Managers ein leistungsfähigeres Kommunikationskonzept als es typischerweise in Fenstersystemen existiert. Die Selektions- und Zwischenablageverwaltung sollte aus Fenstersystemen entfernt werden und stattdessen auf einem allgemeinen Kommunikationskonzept aufbauen.

– *Objektorientierte Softwareentwicklung*
Die objektorientierte Softwareentwicklung ist ein geeignetes Mittel zur flexiblen Gestaltung aller Softwarekomponenten von Fenstersystemumgebungen. Bei Verwendung von compilierten Sprachen mit statischer Typenprüfung (z.B. C++) ist der durch die dynamische Bindung hervorgerufene Effizienzverlust vernachlässigbar. Es kann deshalb im Gegensatz zu anderen Sprachen (z.B. Smalltalk) auf Optimierungen verzichtet werden, die „wider den Geist" objektorientierter Softwareentwicklung sind.

6.3 Ausblick

Obwohl ET++ zur Zeit ein stabiles und damit in konkreten Projekten einsetzbares System darstellt, wird es wahrscheinlich nie „fertig" genannt werden können.

Es bleibt das dauernde Bestreben existierende Konzepte und Mechanismen durch Redesignzyklen zu vereinfachen, die Zahl von Klassen zu reduzieren und insgesamt das Framework an die konkreten Bedürfnisse von Applikationen anzupassen.

Außerdem sind einige fenstersystemrelevante Erweiterungen geplant. Im Bereich des Grafikmodells wird eine weitere Annäherung an den Standard Display-PostScript stattfinden, ohne daß jedoch spezielle ET++-Konzepte aufgegeben werden. Zudem soll die Grafikkomponente stärker als bisher von der Abstraktion des Ports entkoppelt werden. Es ist geplant, auf diese Weise unterschiedliche Grafikmodelle dynamisch austauschbar zu machen. Das jetzige zweidimensionale Grafikmodell würde weiterhin für die Realisierung der relativ einfachen Toolkit-Komponenten verwendet werden. Anspruchsvollere Applikationen könnten aber gleichzeitig auch ein dreidimensionales Modell verwenden. Für diesen Vorschlag muß noch geklärt werden, inwieweit komplexere Grafikmodelle auf die jetzige Standardschnittstelle zum Fenstersystem abgebildet werden können.

Im Bereich der Layout-Verwaltung von VObjects wird überlegt, inwieweit Constraint-basierte Konzepte zu einer weiteren Vereinfachung führen könnten.

Als zur Zeit wichtigstes Bedürfnis wird ein allgemeines Ressourcenkonzept in ET++ integriert.

Literaturverzeichnis

Die Angaben in runden Klammern am Ende jeder Referenz verweisen auf die Abschnitte, in denen die Literatur erwähnt wurde.

[Abi86]   S. S. Abi-Ezzi and A. J. Bunshaft, "An Implementer's View of PHIGS," *IEEE Computer Graphics and Applications*, Vol. 6, No. 1, February 1986, pp. 12-23. (3.6.2)

[Ado85]   Adobe, *PostScript Language – Reference Manual*, Addison-Wesley, Reading, MA, 1985. (2.4.3, 3.7, 3.7.2)

[Ado85a]   Adobe, *PostScript Language – Tutorial and Cookbook*, Addison-Wesley, Reading, MA, 1985. (3.7)

[Ado88]   Adobe, *An Overview of the Display PostScript System*, Adobe Systems, Inc., 1988. (3.6.2)

[Ado90]   Adobe, *Adobe Type 1 Font Format*, Addison-Wesley, Reading, MA, 1990. (2.4.4)

[Ado90a]   Adobe, *PostScript Language – Reference Manual, Second Edition*, Addison-Wesley, Reading, MA, 1990. (3.6.2)

[Ano87]   Anonymous, *TranSkel*, 1987. (3.3.5)

[App85]   Apple, *Inside Macintosh Volume I*, Addison-Wesley, Reading, MA, 1985. (3.3.5)

[App88]   Apple, *Human Interface Guidelines: The Apple Desktop Interface*, Addison-Wesley, Reading, MA, 1988. (3.3.3)

[Ase90]   P. J. Asente, "The X Extension Mechanism," In *X Into The Future - Autumn Conference 1990 Proceedings*, The European X Window System User Group, 1990, pp. 4-10. (3.6.2)

[Bar84]   J. G. P. Barnes, *Programming in Ada, 2nd ed.*, Addison-Wesley, Wokingham, 1984. (4.1.2)

[Bia88]   C. Bianchi and D. Goldsmith, *MacApp 2.0 Display Specification*, Apple Computer, Inc., Cupertino, CA, 1988. (3.3.5)

[Bir84]   A. D. Birell and B. J. Nelson, "Implementing Remote Procedure Calls," *ACM Transactions on Computer Systems*, Vol. 2, No. 1, February 1984, pp. 39-59. (5.11.2)

[Bis89]   W. R. Bischofberger and G. Pomberger, "SCT: a Tool for Hybrid Execution of Hybrid Software Systems," In *Proc. of the First Conference on Modula-2*, Bled, Yugoslavia, 1989,. (4.1.1)

[Bis90]   W. R. Bischofberger, "Prototyping-Oriented Incremental Software Development," *PhD Thesis*, University of Linz, Linz, Austria, 1990,. (4.1.1)

[Blu86]   A. Blushan and M. Plass, "The Interpress page and document description language," *IEEE Computer*, Vol. 19, No. 5, June 1986,. (3.7)

[Bly86]   S. A. Bly and J. K. Rosenberg, "A Comparison of Tiled and Overlapping Windows," In *Proceedings of the ACM CHI'86 Conference on Human Factors in Computing Systems (Boston, MA, April)*, ACM, New York, 1986, pp. 101-106. (2.3.2)

[Bob86]   D. G. Bobrow et al., "CommonLoops: Merging Lisp and Object-Oriented Programming," In *OOPSLA'86 Conference Proceedings (September 29 - October 2, Portland, Oregon)*, published as *OOPSLA'86, Special Issue of SIGPLAN Notices*, Vol. 21, No. 11, November 1986, pp. 17-29 (reprinted in Tutorial on Object-Oriented Computing, Vol. 1 Concepts, IEEE Computer Society Press, 1987, pp. 169-181). (5.4.1)

[Che84]   D. R. Cheriton, "The V Kernel: A Software Base for Distributed Systems," *IEEE Software*, Vol. 1, No. 2, April 1984, pp. 186-213. (3.6)

[Che88]   D. R. Cheriton, "The V Distributed System," *Comm. ACM*, Vol. 31, No. 3, March 1988, pp. 314-333. (3.6, 5.3.2)

[Cla85]   D. D. Clark, "The Structuring of Systems using Upcalls," *ACM Operating Systems Review*, Vol. 19, No. 5, December 1985, pp. 171-180. (2.8.1, 2.8.4)

[Coo91]   S. Cook et al., "Interactive User Interfaces," In *Object-Oriented Languages, Systems and Applications*, G. Blair et al., eds. Pitman, London, 1991, pp. 244-269. (3.6.2)

[Cox86]   B. J. Cox, *Object Oriented Programming – An Evolutionary Approach*, Addison-Wesley, Reading, MA, 1986. (2.8.6, 4.1.2)

[Cut88]   M. Cutter, *personal communication*, 1988. (4.1.1)

[Dan84]   B. Daniels, "The Architecture of the Lisa™ Personal Computer," *Proceedings of the IEEE*, Vol. 72, No. 3, March 1984, pp. 331-341. (3.3)

[Den86]   O. M. Densmore, "Object Oriented Programming in NeWS," In *Proceedings of the Third Usenix Computer Graphics Workshop (Monterey, CA, November 1986)*, 1986, pp. 117-135. (3.7.3)

[Deu83]   L. P. Deutsch, "Reusability in the Smalltalk-80 Programming System," In *ITT Proceedings of the Workshop on Reusability in Programming*, ITT Programming, Stratford, Connecticut, 1983, pp. 72-76 (reprinted in Tutorial on Software Reusability, IEEE Computer Society Press, 1987). (4.7)

[Dew89]   S. C. Dewhurst and K. T. Stark, *Programming in C++*, Prentice-Hall, Englewood
           Cliffs, New Jersey, 1989. (4.1.2)

[Dow89]   G. H. Dow, P. Borenstein, and J. Mattson, *Think C – User's Manual*, Symantec
           Corporation, Cupertino, 1989. (3.3.5)

[Egg91]   T. Eggenschwiler, "ET++SwapManager," *Semesterarbeit*, Institut für Informatik,
           Universität Zürich, 1991,. (4.1.1)

[End84]   G. Enderle, K. Kansy, and G. Pfaff, *Computer Graphics Programming, GKS – The
           Graphics Standard*, Springer-Verlag, Berlin, 1984. (2.4)

[Esp87]   A. C. Espinosa and A. C. Rose, *QuickDraw: A Programmer's Guide*, Apple
           Computer, Cupertino, 1987. (3.3.2)

[Eva86]   S. Evans, "The Notifier," In *USENIX Association Conference Proceedings (Atlanta,
           Georgia, June 9-13)*, USENIX Assoc., El Cerrito, CA, 1986, pp. 344-354. (3.4.1)

[Fis87]   B. Fisher, *X11 Server Extensions Engineering Specification*, Digital Equipment
           Corporation, Maynard, MA, 1987. (3.6.2)

[Fre83]   P. Freeman, "Reusable Software Engineering: Concepts and Research Directions," In
           ITT Proceedings of the Workshop on Reusability in Programming, ITT
           Programming, Stratford, Connecticut, 1983, pp. 129-137 (reprinted in Tutorial on
           Software Reusability, IEEE Computer Society Press, 1987). (2.8)

[Gam86]   E. Gamma and R. Marty, *ET – An Editor Toolkit for Bitmap-oriented Workstations
           (Part 2)*, Institut für Informatik der Universität Zürich, Zürich, 1986. (1.2)

[Gam87]   E. Gamma and R. Marty, *Edit – An Extensible Text Editor*, Institut für Informatik der
           Universität Zürich, Zürich, 1987. (1.2)

[Gam88]   E. Gamma, A. Weinand, and R. Marty, "ET++ – An Object Oriented Application
           Framework in C++," In *Proc. EUUG (Cascais, Portugal, 3-7 October)*, 1988, pp.
           159-174. (1.2)

[Gam89]   E. Gamma, A. Weinand, and R. Marty, "Integration of a Programming Environment
           into ET++ – A Case Study," In *ECOOP 89, Proc. of the Third European Conference
           on Object-Oriented Programming, (Nottingham, UK)*, S. Cook, ed. Cambridge
           University Press, Cambridge, 1989, pp. 283-297. (1.2, 4.8, 5.8.3)

[Gam91]   E. Gamma, "Objektorientiertes Software Engineerung — Klassenbibliotheken,
           Designtechniken, Werkzeugunterstützung," *PhD Thesis*, University of Zurich, 1991,.
           (1.2, 2.8.6, 4.1.1, 4.8, 5.8.3)

[Gin87]   R. A. Gingell et al., "Shared Libraries in SunOS," In *USENIX Association
           Conference Proceedings (Atlanta, Georgia, June 9-13)*, USENIX Assoc., El Cerrito,
           CA, 1987, pp. 131-145. (3.4.2, 5.3.2, 5.12.3)

[Gin88]   R. A. Gingell, "Evolution of the SunOS Programming Environment," In *Proc.
           EUUG (London, England, 13-15 April)*, 1988, pp. 255-269. (5.3.2)

[Gol83]   A. Goldberg and D. Robson, *Smalltalk-80, The Language and its Implementation*,
           Addison-Wesley, Reading, MA, 1983. (1.2, 4.2, 4.4.1)

[Gol84]   A. Goldberg, *Smalltalk-80, The Interactive Programming Environment*, Addison-
           Wesley, Reading, MA, 1984. (3.1, 4.8)

[Gos86]   J. Gosling, "SunDew – A Distributed and Extensible Window System," In *Methodology of Window Management*, F. R. A. Hopgood, ed. Springer-Verlag, Berlin, 1986, pp. 47-57 (Proceedings of an Alvey Workshop at Cosener's House, Abingdon, UK, April 1985). (3.7)

[Gos86a]   J. Gosling, "SUNDEW: A Distributed and Extensible Window System," In *Proceedings of Winter 1986 Usenix (Denver, CO, January 1986)*, USENIX Association, El Cerrito, CA, 1986, pp. 89-97. (3.7)

[Gos89]   J. Gosling, D. S. H. Rosenthal, and M. Arden, *The NeWS Book: An Introduction to the Network/extensible Window System*, The Sun Technical Reference Library, Springer Verlag, New York, 1989. (2.1, 2.3, 2.7, 3.3.5, 3.4, 5.2.3)

[Han87]   W. J. Hansen, "Data Structures in a Bit-Mapped Text Editor," *Byte Magazine*, Vol. 12, No. 1, January 1987, pp. 183-189. (4.4.2)

[Har88]   S. J. Harrington and R. R. Buckley, *Interpress, the Source Book*, Brady (Simon & Schuster), New York, NY, 1988. (3.7)

[Hen86]   D. A. Henderson Jr. and S. K. Card, "Rooms: The Use of Multiple Virtual Workspaces to Reduce Space Contention in a Window–Based Graphical User Interface," *ACM Transactions on Graphics*, Vol. 5, No. 3, July 1986, pp. 211-243. (2.3.2)

[Her88]   F. Herrmann et al., "CHORUS, a New Technology for Building UNIX Systems," In *Proc. EUUG Autumn '88 Conference (Cascais, Portugal, 3-7 October)*, 1988, pp. 159-174. (5.3.2)

[Ho91]   W. W. Ho and R. A. Olsson, "An Approach to Genuine Dynamic Linking," *Software—Practice and Experience*, Vol. 21, No. 4, April 1991, pp. 375-390. (5.12.3)

[Hop86]   F. R. A. Hopgood et al., ed., *Methodology of Window Management*, Springer-Verlag, Berlin, 1986 (Proceedings of an Alvey Workshop at Cosener's House, Abingdon, UK, April 1985). (5.2.3)

[Hut86]   E. L. Hutchins, J. D. Hollan, and D. A. Norman, "Direct Manipulation Interfaces," In *User Centered System Design*, D. A. Norman and S. W. Draper, eds. Lawrence Erlbaum Associates, Hillsdale, NJ, 1986, pp. 87-124. (1.1)

[Ing81]   D. H. H. Ingalls, "The Smalltalk Graphics Kernel," *Byte Magazine*, Vol. 6, No. 8, August 1981, pp. 168-194. (2.4.1)

[Ing86]   D. H. H. Ingalls, "A Simple Technique for Handling Multiple Polymorphism," In *OOPSLA'86 Conference Proceedings (September 29 - October 2, Portland, Oregon)*, published as *OOPSLA'86, Special Issue of SIGPLAN Notices*, Vol. 21, No. 11, November 1986, pp. 347-349. (5.4.1)

[Joh88]   R. E. Johnson and B. Foote, "Designing Reusable Classes," *The Journal Of Object-Oriented Programming*, Vol. 1, No. 2, 1988, pp. 22-35. (2.8.7)

[Ker75]   B. W. Kernighan and L. L. Cherry, "A System for Typesetting Mathematics," *Comm. Assoc. Comp. Mach.*, Vol. 18, March 1975, pp. 151-157 (May 1974, revised April 1977). (5.6)

[Ker88]   B. W. Kernighan and D. M. Ritchie, *The C Programming Language (Second Edition)*, Prentice-Hall, Englewood Cliffs, New Jersey, 1988. (2.4.1, 4.1.2)

[Knu86]   D. E. Knuth, *The Texbook*, Addison-Wesley, Reading, MA, 1986. (5.6)

[Knu86a]   D. E. Knuth, *TEX: The Program*, Addison-Wesley, Reading, MA, 1986. (5.6)

[Lal89]   W. R. Lalonde, "Designing Families of Data Types Using Exemplars," *ACM Transactions on Programming Languages and Systems*, Vol. 11, No. 2, April 1989, pp. 213-248. (5.3.2)

[Lan90]   T. Landolt, "Chaos++ – C++ Hyperdokument Administrations- und Organisations-System," *Diplomarbeit WS 89/90*, Eidgenössische Technische Hochschule, Abteilung IIIC, Zürich, 1990,. (4.1.1)

[Lie85]   H. Lieberman, "There's More to Menu Systems Than Meets the Screen," *ACM Computer Graphics (San Francisco, July)*, Vol. 19, No. 3, 1985, pp. 181-189. (4.7)

[Lip82]   D. E. Lipkie et al., "Star Graphics: An Object-Oriented Implementation," In *Proceeding of SIGGRAPH '82 (Boston, MA, July 1982)*, published as *Computer Graphics*, Vol. 16, No. 3, 1982, pp. 115-124. (3.6)

[Lip89]   S. B. Lippman, *C++ Primer*, Addison-Wesley, Reading, MA, 1989. (4.1.2)

[Lis83]   B. Liskov and R. W. Scheifler, "Guardians and Actions: Linguistic Support for Robust, Distributed Programs," *ACM Transactions on Programming Languages and Systems*, Vol. 5, No. 3, July 1983, pp. 381-404. (3.6)

[Lis86]   B. Liskov and J. Guttag, *Abstraction and Specification in Program Development*, McGraw-Hill, New York, 1986. (4.4.1)

[Mar86]   R. Marty and E. Gamma, *ET – An Editor Toolkit for Bitmap-oriented Workstations*, Institut für Informatik der Universität Zürich, Zürich, 1986. (1.2)

[McG85]   S. McGeady, "Window Managers are Operating Systems: Software for a Distibuted Graphics System," In *Proc. of the 1st Symposium on UNIX and Graphics (Monterey, CA, December)*, USENIX Assoc., El Cerrito, CA, 1985, pp. 23-34. (2.3)

[Mey88]   B. Meyer, *Object–Oriented Software Construction*, Prentice Hall, Englewood-Cliffs, New Jersey, 1988. (2.8.6)

[Mul87]   S. J. Mullender, "The Amoeba Distributed Operating System: Selected Papers 1984-1987," *CWI Tract No. 41*, CWI, Amsterdam, Netherlands, 1987,. (5.3.2)

[Mye87]   B. A. Myers, "Gaining General Acceptance for UIMSs," *ACM Computer Graphics*, Vol. 21, No. 2, April 1987, pp. 130-134. (2.8.5)

[Mye88]   B. A. Myers, *Creating User Interfaces by Demonstration*, Perspectives in Computing, Acadamic Press, Boston, 1988. (2.8.5)

[Nie87]   J. Nievergelt and J. Weydert, "Sites, Modes, and Trails: Telling the user of an interactive system where he is, what he can do, and how to get to places," In *Readings in Human-Computer Interaction*, R. M. Baecker and W. A. S. Buxton, eds. Morgan Kaufmann Publishers, Inc., Los Altos, CA, 1987, pp. 438-441. (2.8.1)

[Nye88]   A. Nye, *Volume 1: Xlib Programming Manual for Version 11 of the X Window System*, O'Reilly & Associates, Inc., Sebastopol, CA, 1988. (3.6.1, 5.5.1)

[Nye88a]   A. Nye, *Volume 2: Xlib Reference Manual for Version 11 of the X Window System*, O'Reilly & Associates, Inc., Sebastopol, CA, 1988. (3.6.1)

[Nye90]   A. Nye, *Volume 0: X Protocol Reference Manual for Version 11 of the X Window System*, O'Reilly & Associates, Inc., Sebastopol, CA, 1990. (3.6.1, 3.6.2)

[Nye90a]   A. Nye, *Volume 4: X Toolkit Intrinsics Programming Manual for Version 11 of the X Window System*, O'Reilly & Associates, Inc., Sebastopol, CA, 1990. (3.6.5)

[Nye90b]   A. Nye, *Volume 5: X Toolkit Intrinsics Reference Manual for Version 11 of the X Window System*, O'Reilly & Associates, Inc., Sebastopol, CA, 1990. (3.6.5)

[Oos90]   P. v. Oosterom and T. Vijlbrief, "Building a GIS on top of the open DBMS "Postgres"," *Technical Report*, TNO Institute for Perception, The Hague, Netherlands, 1990,. (4.1.1)

[Pal88]   A. J. Palay et al., "The Andrew Toolkit – An Overview," In *USENIX Tech. Conf. Winter 1988 (Sunset Beach, CA, September)*, USENIX Assoc., El Cerrito, CA, 1988, pp. 9-21. (3.5)

[Par90]   ParcPlace, *Smalltalk Version 4.0*, ParcPlace Systems, Palo Alto, CA, 1990. (3.1, 5.1.3)

[Par90a]   ParcPlace, *ParcNotices*, ParcPlace Systems, Palo Alto, CA, 1990. (3.1)

[Pas86]   G. A. Pascoe, "Elements of Object-Oriented Programming," *Byte Magazine*, Vol. 11, No. 8, August 1986, pp. 139-143 (reprinted in Tutorial on Object-Oriented Computing, Vol. 1 Concepts, IEEE Computer Society Press, 1987). (2.8.6)

[Pik83]   R. Pike, "Graphics in Overlapping Bitmap Layers," *Computer Graphics*, Vol. 17, No. 3, July 1983, pp. 331-356. (2.3.4)

[Poo84]   L. Poole, "A Tour of the Mac Desktop," *MacWorld*, Vol. 1, No. 1, 1984, pp. 16-21. (1.1)

[Poo87]   R. J. Pooley, *An Introduction to Programming in SIMULA*, Blackwell Scientific Publications, Oxford, 1987. (4.1.2)

[Poo89]   L. Poole, "System 7.0," *MacWorld*, Vol. 6, No. 8, August 1989,. (3.3)

[Pre89]   W. Pree, "ET++ Interface Creator," *Interner Bericht*, Johannes-Kepler-Universität, Linz, Austria, 1989,. (4.1.1)

[Rao87]   R. Rao and S. Wallace, "The X Toolkit: The Standard Toolkit for X Version 11," In *USENIX Association Conference Proceedings (Atlanta, Georgia, June 9-13)*, USENIX Assoc., El Cerrito, CA, 1987, pp. 117-129. (3.6.5)

[Ree81]   T. M. H. Reenskaug, "User-Oriented Descriptions of Smalltalk Systems," *Byte Magazine*, Vol. 6, No. 8, August 1981, pp. 148-166 (reprinted in Tutorial on Object-Oriented Computing, Vol. 1 Concepts, IEEE Computer Society Press, 1987, pp. 75-81). (3.1)

[Rei84]   L. G. Reid, S. Wallace, and P. L. Karlton, "Don´t Call Us, We´ll Call You: The Structure of Tools in Tajo," *Xerox Office Systems Division*, Xerox PARC, 1984,. (2.8.4, 3.4.1)

[Roc89]   M. J. Rochkind, "XVT: A Virtual Toolkit for Portability Between Window Systems," In *Proceedings of the Winter, 1989 USENIX Conference*, 1989, pp. 151-163. (3.3.5, 5.1.1)

[Roh73]   H. Rohlfing, *Simula – Eine Einführung*, BI Hochschultaschenbücher; 747, Bibliographisches Institut, Mannheim, 1973. (4.1.2)

[Ros86]   L. Rosenstein, K. Doyle, and S. Wallace, "Object–Oriented Programming for Macintosh Applications," In *ACM Fall Joint Computer Science Conference (Dallas, Texas, November 2-6)*, 1986, pp. 31-35. (1.2)

[Ros88]   J. Rosenberg et al., "UIMSs: Threat or Menace?," *Proc. ACM CHI*, May 1988, pp. 197-200. (2.8.5)

[Ros88a] D. S. H. Rosenthal, "A Simple X11 Client Program," In *Proceedings of the Winter, 1988 USENIX Conference*, 1988, pp. 229-235. (5.12.3)

[Ros89]   R. J. Rost, J. Friedberg, and P. Nishimoto, "PEX: A Network–Transparent 3D Graphics System," *IEEE Computer Graphics and Applications*, Vol. 9, No. 4, July 1989, pp. 14-26. (3.6.2)

[Rub88]   R. Rubinstein, *Digital Typography*, Addison-Wesley, Reading, MA, 1988. (2.4.4)

[San88]   J. G. Sandman and S. Angebranndt, "PostScript-Imaging Model extends X Window System," *UnixWorld*, Vol. 5, No. 10, October 1988, pp. 89-91. (3.6.2)

[Sch86]   K. J. Schmucker, "Object-Oriented Languages for the Macintosh," *Byte Magazine*, Vol. 11, No. 8, August 1986, pp. ??-?? (reprinted in Tutorial on Object-Oriented Computing, Vol. 1 Concepts, IEEE Computer Society Press, 1987, pp. 162-168). (2.4.3)

[Sch86a] K. J. Schmucker, *Object Oriented Programming for the Macintosh*, Hayden, Hasbrouck Heights, New Jersey, 1986. (2.8.7)

[Sch86b] R. W. Scheifler and J. Gettys, "The X Window System," *Transactions on Graphics*, Vol. 5, No. 2, April 1986, pp. 79-109. (3.6, 3.6.1, 5.4.1, 5.5.1)

[Shn83]   B. Shneiderman, "Direct Manipulation: A Step Beyond Programming Languages," *IEEE Computer*, Vol. 16, No. 8, August 1983, pp. 57-68. (1.1)

[Smi82]   D. C. Smith et al., "Designing the Star User Interface," *Byte Magazine*, Vol. 7, No. 4, April 1982, pp. 242-282. (2.8.1)

[Som89]   I. Sommerville, *Software Engineering*, Addison Wesley, Wokingham, England, 1989. (2.8.6, 3.3.1, 5.1)

[Spr79]   R. F. Sproull, "Raster Graphics for Interactive Programming Environments," *Computer Graphics*, Vol. 13, No. 2, 1979, p. 83. (3.2)

[Sta19]   Stallman, Moon, and Weinreb, *Lisp Machine Window System Manual*, 19. (3.6)

[Ste86]   M. Stefik, D. G. Bobrow, and K. M. Kahn, "Integrating Acess-Oriented Programming into a Multiparadigm Environment," *IEEE Software*, Vol. 3, No. 1, January 1986, pp. 10-18 (reprinted in Tutorial on Object-Oriented Computing, Vol. 2 Implementations, IEEE Computer Society Press, 1987, pp. 170-178). (4.2)

[Str82]   B. Stroustrup, "Classes: An Abstract Data Type Facility for the C Language," *Sigplan Notices*, Vol. 17, No. 1, 1982, pp. 42-51. (4.1.2)

[Str83]   B. Stroustrup, "Adding Classes to the C Language: An Exercise in Language
             Evolution," *Software—Practice and Experience*, Vol. 13, 1983, pp. 139-161. (4.1.2)

[Str86]   B. Stroustrup, *The C++ Programming Language*, Addison-Wesley, Reading, MA,
             1986. (4.1.2)

[Sun87]   Sun, *Programmer's Reference Manual for SunWindows*, Sun Microsystems, Inc.,
             Mountain View, CA, 1987. (3.6)

[Sun87a]   Sun, *NeWS Technical Overview*, Sun Microsystems, Inc., Mountain View, CA, 1987
             (PN 800-1498-05). (3.7.1)

[Sun89]   Sun, *OPEN LOOK™ Graphical User Interface Functional Specification*, Sun
             Microsystems, Inc., Mountain View, CA, 1989 (PN 800-3355-10). (3.6.5)

[Sun89a]   Sun, *XView™ Reference Manual: Summary of the XView API, Converting SunView
             to XView*, Sun Microsystems, Inc., Mountain View, CA, 1989 (PN 800-3312-01).
             (3.6.5)

[Sun89b]   Sun, *Introduction to OpenWindows™: User Environment*, Sun Microsystems, Inc.,
             Mountain View, CA, 1989 (PN 800-3304-06). (3.7)

[Sut78]   J. A. Sutton and R. H. Sprague, "A Study of Display Generation and Management in
             Interactive Business Applications," *Research Report RJ2392*, IBM, November
             1978,. (1.1)

[Swe85]   R. E. Sweet, "The Mesa Programming Environment," *ACM SIGPLAN Notices*, Vol.
             20, No. 7, July 1985, pp. 216-229. (2.8.4, 3.6)

[Tei84]   W. Teitelman, "A Tour Through Cedar," *IEEE Software*, Vol. 1, No. 2, April 1984,
             pp. 44-73. (3.6)

[Tha84]   C. P. Thacker, "Alto: A Personal Computer," In *Computer Structure: Principles and
             Examples*, D. P. Siewiorek, C. G. Bell, and A. Newell, eds. McGraw-Hill, Tokyo,
             1984, pp. 549-572. (3.1, 3.2)

[Tho83]   J. J. Thomas, "Graphical Input Interaction Technique Workshop Summary,"
             Computer Graphics, Vol. 17, No. 1, January 1983, pp. 5-30. (2.8.1)

[War82]   J. Warnock and D. K. Wyatt, "A Device Independent Graphics Imaging Model for
             use with Raster Devices," In *Proceedings of SIGGRAPH '82 (Boston, MA, July
             1982)*, published as *Computer Graphics*, Vol. 16, No. 3, July 1982, pp. 313-319.
             (2.4.3, 3.7)

[Web89]   B. F. Webster, *The NeXT Book*, Addison-Wesley, Reading, MA, 1989. (2.5)

[Wei88]   A. Weinand, E. Gamma, and R. Marty, "ET++ – An Object Oriented Application
             Framework in C++," In *OOPSLA'88 Conference Proceedings (September 25-30, San
             Diego, CA)*, published as *Special Issue of SIGPLAN Notices*, Vol. 23, No. 11,
             November 1988, pp. 168-182. (1.2)

[Wei89]   A. Weinand, E. Gamma, and R. Marty, "Design and Implementation of ET++, a
             Seamless Object–Oriented Application Framework," *Structured Programming*, Vol.
             10, No. 2, June 1989, pp. 63-87. (1.2)

[Wil83]   G. Williams, "The Lisa Computer System," *Byte Magazine*, Vol. 8, No. 2, February
             1983, pp. 33-50. (3.3)

[Wil86]   T. Williams, "A Comparison of Some Window Managers," In *Methodology of Window Management*, F. R. A. Hopgood, ed. Springer-Verlag, Berlin, 1986, pp. 15-33 (Proceedings of an Alvey Workshop at Cosener's House, Abingdon, UK, April 1985). (2.1)

[Win90]   A. L. Winblad, S. D. Edwards, and D. R. King, *Object-Oriented Software*, Addison-Wesley, Reading, MA, 1990. (3.1)

[Wir88]   R. Wirfs-Brock, "An Integrated Color Smalltalk-80 System," In *OOPSLA '88 Conference Proceedings (September 25-30, San Diego, CA)*, published as *Special Issue of SIGPLAN Notices*, Vol. 23, No. 11, November 1988, pp. 71-82. (2.4.1, 3.1)

[Yor90]   B. York, *Common Lisp Interface Manager Specification (Draft)*, International Lisp Associates and Xerox PARC, 1990. (4.5.2)

Sachverzeichnis

Springer-Verlag und Umwelt

Als internationaler wissenschaftlicher Verlag sind wir uns unserer besonderen Verpflichtung der Umwelt gegenüber bewußt und beziehen umweltorientierte Grundsätze in Unternehmensentscheidungen mit ein.

Von unseren Geschäftspartnern (Druckereien, Papierfabriken, Verpackungsherstellern usw.) verlangen wir, daß sie sowohl beim Herstellungsprozeß selbst als auch beim Einsatz der zur Verwendung kommenden Materialien ökologische Gesichtspunkte berücksichtigen.

Das für dieses Buch verwendete Papier ist aus chlorfrei bzw. chlorarm hergestelltem Zellstoff gefertigt und im ph-Wert neutral.